公路桥梁工程施工技术与养护管理

罗春德 尹雪云 李文兴 主编

吉林科学技术出版社

图书在版编目（CIP）数据

公路桥梁工程施工技术与养护管理 / 罗春德，尹雪云，李文兴主编． -- 长春 ：吉林科学技术出版社，2022.8

ISBN 978-7-5578-9443-6

Ⅰ．①公… Ⅱ．①罗… ②尹… ③李… Ⅲ．①公路桥－桥梁施工②公路桥－养护 Ⅳ．① U448.145

中国版本图书馆CIP数据核字（2022）第113620号

公路桥梁工程施工技术与养护管理

主　　编	罗春德　尹雪云　李文兴
出 版 人	宛　霞
责任编辑	金方建
封面设计	树人教育
制　　版	树人教育
幅面尺寸	185mm×260mm
开　　本	16
字　　数	350 千字
印　　张	16
印　　数	1-1500 册
版　　次	2022年8月第1版
印　　次	2022年8月第1次印刷

出　　版	吉林科学技术出版社
发　　行	吉林科学技术出版社
地　　址	长春市南关区福祉大路5788号出版大厦A座
邮　　编	130118
发行部电话/传真	0431-81629529　81629530　81629531
	81629532　81629533　81629534
储运部电话	0431-86059116
编辑部电话	0431-81629510
印　　刷	廊坊市印艺阁数字科技有限公司

书　　号	ISBN 978-7-5578-9443-6
定　　价	65.00 元

版权所有　翻印必究　举报电话：0431—81629508

前 言

公路桥梁工程施工项目属于一次性工程，其特点是规模大、变动因素多、施工单位流动性强、行业竞争激烈，这些特性要求必须加大项目的管理工作，使公路桥梁施工企业按照项目管理要求设置施工组织机构，组建施工队伍，对工程项目实施过程组织。同时，又要保证工程进度、质量、劳动、机械、材料、成本、安全、环境、资料、竣工验收等方面能相互协调，并得到很好的控制，以保证项目顺利完成。

同时，新技术、新工艺、新设备、新材料的不断涌现，对公路桥梁工程人员的要求越来越高。公路桥梁工程基层施工组织中技术人员的业务水平和管理能力的高低，已经成为公路工程建设项目能否有序、高效、高质量完成的关键。公路桥梁养护不同于公路桥梁施工建设，具有点多线长等特点。本书以实际为例，对在公路桥梁使用过程中出现的各类病害及原因进行分析，有针对性地采取有效方法和手段对病害进行治理，希望能够提高我国公路桥梁工程的使用周期和寿命，促进我国公路桥梁工程顺利进行和开展。

目 录

第一章 公路桥梁施工准备与施工放样 1
第一节 公路桥梁施工准备 1
第二节 路线中线施工放样 13
第三节 高程施工放样 15

第二章 路面施工技术 17
第一节 沥青路面施工 17
第二节 水泥混凝土路面施工 29
第三节 路面施工质量评定与验收 35

第三章 交通设施施工 41
第一节 交通标志与标线施工 41
第二节 交通安全设施施工 46
第三节 道路绿化施工 61

第四章 路面养护 65
第一节 路面养护内容及要求 65
第二节 沥青类路面的养护 66
第三节 水泥混凝土路面的养护 78

第五章 桥涵养护 83
第一节 桥涵养护的内容及要求 83
第二节 桥涵的技术状况评定及养护对策 86
第三节 桥梁的养护 88

  第四节 桥梁常见病害的原因及处置 ································· 95

  第五节 涵洞的养护 ··· 102

第六章 隧道养护 ··· 105

  第一节 隧道养护的内容及要求 ··· 105

  第二节 隧道的技术状况评定及养护对策 ······························ 107

  第三节 隧道土建结构的养护 ·· 111

  第四节 隧道机电设施的养护 ·· 118

第七章 工程项目合同管理 ··· 120

  第一节 概述 ··· 120

  第二节 工程项目合同体系 ·· 122

  第三节 工程项目的招标与投标 ··· 124

  第四节 工程项目合同管理 ·· 129

第八章 工程项目进度管理 ··· 146

  第一节 网络计划技术概述 ·· 146

  第二节 常用网络计划技术 ·· 149

  第三节 工程项目进度计划 ·· 156

  第四节 项目进度计划的检查与调整 ···································· 164

  第五节 建设项目进度控制 ·· 168

第九章 公路工程项目信息管理 ··· 178

  第一节 概述 ··· 178

  第二节 公路工程项目报告系统 ··· 182

  第三节 公路工程项目信息管理计划与实施 ······················ 184

  第四节 公路工程项目信息过程管理 ···································· 188

  第五节 公路工程项目信息管理系统 ···································· 195

  第六节 公路工程项目信息安全管理 ···································· 206

第十章 公路工程安全管理 ········· 210

第一节 公路工程安全管理的范围 ········· 210
第二节 公路工程安全管理的原则 ········· 211
第三节 公路工程安全隐患的排查与治理 ········· 214
第四节 安全专项方案与应急救援预案的编制 ········· 215
第五节 公路工程临时用电安全要求 ········· 218
第六节 特种设备安全控制要求 ········· 220

第十一章 公路工程质量管理 ········· 223

第一节 公路工程质量控制的常用方法 ········· 223
第二节 公路工程质量缺陷处理方法 ········· 229
第三节 路基工程质量检验 ········· 231
第四节 路面工程质量检验 ········· 232
第五节 桥梁工程质量检验 ········· 234
第六节 隧道工程质量检验 ········· 240
第七节 质量检验评定 ········· 243

结 语 ········· 246

参考文献 ········· 247

第一章 公路桥梁施工准备与施工放样

第一节 公路桥梁施工准备

一、公路施工的方法与特点

(一)施工的方法
高等级公路的施工方法主要有人工、简易机械化、机械化、水力机械化和爆破等。

1. 人工施工法

人工施工法是使用手工工具进行公路施工的方法。这种施工方法效率低、劳动强度大,不仅要占用大量的劳动力,而且施工进度慢,工程质量也难以保证。但在山区低等级公路路基工程中,当机械无法进入施工现场或施工场地难以进行机械化作业时,就不可避免地要采用人工施工法。

2. 简易机械化施工法

简易机械化施工法是以人力为主,配以简易机械的公路施工方法。与人工施工法相比较,其能适当地减轻劳动强度,而且可以加快施工进度,提高施工质量。在中国目前的施工生产条件下,特别是山区一般公路建设中,仍是一种值得推广的施工方法。

3. 机械化施工法

机械化施工法是使用配套机械,主机配以辅机,相互协调,共同形成主要工序的综合机械化作业的公路施工方法。机械化施工可以极大地提高劳动生产率,减轻劳动强度,显著地加快施工进度,提高工程质量,而且安全程度高,是加速公路工程建设和实现公路施工现代化的根本途径。

4. 爆破施工法

爆破施工法是通过爆破震松岩石、硬土或冻土,开挖路堑或采集石料的施工方法。这种方法是道路施工特别是山区公路施工不可或缺的重要施工方法。

5. 水力机械化施工法

水力机械化施工法是利用水泵、水枪等水力机械,喷射出强力水流,冲散土层,并流运至指定地点沉积的施工方法。这种方法需要有充足的水源和电源，适于挖掘比较松散的土质和地下钻孔工程。施工方法的选择，应根据工程性质、工程数量、施工期限以及可能获得的人力和机械设备等条件综合考虑。为了适应中国公路建设标准高和速度快的要求，近年来许多施工单位都先后从国内外购置了大量现代化筑路机械与设备，在高等级公路施工中，基本实现了机械化或半机械化作业，迅速提高了施工质量和劳动效率，大大加快了公路工程建设的步伐。

（二）施工特点

作为一种特定的人工构造物，公路工程施工与工业生产比较，虽然公路施工同样是把一系列的资源投入产品（工程）的生产过程，其生产上的阶段性和连续性，组织上的专门化和协作化也与之基本相符。但是，公路施工与一般工业生产和其他土建工程施工（如房屋建筑）仍有所不同。

1. 公路工程属于线性工程

一般一条公路项目的建设路段少则几千米，多则数十千米、数百千米，路线跨越山川、河谷。路线所经路段难以完全避开不良地质地区，如滑坡、软基、冻土、高填、深挖等路段；在地形复杂地段，难以避免地要修建大桥、特大桥、隧道、挡墙等结构物。这就使得公路项目建设看似简单，实际上却比一般土木工程项目复杂得多。由于公路路线所经路段地质特性的多变性，使得公路路基施工复杂、多变性凸显，结构物的施工也因地质条件的不确定性，经常导致设计变更、工期延长，使进度控制、质量控制、投资控制的难度大大增加。

2. 公路工程项目构成复杂

公路工程项目的单位工程包括：路基土石方工程、路面工程、桥梁工程、隧道工程、互通立交工程、沿线设施及交通工程、绿化工程等。各单位工程中的作业内容差异很大，如桥梁工程，随不同的桥型，施工技术差异很大，这也决定了公路工程项目施工的技术复杂性和管理的综合性。

3. 公路工程项目规模庞大

施工过程缓慢，工作面有限，决定了其较长的工期。高速公路的施工工期通常在2~5年，工期长意味着在工程建设中面临着更多的不确定因素，承担着更大的风险。

4. 公路工程项目建设投资大

高速公路造价一般为2000万~4 000万元/km，有时甚至更高。工程建设需要的巨大资金能否及时到位，是保障工程按期完工的前提。资金投入对于投资活动的成功与否关系重大；同时，在工程建设中要求有高质量的工程管理，以确保项目的工期、投资和质量目标的实现。

二、公路施工的基本程序

施工程序是指施工单位从接受施工任务到工程竣工阶段必须遵守的工作程序，主要包括接受施工任务、签订工程承包合同、组织施工和竣工验收等。

（一）签订工程承包合同

1. 接受施工任务的方式

施工企业接受任务的方式主要有三种：

（1）上级主管单位统一布置任务，安排计划下达。

（2）经主管部门同意，自行对外接受任务。

（3）参加招投标，中标而获得任务。

2. 接受任务的要求

（1）查证核实工程项目是否列入国家计划。

（2）必须有批准的可行性研究初步设计（或施工图设计）及工程概（预）算文件。

3. 接受任务的方式

（1）签订工程承包合同，对工程接受加以肯定。

（2）施工承包合同的内容主要包括承包的依据方式、工程范围、工程质量、施工工期、工程造价、技术物资供应、拨款结算方式、奖惩条款等。

（二）施工准备工作

施工准备工作是为拟建工程的施工建立必要的技术和物质条件，统筹安排施工力量和现场。施工准备工作也是施工企业搞好目标管理、推行技术经济承包的依据。要编制好施工组织设计，以保证工程建设的顺利进行。其作用是发挥企业优势，合理资源供应，加快施工速度，提高工程质量，降低工程成本。

（三）组织施工

1. 施工准备就绪后，向监理工程师提交开工报告，经同意即可开工。
2. 按施工顺序和施工组织设计中所拟定的施工方法进行施工。
3. 组织施工应具备的文件有：（1）设计文件。（2）施工规范和技术操作规程。（3）各种定额。（4）施工图预算。（5）施工组织设计。（6）公路工程质量检验评定标准和施工验收规范。

（四）竣工验收

1. 所有建设项目和单位工程都已按设计文件内容建成。
2. 以设计文件为依据，根据有关规定和评定质量等级进行工程验收。

三、技术准备

（一）熟悉与审查设计文件并进行现场核对

组织有关人员学习设计文件，其目的是对设计文件、设计图及资料进行了解和研究，使施工人员明确设计者的设计意图和业主要求，熟悉设计图的细节，并对设计文件和设计图进行现场核对。其内容主要包括：

1. 设计图是否齐全，规定是否明确，与说明有无矛盾。
2. 路基平、纵横断面，构造物总体布置和桥涵结构物形式等是否合理，相互之间是否有错误和矛盾。
3. 主要标高、尺寸、位置有无错误。
4. 设计文件所依据的水文、气象、土壤等资料是否准确、可靠、齐全。
5. 核对路线中线、主要控制点、水准点、三角点、基线等是否准确无误。
6. 路线或构造物与农田、水利航道、公路、铁路、电信、管线及其他建筑物的互相干扰情况及其解决办法是否恰当，干扰可否避免。
7. 对地质不良地段采取的处理措施。
8. 主要材料、劳动力、机械台班等计算（含运距）是否准确。
9. 施工方法、料场分布、运输工具、道路条件等是否符合实际情况。
10. 结构物工程数量计算是否有误。
11. 工程预算以及采用的定额是否合理。如现场核对时发现设计不合理或有错误之处，应做好详细记录并拟定修改意见，待设计技术交底时提交。

（二）补充调查资料

进行现场补充调查是为编制实施性施工组织设计收集资料，调查的内容主要有：

1. 工程地点的水文、地形、气候条件和地质情况。
2. 自采加工料场、当地材料、可供利用的房屋情况。
3. 当地劳动力资源、工业加工能力、运输条件和运输工具情况。
4. 施工场地的水源、电源以及生活物资供应情况。
5. 当地风俗习惯等。

（三）设计交桩和设计技术交底

工程在正式施工之前，应由勘测设计单位向施工单位进行交桩和设计技术交底。交桩应在现场进行，设计单位将路线测设时所设置的导线控制点和水准点及其他重要点位的桩志逐一移交给施工单位。施工单位在接受这些控制点后，要采取必要措施进行完善加固与保护。

设计技术交底一般由建设单位主持，设计、监理和施工单位参加。交底时设计单位应说明工程的设计依据、设计意图，并对某些特殊结构、新材料、新技术以及施工中的难点和需注意的方面详细说明，提出设计要求。施工单位则将在研究设计文件中发现的问题及有关修改设计的意见提出，由设计单位对有关问题进行澄清和解释，对于合理的修改设计意见，必要时可在统一认识的基础上，对所讨论的结果逐一记录，并形成会议纪要，由建设单位正式行文，参加单位共同会签，作为与设计文件同时使用的技术文件和指导施工的依据以及进行工程结算的依据。

（四）建立工地实验室

1. 工地实验室的作用

公路工程在施工过程中，必须进行各种材料试验，以便选用合适的材料及其材料性能参数，以保证公路工程结构物的强度和耐久性，并有利于掌握各种材料的施工质量指标，保证结构物的施工质量。

随着公路技术等级的提高，相应的筑路材料试验任务增大，并要求试验结果具有更高的准确性和可靠性。高等级公路的线形更趋平、直，使得路基工程的高填深挖及经过不良地带的路段增加。由于高等级公路对路面的行车性能及耐久性能提出了更高的要求，相应地要求路基更为稳定，路面材料应具有更高的力学性能、耐磨蚀性和气候稳定性等。公路工程事业的进步，促进了其施工技术水平的不断提高，同时也推动了公路工程新材料的研究应用，并且使材料性能试验及质量检验工作显得日益重要；另外，随着经济体制改革的深化，要求不断改善公路工程的投资效益，因而工程质量问题已从一般化的要求变成了衡量工程施工单位技术质量水平的标志。因此，从某种意义上来说，一项工程的质量如何，已关系该公路施工单位以后的业务前景。基于上述情况，加强质量管理和施工质量检验、建立并充分发挥工地实验室的作用，是施工单位必须做的一项十分重要的工作。

2. 工地实验室的主要工作内容

工地实验室是为施工现场提供直接服务的实验室，主要任务是配合路基、路面施工，对工地使用的各种原材料、加工材料及结构性材料的物理力学性能以及施工结构体的几何尺寸等进行检测。

3. 工地实验室的人员及设施

工地实验室的试验检测人员必须是施工单位试验检测机构的正式人员。工地实验室负责人应由施工单位试验检测机构负责人授权，从事试验检测工作3年以上，具有交通运输部试验检测工程师资格的人员担任；工地实验室部门负责人需具有省交通厅试验检测员及以上资格的人员担任；一般试验检测人员需具有省交通厅试验检测员及以上资格或交通系统试验检测培训证的人员担任。未取得交通系统试验检测资格或培训证的人员不得上岗。

施工单位试验检测人员数量按施工合同额进行配备，5000万元以下的至少4人，5000万元以上、1亿元以下的至少6人，1亿元以上、2亿元以下的至少8人，2亿元以上的至少10人。

工地实验室在工程项目完工之前，不准对人员和设备进行更换和调离。确实需要更换和调离的，应取得项目建设单位的书面批准。工地实验室面积应达到300m^2，并按检测项目要求合理布局，满足工地试验要求；设备安置要合理，便于操作，并保持环境整洁卫生。

工地实验室应按照合同和工程实际需要配备合格的试验检测仪器设备。工地实验室试验检测仪器设备在使用前必须通过计量检定或校准。试验检测仪器设备应由专人负责日常保养、保管，做好使用记录、保养记录，主要试验检测仪器设备应建立设备档案，仪器设备的操作规程要张贴上墙。

（五）编制施工组织设计

施工组织设计是指工程项目在施工前，根据设计人员、业主和监理工程师的要求以及主客观条件，对工程项目施工的全过程所进行的一系列筹划和安排。公路施工组织设计是指导公路施工的基本技术经济文件，也是对施工实行科学管理的重要手段。编制施工组织设计的目的在于全面、合理、有计划地组织施工，从而具体实现设计意图，按质、按量、按期地完成施工任务。实践证明，一个工程如果施工组织设计编制得好，并能得到认真的执行，施工就可以有条不紊地进行，否则将会出现盲目施工的混乱局面，造成不必要的损失。

1.编制原则

（1）严格遵守合同签订的或上级下达的施工期限，保质保量按期完成施工任务。对于工期较长的大型项目，可根据施工情况，分期分批进行安排。

（2）科学、合理地安排施工顺序：在保证质量的基础上，尽可能地缩短工期，加快施工进度。

（3）采用先进的施工方法和施工技术，不断提高施工机械化、预制装配化程度，减轻劳动强度，提高劳动生产率。

（4）应用科学的计划方法，确定最合理的施工组织方法，根据工程特点和工期要求，因地制宜地快速施工、平行作业。对于复杂的工程应通过网络计划确定最佳的施工组织方案。

（5）落实季节性施工措施，科学安排施工计划，组织连续、均衡的施工。

（6）严格遵守施工规范、规程和制度，认真按照基本建设程序办事，根据批准的设计文件与工期要求安排进度。严格执行有关技术规范和规程，提出具体的质量、安全控制和管理措施，并在制度上加以保证，确保工程质量和作业安全。

2.编制施工组织设计的程序

需要遵守一定的程序，根据合同要求和施工现场的具体条件，按照施工的客观规律，协调和处理好各个影响因素的关系，用科学方法进行编制。

3.施工组织设计的主要内容

（1）工程概述：简要说明工程项目、施工单位、业主、监理机构、设计单位、质检单位名称、合同开工日期和竣工日期、合同价；简要介绍项目的地理位置、地形地貌、水文、气候、交通运输、水电供应等情况；介绍施工组织机构设置及职能部门之间的关系；说明工程结构、规模、主要工程量；说明合同特殊要求等。

（2）施工技术方案：施工方法（特别是冬期和雨期以及技术复杂的特殊施工方法），施工程序（重点是施工顺序及工序之间的衔接），决定采用的新技术、新工艺、新材料和新设备，技术安全措施、质量保证措施等。

（3）施工进度计划：主要是对施工顺序、开始和结束时间、搭接关系进行综合安排，包括以实物工程量和投资额表示的工程的总进度计划和分年度计划以及所需用的工日数和机械台班数。

（4）施工总平面图布置：必须以平面布置图表示，并标明项目建设的位置、生产区、生活区、预制厂材料场、爆破器材库等的位置。

（5）劳动力需要量和来源：包括总需要量和分工种、分年度的需要量在内。

（6）施工现场平面布置。

（7）施工机械、建筑材料，施工用水、用电的分年度需要量及供应方案。

（8）便道、防洪、排水和生产、生活用房屋等设施的建设及时间要求。

（9）施工准备工作进度表，包括各项准备工作的负责单位、完成时间及要求等。

施工组织设计用文、图表三种形式表示，互相结合、互相补充。凡能用图表表示的，应尽量采用图表。因为图表便于"上墙"，能形象、准确、直观地说明问题，有利于指导现场施工。

4. 施工组织设计的编制步骤

（1）施工方案的制定：编制施工组织设计首先遇到的问题就是选择和制定施工方案，如果这个问题得不到解决，施工组织设计乃至以后的施工工作就不可能进行。所以，施工方案的优劣，在很大程度上决定了施工组织设计质量的好坏和施工任务能否圆满完成。

施工方案是指对项目施工所做的总体设想和安排。施工方案应包括：施工方法和施工机具的选择，施工段划分，施工顺序，新工艺、新技术、新机具、新材料、新管理方法的使用，有关该工程的科学试验项目安排等。选择和制定施工方案，首先要考虑其是否可行，同时还要做到技术先进、经济合理、施工安全，应全面权衡、通盘考虑。施工方法是施工方案的核心内容，它对工程的实施具有决定性的作用。确定施工方法应突出重点，凡是采用新技术、新工艺和对本工程质量起关键作用的项目以及工人在操作上还不够熟练的项目，应详细而具体，不仅要拟订进行这一项目的操作过程和方法，而且要提出质量要求以及达到这些要求的技术措施，并要预见可能发生的问题，提出预防和解决这些问题的办法。对于一般性工程和常规施工方法则可适当简化，但要提出工程中的特殊要求。确定施工方法，应考虑工程项目的特点，结合现场一切有关的自然条件和施工单位拥有的施工经验和设备，吸收国内外同类工程成功的施工方法和先进技术，以达到施工快速、经济和优质的目的。

（2）施工进度计划的编制：施工进度计划是对施工顺序、开始和结束时间、搭接关系进行综合安排。施工进度计划是施工组织设计中最重要的组成部分，它必须配合施工方案的选择进行安排，它又是劳动力组织、机具调配、材料供应以及施工场地布置的主要依据，一切施工组织工作都是围绕着施工进度计划来进行的。

编制施工进度计划的目的是要确定各个项目的施工顺序、开竣工日期。一般以月为单位进行安排，从而据此计算人力、机具、材料等的分期（月）需要量，进行整个施工场地的布置和编制施工预算。

施工进度计划一般用图示法表现。进度计划的图形可以采用横道图、S形曲线、"香蕉"曲线、网络图等。通常采用横道图，它的形式简单、醒目，易绘制、易懂，还可以在施工过程中在同一图上描绘实际进度。与计划进度相比，当工程项目及工序比较简单，且它们之间的关系也不太复杂，其工序衔接及进度安排凭已有施工经验即可确定时，可以直接绘制横道图进度计划；当工程项目以及工序之间的相互关系比较复杂、各工序的衔接及进度安排有多种方案需进行比较时，则要用网络图求得最优先计划，再整理绘制成横道进度图。

（3）资源供应计划：资源供应计划包括劳动力供应计划、材料供应计划、施工机械和大型工具供应计划、预制品供应计划等，这些计划是根据施工进度计划编制的，是计划进度的保证性计划，是进行市场供应的依据。

（4）场外运输计划：将各种物资从产地或交货地点运到工地仓库、料场，称为场外运输。场外运输计划应解决的主要问题是正确选择运输方式及运输工具，以达到降低成本和加速工程进度的目的。

（六）施工现场规划和场地布置

1.施工现场规划和场地布置

施工现场和场地布置是施工组织设计的基本内容之一，它需要考虑的问题很多、很广泛也很具体。它是一项实践性、综合性很强的工作，只有充分掌握了现场的地形、地物，熟悉了现场的周围环境和其他有关条件，并对本工程情况有了一个清楚与正确的认识之后，才能做到统筹规划、合理布局。

施工现场规划和场地布置情况应以场地平面布置图表示出来。在施工场地平面布置图内应表示出公路的平面位置、场地内需要修建的各项临时工程和露天料场、作业场的平面位置和占地面积以及场地内的各种运输线路（包括由场外运送材料至工地的进出口线路）。

2.材料加工及机械修配场地的规划和布置

施工单位为满足本身的需要，有条件时应设置采石场、采沙场、混凝土构件预制场、金属加工厂、机械修配厂等。对于预制场，一般宜设在工地上，以减少构件的运输。对于沙石材料开采场，宜设在材料产地。如有两个或两个以上的产地可供选择时，选择的条件首先是材料品质要符合设计要求；其次是运输距离要近；最后是开采的难易程度、成材率的高低。预制场的选择要综合考虑，做出综合经济分析。对于材料加工场地，则设在原材料产地较为有利。

3. 工地临时房屋的规划与布置

工地临时房屋主要包括施工人员居住用房、办公用房、食堂和其他生活福利设施用房以及实验室、动力站、工作棚和仓库等。这些临时房屋应建在施工期间不被占用、不被水淹、不受塌方影响的安全地带。现场办公用房应建在靠近工地，且受施工噪声影响小的地方；工人宿舍、文化生活用房，应避免设在低洼潮湿、有烟尘和有害健康的地方；此外，房屋之间还应按消防规定相互隔离，并配备灭火器。

4. 工地仓库及料场布置

工地储存材料的设施，一般有露天料场、简易料棚和临时仓库等。易受大气侵蚀的材料，如水泥、铁件、工具、机械配件及容易散失的材料等，宜储存在临时仓库中，钢材、木材等宜设置简易料棚堆放；沙石、石灰等一般在露天料场中堆放。

仓库、料棚、料场的位置，应选择在运输及进出料都方便，而且尽量靠近用料最集中、地形较平坦的地点。设置临时仓库、料棚时，应根据储存材料的特点，进出料的便利程度以及合理的储备定额，来计算需要的面积。面积过大会增加临时工程费用，过小可能满足不了储备需要及增加管理费用。

5. 施工场内运输的规划

在工地范围内，从仓库、料场或预制场等地到施工点的料具、物资搬运，称为场内运输。场内运输方式应根据工地的地形、地物、材料在场内的运距、运量以及周围道路和环境等因素进行选择。如果材料供应运输与施工进度能密切配合，做到场外运输与场内运输一次完成，即由场外运来的材料直接运至施工使用地点，或场内外运输紧密衔接，材料运到场内后不存入仓库、料场，而由场内运输工具转运至使用地点，这是最经济的运输组织方法。这样可节省工地仓库、料场的面积，减少工地装卸费用。但这种场内外运输紧密结合的组织方法在工程实践中是很难做到的，大量的场内运输工作是不可避免的，必须做好施工场内运输规划。

（七）工地供电的规划

工地用电主要包括各种电动施工机械和设备的用电以及室内外照明用电。公路工程施工离不开电，做好工地供电的组织计划，对保证施工的顺利进行有着重要的作用。

工地用电应尽可能地利用当地的电力供应，从当地电站、变电站或高压电网取得电能。在当地没有电源，或电力供应不能满足施工需要的情况下，则要在工地设置临时发电站。最好选用两个来源不同的电站供电，或配备小型临时发电装置，以免工作中偶然停电造成损失。同时，还要注意供电线路、电线截面、变电站的功率和数目等的配置，使它们可以互相调剂，不致因为线路发生局部故障而停电。

（八）工地供水的规划

公路工程施工离不开水，施工组织设计必须规划工地临时供水问题，确保工地用水和节省供水费用。

四、组织准备

施工企业通过投标方式获得工程施工任务后，应根据签订的施工合同的要求，迅速组建符合本工程实际的施工管理机构，组织施工队伍进场施工。同时，为保证工程按设计要求的质量、计划规定的进度和低于合同运价的成本，安全顺利地完成施工任务，还应针对施工管理工作复杂、困难多的特点，建立一整套完善的施工管理制度，采用科学的管理方法，切实有效地开展工作。

施工组织准备工作的主要任务是：组建施工项目经理部；选配强有力的施工领导班子和施工力量；强化施工队伍的技术培训。

（一）施工机构的组建和人员的配备

这里的施工机构是指为完成公路施工任务负责现场指挥、管理工作的组织机构。根据中国的具体情况及以往的公路施工经验，施工机构一般由生产系统、职能部门和行政系统等组成。

（二）建立健全各项管理制度

1. 施工计划管理制度

施工计划管理制度是施工管理工作的中心环节，其他管理工作都要围绕计划管理来开展。计划管理包括编制计划、实施计划、检查和调整计划等环节。由于公路施工受自然条件影响大，其他客观情况的变化也难以准确预测，这就要求施工计划必须经过充分调查研究后制订，同时在执行过程中应随时检查，发现问题及时采取措施解决，必要时还应对计划进行调整修改，使之符合新的客观情况，保证计划的执行。

2. 工程技术管理制度

工程技术管理制度是对施工技术进行一系列组织、指挥、调节和控制等活动的总称。其主要内容包括：施工工艺管理、工程质量管理、施工技术措施计划、技术革新和技术改造、安全生产技术措施、技术文件管理等。要搞好各项技术管理工作，关键是建立并严格执行各种技术管理制度，只有执行技术管理制度，才能很好地发挥技术管理作用，圆满地完成技术管理的任务。

3. 工程成本管理制度

工程成本管理制度是施工企业为降低工程成本而进行的各项管理工作的总称。工程成本管理与其他管理工作有着密切的联系，施工企业总的技术水平和经营管理水平的高低，均能直接或间接地反映在成本这个指标上。工程成本的降低，表明施工企业在施工过程中活劳动（支付劳动者的报酬）和物化劳动（生产资料）的节约。活劳动的节约说明劳动生产率的提高，物化劳动的节约说明机械设备利用率的提高和建筑材料消耗率的降低。因此，建立成本管理制度，加强对工程成本的管理，不断降低工程造价，具有十分重要的意义。

4. 施工安全管理制度

安全生产关系人民群众生命和财产安全，关系改革发展和社会稳定大局。加强施工安全、劳动保护对公路工程的质量、成本和工期有着重要意义，施工安全管理制度是企业管理的一项基本原则。

其基本任务是：正确贯彻执行"以人为本"的思想和"安全第一、预防为主、综合治理"的方针。建立安全施工责任制，加强安全检查，开展安全教育，在保证安全施工的条件下，创优质工程。

五、物资准备

物资准备是指施工中必需的劳动手段和施工对象的准备。它是根据各种物资需要量计划，分别落实货源、组织运输和安排储备，以保证连续施工的需要。准备工作主要包括以下内容。

1. 建筑材料准备

首先根据工程量用预算的方法进行工、料、机分析，按批准的施工进度计划的使用要求、材料储备定额和消耗定额，分别按材料名称、规格、使用时间进行汇总，编制材料需要量计划，同时根据不同材料的供应情况，随时注意市场行情，及时组织货源，签订供货合同。其主要包括：

（1）路基、路面工程所需的砂石料、石灰、水泥、工业废渣、沥青等材料的准备。

（2）沿线结构物所需的钢材、木材、沙石料和水泥等材料的准备。

2. 施工机具设备的准备

根据采用的施工方案和施工进度计划，确定施工机械的类型、数量和进场时间，确定施工机具的供应方法和进场后的存放地点和方式，提出施工机具需要量计划，以便及时组织机械进场，保证工程的顺利进行。

3. 周转材料准备

周转材料准备主要是指模板和架设工具。根据批准的施工进度计划和施工方案编制周转材料的需要计划，组织周转材料进场。

六、施工现场准备

（一）恢复定线测量

1. 承包人应检查工程原测设的所有永久性标桩，并将遗失的标桩在接管工地14天之内通知监理工程师，然后根据监理工程师提供的工程测设资料和测量标志，在28天内将复测结果提交监理工程师。上述测量标志经检查批准后，承包人应自费进行施工测量和补充测量，并经监理工程师批准之后，在工地正确放样。

2. 通过复测，对持有异议的原地面标高，承包人应向监理工程师提交一份列出有误标高和相应的修正标高表。在监理工程师确定正确标高之前，对有争议的标高的原有地面不得扰动。

3. 在合同执行期间，承包人应将施工中所有的标桩，包括转角桩、曲线主点桩、桥涵结构物和隧道的起终点、控制点以及监理工程师认为对放样和检验有用的标桩等，进行加固保护，并对水准点、三角网点等树立易于识别的标志。承包人应对永久性测量标志进行保护，直至工程竣工验收后，完整地移交给监理工程师。

4. 承包人应根据批准的格式向监理工程师提供全部的测量标记资料，所有测量标记应涂上油漆，其颜色要得到监理工程师的同意，易于辨别。所有标桩保护和迁移的费用均由承包人承担，因施工而引起的标桩变动所发生的费用业主将不予以支付。

5. 承包人应按照上述测量标志资料自费完成全部恢复定线施工测量设计和施工放样。承包人应对施工测量、设计和施工放样工作的质量负责到底。

6. 各合同段衔接处的测量应在监理工程师的统一协调下由相邻两合同段的承包人共同进行，将测量结果协调统一在允许的误差范围内。

（二）建造临时设施

1. 临时房屋设施

临时房屋设施包括行政办公用房、宿舍、文化福利用房及作业棚等。临时房屋设施的需要量根据职工与家属的总人数和房屋指标确定。临时房屋修建的一般要求是，布置要紧凑，充分利用非耕地，尽量利用施工现场或附近已有的建筑物。必须修建的临时房屋，应以经济、实用为原则，合理选择形式（如装拆式移动式建筑）以便重复使用。

2. 仓库

仓库是为存放施工所需要的各种物资器材而设的。按物资的性质和存放量要求，其形式可以是露天、敞棚、房屋或库房。仓库物资储存量应根据施工条件通过计算确定，一方面应保证工程施工的需要，有足够的储量；另一方面又不宜储存过多，以免增加库房面积，造成积压浪费。

为了保证物料及时顺利地卸入库内和发放使用，仓库必须设计有足够的卸装长度。在保证安全的条件下,应设在交通方便的地方,并利用天然地形组织装卸工作。对于材料使用量很大的仓库,应尽量靠近使用地点。

3. 临时交通便道

工程在正式施工前,必须解决好场内外的交通运输问题。在工地布设临时交通便道时应遵循下列原则。

(1) 临时交通道路以最短距离通往主体工程施工场所,并连接主干道路,使内外交通便利。

(2) 充分利用原有道路,对不满足使用要求的原有道路,应在充分利用的基础上进行改建,节约投资和施工准备时间。

(3) 在本工程的施工与现有的道路、桥涵发生冲突和干扰之处,承包人要在本工程施工之前完成改道施工或修建临时道路。临时道路应满足现有交通量的要求,路面宽度应不小于现有道路的宽度,且应加铺沥青面层。

(4) 利用现有的乡村道路作为临时道路时,应将该乡村道路进行修整、加宽、加固及设置必要的交通标志,并经监理工程师验收合格后方可通行。

(5) 工程施工期间,应配备人员对临时道路进行养护,以保证临时道路和结构物的正常通行。

(6) 尽量避开洼地和河流,不建或少建临时桥梁。

4. 工地临时用电

施工现场用电,包括生产用电和生活用电。其中,生活用电主要是照明用电;生产用电包括各种生产设施用电、主体工程施工用电、其他临时设施用电。

第二节 路线中线施工放样

1. 导线的复测与固定

公路的中线及其沿线构造物的位置是由导线控制的,施工单位必须对设计单位提供的导线点坐标及其现场桩橛认真进行复测核对;若设计单位设置的导线点过稀而不便使用,或导线点落在施工操作范围之内而可能遭到损坏时,应对导线点进行加密或移位。导线测量是平面控制测量,要有较高的精度。公路是带状建筑物,导线多从某个高级控制点(如国家平面控制点)出发,沿着公路旁侧布设,最后附合到另一个高级控制点上去。支导线不闭合亦不附合于已知导线上,错误码与否难以核对,故点数不宜超过两个。

导线点的位置应选在地势较高、视野开阔、方便安置仪器的地方,以利于以后恢复中线及构造物放样之用;相邻两导线点必须通视,才能量角、测距;导线点间距视地形地物情况和工程需要而定,一般以不超过1km为宜,且相邻边长应尽量不要相差悬殊。

2. 中线的复测与固定

路基开工前需要进行详细的中线测量工作，就是通过测设直线或曲线，将公路中心线的平面位置准确、具体地标定在地面上。中线测量的传统手段是用经纬仪定向，钢尺量距。

（1）将标定路线平面位置的各点在地面上重新钉出在平曲线特征点、地面突变点、土石方成分变化点等处增钉加桩。

（2）如发现丈量错误或需要局部改线，应做断链处理，注明前后里程关系及长（或短）链距离。

（3）对高等级公路，应采用坐标法恢复主要控制桩。

（4）桩点丢失时，要及时补上。

①交点桩丢失时，可由前后的点定出切线并延长切线，交出丢失的交点桩，并钉桩固定。

②转点桩丢失时，可用正倒镜延长直线，重新补设。

③曲线特征点桩丢失时，可对曲线重新测设补桩。

3. 固定控制点

路线的主要控制点，如交点、转点、曲线的起讫点，以及起控制作用的百米桩和加桩，应视当地的地形条件和地物情况，采取有效的方法加以固定。

4. 定桩

位于路基范围内的桩因施工无法保留时，应另用桩移钉于路基范围之外。

（1）直线段上的点，其移钉方向为垂直于路中线。

（2）曲线上的点，其移钉方向为垂直于该点的切线方向。

（3）当受地形条件限制时，也可用其他方法将主要控制点移钉于路基范围之外，但在移钉的桩上及记录簿中均应注明桩号及移钉距离。

5. 加钉护桩

加钉护桩的方法，一般所需要固定的控制点桩为交叉点，沿两个大致互相垂直的方向，在每条方向线上，将桩点移到路基施工范围以外。可在相距一定距离处，钉上两个带钉木桩，桩上标出相应的桩号和量出的距离，同时绘草图，并记入记录簿内，以备查用。恢复中线时应注意与独立施工的桥梁、隧道及相邻施工段的中线闭合，发现问题及时查明原因，并报监理工程师。

6. 路线高程复测与水准点的增设

中线恢复后，对沿线的水准点做复核性水准测量，以复核水准点一览表中各点的水准基点高程和中桩的地面高程。当相邻水准点相距太远时，为便于施工期间引用，可加设一些临时水准点。在如桥涵、挡土墙等较大构造物附近，以及高路堤、深路堑等集中土石方地段附近，应加设水准点。临时水准点的标高必须符合精度要求。

7. 横断面的检查与补测

中线横断面应详细检查与核对，发现疑问与错误时，必须进行复测。在恢复中线时新设的桩点，应进行横断面补测。此外，应检查路基边坡设计是否恰当，与有关构造物如涵洞、挡土墙的设计是否配合相称，取土坑、弃土堆的位置是否合适。应当注意，凡是在恢复路线时发现原设计中的一切不正确之处，都应在图纸上明确地记录下来，并与复测的结果一起呈报监理工程师复核或审批。

8. 竣工测量

竣工后测量工程师安排监理测量组进行下列工作。

（1）检查承包人全线（已竣工路段）恢复定线和路线竣工验收测量工作，审批竣工测量报告，视情况组织部分路段复测。

（2）检查承包人全线（已竣工）桥涵及其他设施竣工验收的测量资料，按总监或驻地监理要求组织复核测量，审核批准测量报告。

（3）核实因变更设计引起工程数量变动所需的测量内容。

（4）检查、督办总监、高级驻地和现场监理人员要求的其他测量工作。

第三节　高程施工放样

道路从勘测完成到施工阶段以及在道路施工过程中，部分路线里程桩可能遗失或遭破坏。因此，在施工前应及时检查和核对，必要时还应增设施工控制点，对遗失地段及时恢复控制桩，并在施工范围外设置保护桩。

一、路基边桩的测设

路基边桩的测设就是将每一个横断面的路基两侧的边坡线与地面的交点，用木桩标定在实地上，作为路基施工的依据。常用的有以下几种方法。

1. 图解法

图解法是指直接在路基设计的横断面图上，按比例量取中桩至边桩的距离，然后到实地上用皮尺量得其位置。在填挖不大时常采用此法。

2. 解析法

解析法是根据路基填挖高度、路基宽度、边坡率计算路基中桩至边桩的距离。解析法的适用分平坦地面和倾斜地面两种情况。

二、路基边坡的测设

边桩测设后，为保证填、挖边坡达到设计要求，还应将设计边坡在实地上标定下来，以便指导施工。在开挖路堑前，在坡顶桩外侧按设计边坡设立固定样板，施工时可随时指示并检核开挖和修整情况，故可用此指示或检核路堤和路堑的填挖。

三、路面施工测设

路面施工是道路施工的最后一个环节，也是最重要的一个环节。因此，对路面施工放样的精度要求要比对路基施工放样的精度要求高。为了保证精度，便于测量，通常在路面施工中将线路两侧的导线点和水准点引测到路基上，一般设置在不易被破坏的桥梁、通道的桥台上或涵洞的压顶石上。路面施工阶段的测量放样工作内容有恢复中线放样高程和测量边线。路面施工是在路基土石方施工完成以后进行的。在路面底基层（或垫层）施工前，首先进行路槽放样。路槽放样包括中线施工控制桩恢复放样和中平测量，路槽横坡放样。除面层外，各结构层横坡按直线形式进行放样。

1. 路槽的放样

在铺筑公路路面时，首先应进行路槽的放样，在已恢复的路线中线的百米桩和加桩上，从最近的水准点出发，进行路线水准测量，测出各桩的路基标高，并与设计标高相比较，看是否在规定的容许范围内；然后在路线中线上每隔10m设立高程桩，用放样已知点的方法，使各桩顶高程等于铺筑的路面标高。

用皮尺由高程桩沿横断面方向向左右各量出等于路槽宽度一半的长度，定出路槽边桩，使桩顶的高程亦等于铺筑后的路面标高。在上述这些桩的旁边挖一小坑，在坑中钉桩，使桩顶与考虑路槽横向坡度后槽底的高程符合，以指导路槽的开挖。

2. 路拱的放样

路面各结构层的放样方法都是先恢复中线，再量取道路宽度确定控制边线，放样高程控制各结构层的标高。

对于水泥混凝土路面或者有中间分隔带的沥青路面，路拱按直线形式放样。

对于没有中间分隔带的沥青路面，路拱有抛物线路拱和斜面加曲线路拱两种形式。公路路面路拱一般采用路拱样板进行放样，在施工过程中逐段检查，对于碎石路面不应超过1cm，对于混凝土和渣油路面不应超过3mm。

第二章　路面施工技术

第一节　沥青路面施工

一、沥青混合料的材料要求及组成设计

沥青路面是用沥青材料做结合料粘结矿料修筑面层与各类基层和垫层所组成的路面结构。由于沥青路面使用沥青结合料，因而增强了矿料间的粘结力，提高了混合料的强度和稳定性，使路面使用质量和耐久性都得到提高。与水泥混凝土路面相比，沥青路面具有表面平整、无接缝、行车舒适、耐磨噪声低、施工期短、养护维修简便，且适宜于分期修建等优点，因此得到了广泛应用。

（一）沥青混合料的材料要求

沥青混合料是由矿料与沥青结合料拌和而成的混合料的总称。按材料组成及结构，分为连续级配、间断级配混合料；按矿料级配组成及空隙率大小，分为密级配（3%~6%）、半开级配（6%~12%）、开级配（排水式18%以上）；按公称最大粒径，分为沙粒式（公称最大粒径小于9.5mm）、细粒式（公称最大粒径9.5mm或13.2mm）、中粒式（公称最大粒径16mm或19mm）、粗粒式（公称最大粒径26.5mm）、特粗式（公称最大粒径等于或大于31.5mm）；按制造工艺，分为热拌沥青混合料、冷拌沥青混合料、再生沥青混合料等。

（二）材料的基本要求

在沥青路面建设过程中，材料起到了至关重要的作用。有些新建的高速公路沥青路面出现早期损坏，材料是重要的原因之一。因此，应特别强调要把好材料关，材料的选择应以试验为依据，严格控制质量，防止使用不符合要求的材料，以免造成损失。沥青混合料的材料主要由沥青、粗集料、细集料、矿粉和纤维稳定剂等组成。

1. 沥青材料

沥青材料有道路石油沥青、乳化沥青、液体石油沥青、煤沥青、改性沥青、改性乳化

沥青等。不同品种的沥青有不同的适用范围。

（1）道路石油沥青

①道路石油沥青的适用范围应符合规定，道路石油沥青的质量应符合规定的技术要求。经建设单位同意，沥青的 PI 值、60℃动力粘度、10℃延度可作为选择性指标。

②沥青路面采用的沥青标号，宜按照公路等级、气候条件、交通条件、路面类型及在结构层中的层位、受力特点和施工方法等，结合当地的使用经验，经技术论证后确定。

A. 对高速公路、一级公路，夏季温度高，高温持续时间长、重载交通、山区及丘陵区上坡路段，服务区、停车场等行车速度慢的路段，尤其是汽车荷载剪应力大的层次，宜采用稠度大、60℃粘度大的沥青，也可根据高温气候分区的温度水平选用沥青等级；对冬季寒冷的地区或交通量小的旅游道路，宜选用稠度小低温延度大的沥青；对温度日温差、年温差大的地区，宜注意选用针入度指数大的沥青。当高温要求与低温要求发生矛盾时，应优先考虑满足高温性能的要求。

B. 当缺乏所需标号的沥青时，可采用不同标号掺配的调和沥青，其掺配比例由试验决定。

③沥青必须按品种、标号分开存放。除长期不使用的沥青可放在自然温度下存储外，沥青在储罐中的储存温度不宜低于130℃，并不得高于170℃。桶装沥青应直立堆放并加盖苫布。

④道路石油沥青在储运使用及存放过程中应有良好的防水措施，避免雨水或加热管道蒸汽进入沥青中。

（2）乳化沥青

①乳化沥青适用于沥青表面处置路面、沥青贯入式路面、冷拌沥青混合料路面，修补裂缝，喷洒透层、粘层与封层等。

②在高温条件下宜采用粘度较大的乳化沥青，寒冷条件下宜使用粘度较小的乳化沥青。

③乳化沥青类型根据集料品种及使用条件选择。阳离子乳化沥青可适用于各种集料品种，阴离子乳化沥青适用于碱性石料。乳化沥青的破乳速度、粘度宜根据用途与施工方法选择。

（3）液体石油沥青

①液体石油沥青适用于透层、黏层及拌制冷拌沥青混合料。根据使用目的与场所，可选用快凝、中凝、慢凝的液体石油沥青，其质量应符合规范规定。

②液体石油沥青宜采用针入度较大的石油沥青，使用前按先加热沥青后加稀释剂的顺序，掺配煤油或轻柴油，经适当的搅拌、稀释制成。掺配比例根据使用要求由试验确定。

③液体石油沥青在制作、储存、使用的全过程中必须通风良好，并有专人负责，确保安全。基质沥青的加热温度严禁超过140℃，液体沥青的储存温度不得高于50℃。

（4）煤沥青

①道路用煤沥青的标号根据气候条件施工温度、使用目的选用，其质量应符合规范

规定。

②道路用煤沥青适用于下列情况：

A.各种等级道路的各种基层上的透层，宜采用 T-1 级或 T-2 级，其他等级不符合喷洒要求时可适当稀释使用；

B.三级及三级以下的公路铺筑表面处置或灌入式沥青路面，宜采用 T-5 级、T6 级或 T-7 级；与道路石油沥青、乳化沥青混合使用，以改善渗透性。

③道路用煤沥青严禁用于热拌热铺的沥青混合料，做其他用途时的储存温度宜为 70℃~90℃，且不得长时间储存。

（5）改性沥青

①改性沥青可单独或复合采用高分子聚合物、天然沥青及其他改性材料制作。

②各类聚合物改性沥青的质量应符合技术要求，其中 PI 值可作为选择性指标。当使用表列以外的聚合物及复合改性沥青时，可通过试验研究制订相应的技术要求。制造改性沥青的基质沥青应与改性剂有良好的配伍性，其质量宜符合 A 级或 B 级道路石油沥青的技术要求。供应商在提供改性沥青的质量报告时应提供基质沥青的质量检验报告或沥青样品。

2.粗集料

（1）沥青层用粗集料包括碎石、破碎砾石、筛选砾石、钢渣矿渣等，但高速公路和一级公路不得使用筛选砾石和矿渣。粗集料必须由具有生产许可证的采石场生产或施工单位自行加工。

（2）粗集料应该洁净、干燥、表面粗糙，质量应符合规定。当单一规格集料的质量指标达不到表中要求，而按照集料配比计算的质量指标符合要求时，工程上允许使用。对于受热易变质的集料，宜采用经拌和机烘干后的集料进行检验。

（3）粗集料的粒径规格应符合规范的规定。

（4）采石场在生产过程中必须彻底清除覆盖层及泥土夹层。生产碎石用的原石不得含有土块、杂物，集料成品不得堆放在泥土地上。

（5）高速公路、一级公路沥青路面的表面层（或磨耗层）的粗集料的磨光值应符合要求。

（6）粗集料与沥青的粘附性应符合规定的要求，当使用不符合要求的粗集料时，宜掺加消石灰、水泥或用饱和石灰水处理后使用，必要时可同时在沥青中掺加耐热、耐水、长期性能好的抗剥落剂，也可采用加入改性沥青的措施，使沥青混合料的水稳定性检验达到要求。掺加外加剂的剂量由沥青混合料的水稳定性检验确定。

（7）破碎砾石应采用粒径大于 50mm、含泥量不大于 1% 的砾石轧制，破碎砾石的破碎面应符合规范的要求。

（8）筛选砾石仅适用于三级及三级以下沥青表面处置路面。

（9）经过破碎且存放期超过 6 个月以上的钢渣可作为粗集料使用。除吸水率允许适当放宽外，各项质量指标应符合规范的要求。钢渣在使用前应进行活性检验，要求钢渣中的游离氧化钙含量不大于3%，浸水膨胀率不大于2%。

3. 细集料

（1）沥青路面的细集料包括天然沙、机制沙、石屑。细集料必须由具有生产许可证的采石场、采沙场生产。

（2）细集料应洁净、干燥、无风化、无杂质，并有适当的颗粒级配，其质量应符合规定。细集料的洁净程度，天然沙以小于0.075mm含量的百分数表示，石屑和机制沙以沙当量（适用于0~4.75mm）或亚甲蓝值（适用于0~2.36mm或0~0.15mm）表示。

（3）天然沙可采用河沙或海沙，通常宜采用粗、中沙，其规格应符合规范的规定，沙的含泥量超过规定时应水洗后使用，海沙中的贝壳类材料必须筛除。开采天然沙必须取得当地政府主管部门的许可，并符合水利及环境保护的要求。热拌密级配沥青混合料中，天然沙的用量通常不宜超过集料总量的20%，SMA和OGFC混合料不宜使用天然沙。

（4）石屑是采石场破碎石料时通过4.75mm或2.36mm的筛下部分。采石场在生产石屑的过程中应具备抽吸设备，高速公路和一级公路的沥青混合料宜将S14与S16组合使用，S15可在沥青稳定碎石基层或其他等级道路中使用。

（5）机制沙宜采用专用的制沙机制造，并选用优质石料生产，其级配应符合S16的要求。

4. 填料

（1）沥青混合料的矿粉必须采用石灰岩或岩浆岩中的强基性岩石等憎水性石料经磨细得到的矿粉，原石料中的泥土杂质应除净。矿粉应干燥、洁净，能自由地从矿粉仓流出，其质量应符合标准。

（2）拌和机的粉尘可作为矿粉的一部分回收使用，但每盘用量不得超过填料总量的25%，掺有粉尘填料的塑性指数不得大于4%。

（3）粉煤灰作为填料使用时，用量不得超过填料总量的50%，粉煤灰的烧失量应小于12%，与矿粉混合后的塑性指数应小于4%，其余质量要求与矿粉相同。高速公路、一级公路的沥青面层不宜采用粉煤灰做填料。

5. 纤维稳定剂

（1）在沥青混合料中掺加的纤维稳定剂宜选用木质素纤维、矿物纤维等，木质素纤维的质量应符合技术要求。

（2）纤维应在250℃的干拌温度下不变质、不发脆，使用纤维必须符合环保要求，不危害身体健康。纤维必须在混合料拌和过程中能充分分散均匀。

（3）矿物纤维宜采用玄武岩等矿石制造，易影响环境及造成人体伤害的石棉纤维不宜直接使用。

（4）纤维应存放在室内或有棚盖的地方，松散纤维在运输及使用过程中应避免受潮不结团。

（5）纤维稳定剂的掺加比例以沥青混合料总量的质量百分率计算，通常情况下用于

SMA 路面的木质素纤维不宜低于 0.3%，矿物纤维不宜低于 0.4%，必要时可适当增加纤维用量。纤维掺加量的允许误差宜不超过 ±5%。

（三）混合料组成设计目标

高等级公路路面面层，为汽车提高安全经济舒适的服务，并直接承受汽车荷载的作用和自然因素的影响。因此，铺筑面层所用混合料的组成设计必须考虑温度稳定性、耐久性、抗滑稳定性、抗疲劳特性及工作度（亦称施工和易性）等问题。

1. 高温稳定性

沥青混合料的强度和抗变形能力随温度的变化而变化。当温度升高时，沥青的粘滞度降低，矿料之间粘结力削弱，导致强度与抗变形能力降低。因此，高温季节，在行车荷载的重复作用下，路面易出现车辙、波浪、推移等病害。

目前我国采用马歇尔试验的稳定度和流值来评价沥青混合料的高温稳定性。研究表明，马歇尔稳定度和流值指标与沥青混合料的高温稳定性有一定的相关性。同时，试验设备和方法较为简单，便于现场质量控制，因此马歇尔法被广泛采用。此外，还可采用维姆稳定度、三轴试验等方法。三轴试验方法是一种比较完善的方法，它可以较为详尽地分析沥青混合料组成与力学性质之间的关系，同时由于它的受力状态与沥青混合料在路面中的受力状态比较接近，所得试验结果与使用情况有较好的相关性。但试验仪器和操作方法较为复杂，目前仅用于沥青混合料的研究，很少直接应用于生产。

2. 低温抗裂性

随着温度的降低，沥青的粘滞度增高，强度增大，但变形能力降低，并出现脆性破坏。气温下降时特别是在急骤下降时，沥青层受基层的约束而不能收缩，产生很大的温度应力。若累计温度应力超过沥青混合料的极限抗拉强度，路面便产生开裂。目前对沥青混合料低温抗裂性采用开裂温度预估、变形对比和开裂统计法评定。开裂温度预估是通过某温度时沥青路面产生的拉应力与沥青混合料的抗拉强度的对比来预估路面的开裂温度，从而判断其低温缩裂的可能性。变形对比分析是根据沥青面层的相对延伸率与沥青混合料的极限相对延伸率对比，以判断沥青混合料抗裂性。开裂统计法是通过野外调查研究，建立低温开裂指数与各种因素的统计关系，进而进行抗裂性的评定。

3. 耐久性

在自然因素的长期作用下，要保证路面具有较长的使用年限，必须具备较好的耐久性。耐久性差的沥青混合料常会引起路面过早出现裂缝、沥青膜剥落、松散等病害。沥青混合料的空隙率影响沥青路面的耐久性，一般沥青混合料中应残留 3%~6% 的空隙（或以饱水率 2%~4% 计）。我国旧规范曾采用水稳定性系数来反映耐久性。沥青混合料的水稳定性系数是以真空饱水后抗压强度降低的百分率来表示。现行规范改为马歇尔试验法后，采用空隙率（或饱水率）、饱和度（沥青填隙率）和残留稳定度等指标来表示耐久性。

4.抗滑性

高等级公路的发展，对沥青混合料的抗滑性提出了更高要求。沥青混合料路面的抗滑性与矿料的微表面性质、混合料的级配组成以及沥青混合料用量等因素有关。

5.抗疲劳性

抗疲劳性是沥青混合料抵抗荷载重复作用的能力。通常把沥青混合料出现疲劳破坏时的重复应力值称为疲劳强度，相应的重复作用次数称为疲劳寿命，而把可以承受无限次重复荷载循环而不发生疲劳破坏的应力值称为疲劳极限。

6.工作度（施工和易性）

工作度是指沥青混合料摊铺和碾压工作的难易程度。工作度良好的混合料容易进行摊铺和碾压。影响沥青混合料工作度的因素很多，诸如当地气温、施工条件以及混合料性质等。

（四）沥青混合料组成的设计方法

沥青混合料组成设计内容包括确定沥青混合料材料品种、混合料类型、矿料最优级配、最佳沥青用量。在工程实践中，高速公路和一级公路的热拌沥青混合料配合比设计包括试验室目标配合比设计、施工阶段的生产配合比设计及生产配合比验证三个阶段。我国《公路沥青路面施工技术规范》（JTGF40—2004）规定，热拌沥青混合料配合比设计采用马歇尔试验方法。

1.试验室目标配合比设计

（1）设计任务

根据公路性质、交通量、路用性能要求、筑路材料、当地气候条件施工技术水平等选择原材料，确定混合料类型、矿料级配类型和最佳沥青用量。具体设计时用工程实际使用的材料计算各种材料的用量比例后配合成符合规范要求的矿料级配，进行马歇尔试验，确定最佳沥青用量。此矿料级配及沥青用量作为目标配合比，供拌和机确定各冷料仓的供料比例、进料速度及试拌使用。

（2）设计流程

①首先按规定确定采用粗型（C型）或细型（F型）的混合料。对于夏季气温较高、高温持续时间长、重载交通多的路段，宜采用粗型密级配沥青混合料（AC-C型），并取较高的设计空隙率；对于冬季气温较低或重载交通较少的路段，宜选用细型密级配沥青混合料（AC-F型），并取较小的设计空隙率。

②为确保高温抗车辙能力，同时兼顾低温抗裂性能的要求，配合比设计时宜适当减少公称最大粒径附近的粗集料用量，减少0.6mm以下部分细粉的用量，增加中档粒径集料的用量以形成S形级配曲线，并取中等或偏高的设计空隙率。

③确定工程设计级配范围应考虑混合料所在路面层位的功能要求，经组合设计的沥青路面应能满足耐久、稳定、密水、抗滑等要求。

④根据公路等级和施工设备的控制水平确定的级配范围应比规范级配范围窄，其中

4.75mm 和 2.36mm 通过率的上下限差应小于 12%。

⑤沥青混合料的配合比设计应充分考虑施工性能，使沥青混合料容易摊铺和压实，避免造成严重的离析现象。

（3）矿料配合比设计

在实际工程中，常常需要用两种或两种以上具有不同级别的原材料掺配后才能得到符合既定级配要求的矿质集料，即对矿料进行配合比设计。

（4）马歇尔试验

以预估的沥青用量为中值，按一定间隔取 5 个或 5 个以上不同的沥青用量分别制成马歇尔试件。每组试件的数量按试验规程要求确定，对粒径较大的沥青混合料，应增加试件数量。首先，测定马歇尔击实试件的毛体积相对密度、吸水率；其次，计算沥青混合料试件的空隙率、矿料间隙率、有效沥青的饱和度等体积指标；最后，进行马歇尔试验，测定马歇尔稳定度和流值。

（5）确定最佳沥青用量

以沥青用量（油石比）为横坐标，以马歇尔试验的各项指标为纵坐标，将试验结果绘入图中，连成圆滑的曲线。试验时选择的沥青用量范围应涵盖设计空隙率的全部范围，并尽可能地涵盖沥青饱和度的要求范围，并使密度和稳定度出现峰值。若达不到上述要求，应扩大沥青用量范围。

（6）最佳沥青用量的调整

在上述试验和计算结果的基础上，根据实践经验、公路等级、气候条件、交通情况来调整最佳沥青用量。

①调查当地各项条件接近的工程的沥青用量和使用效果，论证适宜的最佳沥青用量。检查计算确定的最佳沥青用量是否接近，若相差甚远应查明原因，必要时重新调整级配，再进行配合比设计。

②对炎热地区公路、高速公路、一级公路重载交通路段以及山区公路的长陡路段，预计可能产生较大车辙时，宜在空隙率符合要求的范围内将计算的最佳沥青用量减小 0.1%~0.5% 作为设计沥青用量。此时，除空隙率外的其他指标如超出马歇尔配合比设计技术标准，在配合比设计报告或设计文件中必须说明，并要求必须采用重型轮胎压路机和振动压路机组合等方式加强碾压，以使施工后路面的空隙率达到未调整前的最佳沥青用量时的水平，且渗水系数符合要求。若试验路段达不到上述要求，应调整减小沥青用量的幅度。

③对寒区公路、旅游区公路、交通量较小的公路，最佳沥青用量可以在前述计算 OAC 的基础上增加 0.1%~0.3%，以适当减小空隙率，但不降低压实标准。

（7）配合比设计检验

用于高速公路、一级公路的密级配沥青混合料，需在上述配合比设计的基础上进行各种使用性能的检验。不符合要求的沥青混合料，必须更换材料或重新进行配合比设计。检验项目包括高温稳定性检验、水稳定性检验、低温抗裂性能检验、渗水系数检验。公称最大粒径等于或小于1mm的混合料，按规定方法进行车辙试验和低温弯曲试验。

（8）配合比设计报告

沥青混合料配合比设计报告内容包括工程设计级配范围选择说明、材料品种选择与原材料质量试验结果、矿料级配、最佳沥青用量以及各项体积指标、配合比设计检验结果等，矿料级配曲线应按照规定的方法绘制。

2. 生产配合比设计阶段

对于间歇式拌和机，必须对二次筛分后进入各热料仓的材料取样进行筛分，以确定各热料仓的材料比例，供拌和机控制室使用。同时反复调整冷料仓进料比例以达到供料均衡，并取目标配合比设计的最佳沥青用量、最佳沥青用量±0.3%的三种沥青用量进行马歇尔试验，最终确定生产配合比的最佳沥青用量。

3. 生产配合比验证阶段

拌和机采用生产配合比进行试拌，铺筑试验路段，并用所拌和的沥青混合料及路上钻取的芯样进行马歇尔试验检验，由此确定生产用的标准配合比。在生产过程中，当进场材料发生变化，沥青混合料的矿料级配、马歇尔试验技术指标不符合要求时，应及时调整配合比，使沥青混合料质量符合要求并保持相对稳定，必要时重新进行配合比设计。

二、冷拌沥青混合料路面施工

（一）基本要求

冷拌沥青混合料适用于三级及三级以下公路的沥青面层，也可用于二级公路的罩面层以及各级公路沥青路面的基层、连接层或整平层。在养护工程中，冷拌改性沥青混合料可用于沥青路面的坑槽冷补。冷拌沥青混合料所采用的结合料包括乳化沥青、液体沥青和改性乳化沥青等。结合料的类型与型号、标号都应根据公路等级、交通特点、气候、水温状况、施工季节、施工机具等各种因素参照规范规定，精心选择。冷拌沥青混合料宜采用密级配沥青混合料，当采用半开级配的冷拌沥青碎石混合料路面时应铺筑上封层。

（二）冷拌沥青混合料路面施工

冷拌沥青混合料应具有良好的施工和易性，混合料的拌和、运输、摊铺都在乳液破乳前完成。在拌和与摊铺过程中已破乳的混合料，应予废弃。袋装乳化沥青混合料应加入适宜的稳定剂，以防提前破乳。包装应密封，存放时间不得超出乳液的存放时间。乳化沥青混合料宜采用拌和厂机械拌和及沥青摊铺机摊铺的方式。混合料摊铺后应立即碾压。通常先用6t左右的轻型压路机初压1~2遍，使混合料初步稳定，再用轮胎压路机或钢筒式压路机碾压1~2遍。当乳化沥青开始破乳、混合料由褐色转变成黑色时，改用12~15t轮胎压路机碾压，将水分挤出，复压2~3遍后停止，待晾晒一段时间，水分基本蒸发后继续复压至密实为止。压实过程中有推移现象时应停止碾压,待稳定后再碾压。当天不能完全压实时,可在较高气温状态下补充碾压。当缺乏轮胎压路机时,也可采用钢筒式压路机或较轻的振动压路机碾压。乳化沥青混合料路面的上封层应在压实成型、路面水分完全蒸发后加铺。施工结束后宜封闭交通2~6h,并注意做好早期养护。如施工遇雨应立即停止铺筑,以防雨水将乳液冲走。

(三)冷补沥青混合料

用于修补沥青路面坑槽的冷补沥青混合料宜采用适宜的改性沥青结合料制造,并具有良好的耐水性。冷补沥青混合料的集料必须符合规范对热拌沥青混合料集料的质量要求。冷补沥青混合料有良好的低温操作和易性。用于冬季寒冷季节补坑的混合料,应在松散状态下经-10℃的冰箱保持24h无明显的凝聚结块现象,且能用铁铲方便地拌和操作。冷补沥青混合料应有足够的粘聚性,马歇尔试验稳定度宜不小于3kN。

三、热拌沥青混合料路面施工

热拌沥青混合料路面通常采用厂拌法施工,施工过程可分为沥青混合料的拌制、运输、摊铺及碾压等几个阶段。

(一)准备工作

沥青混合料路面在施工前应对其下承层的厚度、密实度、平整度、路拱等进行检查。下承层如果有坎坷不平、松散、坑槽等,必须在混合料铺筑之前整修完毕,并清扫干净。对沥青混合料中的沥青、改性沥青纤维、集料等原材料按照施工要求进行合理选择。施工前的另一项准备工作为施工放样,放样的目的是检查下承层的厚度和标高以及对将要施工的一层进行厚度和标高控制。施工前应对摊铺机、压路机等机械的工作性能进行常规检查,以保证施工的正常运行。各种机械均处于良好状态之后,方允许正式投入施工。

(二)试验段的修筑

高速公路和一级公路的沥青路面在施工前应铺筑试验段。其他等级公路在缺乏施工经验或初次使用重大设备时,也应铺筑试验段。试验段的长度通常为100~200m,宜选在正线上铺筑。热拌热铺沥青混合料路面试验段铺筑时应做好以下工作。

1. 检验各种施工机械的类型、数量及组合方式是否匹配;
2. 通过试拌确定拌和机的操作工艺,考察计算机打印装置的可信度;
3. 通过试铺确定透层油的喷洒方式效果、摊铺、压实工艺,确定松铺系数等;
4. 验证沥青混合料生产配合比设计,提出生产用的标准配合比和最佳沥青用量;
5. 建立用钻孔法与核子密度仪无破损检测路面密度的对比关系,确定压实度的标准检测方法;

6. 检测试验段的渗水系数。

（三）拌和

1. 拌和设备

沥青混合料必须在沥青拌和厂（场、站）采用拌和机械拌制。沥青混合料可采用间歇式拌和机或连续式拌和机拌制。间歇式拌和机是在每盘拌和时计量混合料各种材料的质量，连续式拌和机则是在计量各种材料之后连续不断地送进拌和器中拌和。为保证沥青混合料的质量更稳定，沥青用量更准确，高速公路和一级公路的沥青混凝土宜采用间歇式拌和机拌和，并且间歇式拌和机必须配备计算机设备，拌和过程中采集并打印各个传感器测定的材料用量和沥青混合料拌和量、拌和温度等各种参数。连续式拌和机使用的集料必须稳定不变，一个工程从多处进料、料源或质量不稳定时，不得采用连续式拌和机。

2. 拌和

在拌制沥青混合料之前，应根据确定的配合比进行试拌。试拌时对所用的各种矿料及沥青应严格计量。通过试拌和抽样检验确定每盘热拌的配合比及其总质量（对间歇式拌和机）或各种矿料进料口开启的大小及沥青和矿料进料的速度（对连续式拌和机）、适宜的沥青用量、拌和时间、矿料和沥青加热温度以及沥青混合料出厂的温度。对试拌的沥青混合料进行试验之后，即可选定施工的配合比。

为使沥青混合料拌和均匀，在拌制时，需要控制矿料和沥青的加热温度与拌和温度。各类沥青混合料的拌制温度、运输温度及施工温度应满足相关要求。经过拌和后的混合料应均匀一致，无细料和粗料分离，无花白、结成团块的现象。沥青混合料的拌和时间应根据具体情况经试拌确定，以沥青均匀裹覆集料为度。间歇式拌和机每盘的生产周期不宜少于45s（其中干拌时间不少于5s）。改性沥青和SMA混合料的拌和时间应适当延长。

间歇式拌和机宜备有保温性能好的成品储料仓，储存过程中混合料温降不得大于10℃且不能有沥青滴漏，普通沥青混合料的储存时间不得超过72h，改性沥青混合料的储存时间不宜超过24h，SMA混合料只限当天使用，OGFC混合料宜随拌随用。生产添加纤维的沥青混合料，纤维必须在混合料中充分分散，拌和均匀。拌和机应配备同步投料装置松散的絮状纤维可在喷入沥青的同时或稍后采用风送设备喷入拌和锅，拌和时间宜延长5s以上。颗粒纤维可在粗集料投入的同时自动加入，经5~10s的干拌后，再投入矿粉。

（四）运输

热拌沥青混合料宜采用较大吨位的运料车运输，但不得超载运输、急刹车、急弯掉头，以防止透层封层造成损伤。运料车每次使用前后必须清扫干净，在车厢板上涂一薄层防止沥青粘结的隔离剂或防粘剂，但不得有余液积聚在车厢底部。

运料车的运力应稍有富余，施工过程中摊铺机前方应有运料车等候。对高速公路、一级公路等候的运料车多于5辆后开始摊铺。从拌和机向运料车上装料时，应多次挪动汽车位置，平衡装料，以减少混合料离析。运料车运输混合料宜用苫布覆盖，以保温、防雨、防污染。为了防止沥青路面施工过程中的交叉污染，运料车进入摊铺现场时，轮胎上不得沾有泥土等可能污染路面的脏物。沥青混合料在摊铺地点凭运料单接收，若混合料不符合施工温度要求，或已经结成团块、已遭雨淋的不得铺筑。

摊铺过程中运料车应在摊铺机前100~300mm处停住，空挡等候，由摊铺机推动前进开始缓缓卸料，避免撞击摊铺机。在有条件时，运料车可将混合料卸入转运车经二次拌和后向摊铺机连续均匀的供料。转运机介于运料车与摊铺机之间，运料车将混合料卸在转运车上，转运车一边对混合料进行二次拌和，一边与摊铺机完全同步前进，向摊铺机供料。由于运料车的混合料不直接卸在摊铺机上，可有效地改善混合料的离析和温度不均的问题。运料车每次卸料必须倒净，尤其是对改性沥青或SMA混合料，如有剩余应及时清除，防止硬结。SMA及OGFC混合料在运输、等候过程中，如发现有沥青结合料沿车厢板滴漏时，应采取措施避免。

（五）混合料摊铺

为了使铺筑层与下承层粘结良好，在铺筑前4~8h，在粒料类的下承层上洒布透层沥青；若下承层为旧沥青路面或水泥混凝土路面，则要在旧路面上洒布一层粘层沥青；若下承层为灰土类基层，为防止水渗入基层，加强基层与面层的粘结，要在面层铺筑前铺下封层。热拌沥青混合料应采用沥青摊铺机摊铺，在喷洒有粘层油的路面上铺筑改性沥青混合料或SMA时，宜使用履带式摊铺机。摊铺机的受料斗应涂刷薄层隔离剂或防粘结剂。铺筑高速公路、一级公路沥青混合料时，一台摊铺机的铺筑宽度不宜超过6（双车道）~7.5m（三车道以上），通常宜采用两台或更多台数的摊铺机前后错开10~20m成梯队方式同步摊铺，两幅之间应有30~60mm宽度的搭接，并躲开车道轮迹带，上下层的搭接位置宜错开200mm以上。摊铺机开工前应提前0.5~1h预热熨平板不低于100℃。铺筑过程中应选择熨平板的振捣或夯锤压实装置具有适宜的振动频率和振幅，以提高路面的初始压实度。熨平板加宽连接应仔细调节至摊铺的混合料没有明显的离析痕迹。

摊铺机必须缓慢、均匀、连续不间断地摊铺，不得随意变换速度或中途停顿，以提高平整度和减少混合料的离析。摊铺速度宜控制在2~6m/min的范围内。对改性沥青混合料及SMA混合料宜放慢至1~3m/min。当发现混合料出现明显的离析、波浪、裂缝拖痕时，应分析原因，予以消除。摊铺机应采用自动找平方式，下面层或基层宜采用钢丝绳引导的高程控制方式，上面层宜采用平衡梁或雪橇式摊铺厚度控制方式，中面层根据情况选用找平方式。沥青混合料的松铺系数应根据混合料类型由试铺试压确定。

（六）压实及成型

沥青混合料压实是获得高质量、高路用性能沥青路面的关键工序之一，必须重视混合料压实工作。压实成型的沥青路面应符合压实度及平整度的要求。沥青混凝土的压实层最大厚度不宜大于100mm，沥青稳定碎石混合料的压实层厚度不宜大于120mm。沥青路面施工应配备足够数量的压路机，选择合理的压路机组合方式及初压、复压、终压（包括成型）的碾压步骤，以达到最佳的碾压效果。高速公路铺筑双车道沥青路面的压路机数量不宜少于5台。施工气温低、风大、碾压层薄时，压路机数量应适当增加。压路机应以慢且均匀的速度碾压，压路机的碾压速度应符合规定。压路机的碾压路线及碾压方向不能突然改变以防止混合料推移。碾压区的长度应大体稳定，两端的折返位置应随摊铺机前进而推进，横向位置不得在相同的断面上。压路机的碾压温度应符合规范的要求，并根据混合料种类、压路机、气温、层厚等情况经试压确定。在不产生严重推移和裂缝的前提下，初压、复压、终压都应在尽可能高的温度下进行，同时不得在低温状况下反复碾压，使石料棱角磨损、压碎，破坏集料嵌挤。

1. 初压

初压应紧跟摊铺机后碾压，并保持较短的初压区长度，以尽快使表面压实，减少热量散失。对摊铺后初始压实度较大，经实践证明采用振动压路机或轮胎压路机直接碾压无严重推移而有良好效果时，可免去初压直接进入复压工序。初压的目的主要是使混合料初步稳定，通常宜采用钢轮压路机静压1~2遍。碾压时应将压路机的驱动轮面向摊铺机，从外侧向中心碾压，在超高路段则由低向高碾压，在坡道上应将驱动轮从低处向高处碾压。初压后应检查平整度路拱，有严重缺陷时进行修整甚至返工。

2. 复压

复压应紧跟在初压后开始，且不得随意停顿。压路机碾压段的总长度应尽量缩短，通常不超过60~80m。采用不同型号的压路机组合碾压时宜安排每一台压路机做全幅碾压，以防止不同部位的压实度不均匀。密级配沥青混凝土的复压宜优先采用重型的轮胎压路机进行搓揉碾压，以增加密实性，其总质量不宜小于25t。碾压时相邻轮迹带应重叠1/3~1/2的碾压轮宽度，碾压至要求的压实度为止。对以粗集料为主的较大粒径的混合料，宜优先采用振动压路机复压。厚度小于30mm的薄沥青层不宜采用振动压路机碾压。碾压时相邻轮迹带重叠宽度为100~200mm。振动压路机折返时应先停止振动。当采用三轮钢筒式压路机时，总质量不宜小于12t，相邻碾压带宜重叠后轮的1/2宽度，并不应少于200mm。对路面边缘、加宽及港湾式停车带等大型压路机难于碾压的部位，宜采用小型振动压路机或振动夯板做补充碾压。

3. 终压

终压应紧接在复压后进行，主要是为了消除碾压轮迹。终压可选用双轮钢筒式压路机或关闭振动的振动压路机碾压，碾压不宜少于2遍，至无明显轮迹为止。

4. SMA路面

SMA路面宜采用振动压路机或钢筒式压路机碾压。振动压路机应遵循"紧跟、慢压、高频、低幅"的原则，即紧跟在摊铺机后面，采取高频率、低振幅的方式慢速碾压。

5. OGFC 路面

OGFC 宜采用小于 12t 的钢筒式压路机碾压。对钢轮可涂刷隔离剂或防粘结剂，但严禁刷柴油。压路机不得在未碾压成型路段上转向、调头、加水或停留。在当天成型的路面上，不得停放各种机械设备或车辆，不得散落矿料、油料等杂物。

（七）接缝处理及开放交通

沥青路面的施工必须接缝紧密、连接平顺，不得产生明显的接缝离析。上下层的纵缝应错开 150mm（热接缝）或 300~400mm（冷接缝）。相邻两幅及上下层的横向接缝均应错位 1m 以上。摊铺时采用梯队作业的纵缝应采用热接缝，将已铺部分留下 100~200mm 宽暂不碾压，作为后续部分的基准面，然后做跨缝碾压以消除缝迹。当半幅施工或因特殊原因而产生纵向冷接缝时，宜加设挡板或加设切刀切齐，宜在冷却后采用切割机做纵向切缝。摊铺另半幅前必须将缝边缘清扫干净，并浇洒少量粘层沥青。

高速公路和一级公路的表面层横向接缝应采用垂直的平接缝，以下各层可采用自然碾压的斜接缝，沥青层较厚时也可做阶梯形接缝。其他等级公路的各层均可采用斜接缝。铺筑接缝时，可在已压实部分。上面铺设一些热混合料使之预热软化，以加强新旧混合料的黏结。但在开始碾压前应将预热用的混合料铲除。

热拌沥青混合料路面应待摊铺层完全自然冷却，混合料表面温度低于 50℃后，方可开放交通。需提早开放交通时，可洒水冷却降低混合料温度。

第二节　水泥混凝土路面施工

一、水泥混凝土路面原材料施工技术

（一）水泥

水泥属于水硬性无机胶凝材料，是公路工程的主要材料之一。按不同类别以水泥的主要水硬性矿物、混合材料、用途和主要特性进行水泥的命名，力求简明准确。公路工程中使用的水泥对其化学性质和物理性质有较高的要求，水泥中的氧化镁含量不得超过 5%，三氧化硫含量不得超过 3%，抗压强度和抗折强度要符合国家标准。水泥按照水泥砂浆试件 3d、28d 的强度分不同分级，水泥的强度等级分为 32.5 级、32.5R 级、42.5 级、42.5R 级、52.5 级、52.5R 级等。公路工程主要使用硅酸盐类水泥中的五种通用水泥，即硅酸盐水泥、普通硅酸盐水泥、矿渣硅酸盐水泥、火山灰质硅酸盐水泥和粉煤灰硅酸盐水泥；路面工程还会用上道路硅酸盐水泥。

（二）水泥混凝土

水泥混凝土具有可浇性、经济、耐用、耐热、能效高、现场制作、艺术性、能耗低、原料丰富、可就地取材等优点。但水泥混凝土也有抗拉强度低、韧性差、体积不稳定、强度重量比值低等缺点。用于公路工程施工的混凝土主要有桥涵水泥混凝土和道路水泥混凝土。

（三）混凝土外加剂

1. 特性。混凝土外加剂是在混凝土制作中加入的一种少量甚至微量材料，使混凝土在施工、硬化过程中或硬化后具有某些新的特性。

2. 分类。混凝土外加剂按主要功能分为四类：（1）改善混凝土拌合物流变性能的外加剂——各种减水剂、引气剂和泵送剂等。（2）调节混凝土凝结时间、硬化性能的外加剂——早强剂、缓凝剂和速凝剂等。（3）改善混凝土耐久性的外加剂——引气剂、防水剂和阻锈剂等。（4）改善混凝土其他性能的外加剂——加气剂膨胀剂、防冻剂、着色剂、防水剂和泵送剂等。

二、水泥混凝土路面施工方法

水泥混凝土路面，包括普通混凝土（素混凝土）、钢筋混凝土、连续配筋混凝土、预应力混凝土、装配式混凝土、钢纤维混凝土和混凝土小块铺砌等面层板和基（垫）层所组成的路面。

目前采用最广泛的是就地浇筑的普通混凝土路面，简称混凝土路面。所谓普通混凝土路面，是指除接缝区和局部范围（边缘和角隅）外不配置钢筋的混凝土路面。

水泥混凝土路面具有强度高、稳定性好、耐久性好、养护费用少、有利于夜间行车、有利于带动当地建材业的发展等优点，但对水泥和水的需要量大且存在有接缝、开放交通较迟、修复困难等缺点。

水泥混凝土面层铺筑的技术方法有小型机具铺筑、滑模机械铺筑、轨道摊铺机铺筑、三辊轴机组铺筑和碾压混凝土等方法。

（一）模板及其架设与拆除

施工模板应采用刚度足够的槽钢、轨模或钢制边侧模板，不应使用木模板、塑料模板等易变形模板；支模前在基层上应进行模板安装及摊铺位置的测量放样，核对路面标高、面板分板、胀缝和构造物位置；纵横曲线路段应采用短模板，每块横板中点应安装在曲线切点上；模板安装应稳固、平顺、无扭曲，应能承受摊铺、振实、整平设备的负载行进，冲击和振动时不发生位移。模板与混凝土拌合物接触表面应涂脱模剂；模板拆除应在混凝土抗压强度不小于 8.0 MPa 时方可进行。

（二）混凝土拌合物搅拌

搅拌楼的配备，应优先选配间歇式搅拌楼，也可使用连续搅拌楼。

每台搅拌楼在投入生产前，必须进行标定和试拌。在标定有效期满或搅拌楼搬迁安装后，均应重新标定。施工中应每15d校验一次搅拌楼计量精确度。搅拌楼配料计量偏差不得超过规定。不满足时，应分析原因，排除故障，确保拌合计量精确度。采用计算机自动控制系统的搅拌楼时，应使用自动配料生产，并按需要打印每天（周、旬、月）对应路面摊铺桩号的混凝土配料统计数据及偏差。

应根据拌合物的粘聚性、均质性及强度稳定性试拌确定最佳拌合时间。

外加剂应以稀释溶液加入，其稀释用水和原液中的水量，应从拌合加水量中扣除。

拌合引气混凝土时，搅拌楼一次拌合量不应大于其额定搅拌量的90%。纯拌合时间应控制在含气量最大或较大时。

（三）混凝土拌合物的运输

1. 应根据施工进度、运量、运距及路况，选配车型和车辆总数。总运力应比总拌合能力略有富余。确保新拌混凝土在规定时间内运到摊铺现场。

2. 运输到现场的拌合物必须具有适宜摊铺的工作性。不同摊铺工艺的混凝土拌合物从搅拌机出料到运输、铺筑完毕的允许最长时间应符合时间控制的规定。不满足时应通过试验、加大缓凝剂或保塑剂的剂量。

3. 混凝土运输过程中应防止漏浆、漏料和污染路面，途中不得随意耽搁。自卸车运输应减小颠簸防止拌合物离析。车辆起步和停车应平稳。

（四）轨道式摊铺机进行混凝土面层铺筑

高速公路混凝土路面施工根据具体条件可使用轨道式摊铺机进行施工。一级公路、二级公路、三级公路混凝土路面施工应使用轨道式摊铺机进行施工。

1. 准备工作

（1）提前做好模板的加工与制作：制作数量应为摊铺机摊铺能力的1.5~2.0倍模板数量以及相应的加固固定杆和钢钎。

（2）测量放样：恢复定线，直线段每20 m设一中桩，弯道段每5~10m设一中桩。经复核无误后，以恢复的中线为依据，放出混凝土路面浇筑的边线桩，用3寸长铁钉，直线每10m一钉，弯道每5m一钉。对每一个放样铁钉位置进行高程测量，并计算出与设计高程的差值，经复核确认后，方可导线架设。

（3）导线架设：在距放样铁钉2 cm左右处，钉打钢钎（以不扰动铁钉为准）长度约45 cm，打入深度以稳固为宜。进行抄平测量，在钢钎上标出混凝土路面的设计标高位置线（可用白粉笔）应准确为+2 mm。然后将设计标高线用线绳拉紧拴系牢固，中间不能产生垂度，不能扰动钢钎，位置要正确。

（4）模板支立：依导线方向和高度立模板，模板顶面和内侧面应紧贴导线，上下垂直，不能倾斜，确保位置正确。模板支立应牢固，保证混凝土在浇筑振捣过程中，模板不会位移、下沉和变形。模板的内侧面应均匀涂刷脱模剂，不能污染环境和传力杆钢筋以及其他施工设备。安装拉杆钢筋时，其钢筋间距和位置要符合设计要求，安装牢固，保证混凝土浇筑后拉杆钢筋应垂直中心线与混凝土表面平行。

（5）铺设轨道：轨道可选用12型I字钢或12型槽钢均可，一般只需配备4根标准I字钢长度即可，向前倒换使用，并应将I字钢或槽钢固定在 0.5 m×0.15 m×0.15 m 的小型枕木上，枕木间距为1m。轨道应与中心线平行，轨道顶面与模板顶面应为一个固定差值，轨道与模板间的距离应保持一个常数不变。应保证轨道平稳顺直，接头处平滑不突变。

（6）摊铺机就位和调试：每天摊铺前，应将摊铺机进行调试，使摊铺机调试为与路面横坡度相同的倾斜度。调整混凝土刮板至模板顶面路面设计标高处，检查振捣装置是否完好和其他装置运行是否正常。

2. 混凝土摊铺

注意事项如下：（1）摊铺前应对基层表面进行洒水润湿，但不能有积水。（2）混凝土入模前，先检查坍落度，控制在配合比要求坍落度20~40mm范围内，制作混凝土检测抗压抗折强度的试件。（3）摊铺过程中，间断时间应不大于混凝土的初凝时间。（4）摊铺现场应设专人指挥卸料，应根据摊铺宽度厚度，每车混凝土数量均匀卸料，严格掌握，不能亏料，可适当略有富余，但又不能太多，防止被刮到模板以外。（5）摊铺过后，对拉杆要进行整理，保证拉杆平行与水平，同时要用铝合金直尺进行平整度初查，确保混凝土表面平整、不缺料。（6）每日工作结束后，施工缝宜设在胀缝或缩缝处，按胀缝和缩缝要求处治。因机械故障或其他原因中断浇筑时，可设临时工作缝。宜设在缩缝处按缩缝处理。（7）当摊铺到胀缝位置时，应按胀缝设计要求设置胀缝和安装传力杆，传力杆范围内的混凝土可用人工振实和整平。如继续浇筑，摊铺机需跳开一块板的长度开始进行，留下部分待模板拆除并套上塑料套后用人工摊铺振捣成型。（8）摊铺机在摊铺时，两侧应各设1名辅助操作员，保证摊铺机运行安全和摊铺质量。

（五）混凝土振捣

混凝土振捣即小型机具施工。在待振横断面上，每车道路面应使用2根振捣棒，组成横向振捣棒组，沿横断面连续捣密实，并应注意路面板底、内部和边角处不得漏振。

振捣棒在每一处的持续时间，应以拌合物全面振动液化、表面不再冒气泡和泛水泥浆为限，不宜过振，也不宜少于30s。振捣棒的移动间距不宜大于500 mm，至模板边缘的距离不宜大于200 mm。应避免碰撞模板、钢筋、传力杆和拉杆。

在振捣棒已完成振实的部位，可开始振动板纵横交错两遍，全面提浆振实，每车道路面应配备1块振动板。

振动板移位时，应重叠 100~200mm，振动板在一个位置的持续振捣时间不应少于 15s。振动板须由两人提位振捣和移位，不得自由放置或长时间持续振动。移位控制以振动板底部和边缘泛浆厚度（3±1）mm 为限。

缺料的部位，应铺以人工补料找平。

振动梁振实，每车道路面宜使用 1 根振动梁。振动梁应具有足够的刚度和质量，振动梁应垂直路面中线沿纵向拖行，往返 2~3 遍，使表面泛浆均匀平整。

（六）整平饰面

每车道路面应配备 1 根滚杠（双车道两根）。振动梁振实后，应拖动滚杠往返 2~3 遍提浆整平。拖滚后的表面宜采用 3 m 刮尺，纵横各 1 遍整平饰面或采用叶片式或圆盘式抹面机往返 2~3 遍压实整平饰面。在抹面机完成作业后，应进行清边整缝，清除粘浆，修补缺边掉角。整平饰面后的面板表面应无抹面印痕，致密均匀，无露骨，平整度应达到规定要求。

（七）空脱水工艺要求

小型机具施工三、四级公路混凝土路面，应优先采用在拌合物中掺外加剂，无掺外加剂条件时，应使用真空脱水工艺，该工艺适用于面板厚度不大于 240 mm 的混凝土面板施工。使用真空脱水工艺时，混凝土拌合物的最大单位用水量可比不采用外加剂时增大 3~12kg/m²，拌合物适宜坍落度为高温天 30~50mm，低温天 20~30mm。

（八）纵缝施工

当一次铺筑宽度小于路面和硬路肩总宽度时，应设纵向施工缝，位置应避开轮迹，并重合或靠近车道线，构造可采用平缝加拉杆型。当所摊铺的面板厚度大于 260 mm 时，也可采用插拉杆的企口型纵向施工缝。采用滑模施工时，纵向施工缝的拉杆可用摊铺机的侧向拉杆装置插入。采用固定模板施工方式时，应在振实过程中，从侧模预留孔中手工插入拉杆。

当一次铺筑宽度大于 4.5 m 时，应采用假缝拉杆型纵缝，即锯切纵向缩缝，纵缝位置应按车道宽度设置，并在摊铺过程中用专用的拉杆插入装置插入拉杆。

钢筋混凝土路面、桥面和搭板的纵缝拉杆可由横向钢筋延伸穿过接缝代替。钢纤维混凝土路面切开的假纵缝可不设拉杆，纵向施工缝应设拉杆。

插入的侧向拉杆应牢固，不得松动、碰撞或拔出。若发生拉杆松脱或漏插，应在横向相邻路面摊铺前，钻孔重新植入。当发现拉杆可能被拔出时，宜进行拉杆拔出力（握裹力）检验。

（九）横缝设置与施工

每天摊铺结束或摊铺中断时间超过 30min 时，应设置横向施工缝，其位置宜与胀缝或缩缝重合，确有困难不能重合时，施工缝应采用设螺纹传力杆的企口缝形式。

普通混凝土路面横向缩缝宜等间距布置，不宜采用斜缝。不得不调整板长时，最大板长不宜大于6.0 m，最小板长不宜小于板宽。

在中、轻交通的混凝土路面上，横向缩缝可采用不设传力杆的假缝型。

特重和重交通公路、收费广场、邻近胀缝或路面自由端的三条缩缝应采用假缝加传力杆型。缩缝传力杆的施工方法可采用前置钢筋支架法或传力杆插入装置（DBI）法。

横向缩缝的切缝方式有全部硬切缝、软硬结合切缝和全部软切缝三种，切缝方式的选用，应由施工期间该地区路面摊铺完毕到切缝时的昼夜温差确定。

（十）胀缝设置与施工

普通混凝土路面、钢筋混凝土路面和钢纤维混凝土路面的胀缝间距视集料的温度、膨胀性大小、当地年温差和施工季节综合确定：高温施工，可不设胀缝；常温施工，集料温缩系数和年温差较小时，可不设胀缝；集料温缩系数或年温差较大，路面两端构造物间距不小于500m时，宜设一道中间胀缝；低温施工，路面两端构造物间距不小于350 m时，宜设一道胀缝。邻近构造物、平曲线或与其他道路相交处的胀缝应按《公路水泥混凝土路面设计规范》（JTG D40—2011）的规定设置。

普通混凝土路面的胀缝应设置胀缝补强钢筋支架、胀缝板和传力杆。钢筋混凝土和钢纤维混凝土路面可不设钢筋支架。胀缝宽20~25 mm，使用沥青或塑料薄膜滑动封闭层时，胀缝板及填缝宽度宜加宽到25~30 mm。传力杆一半以上长度的表面应涂防粘涂层，端部应戴活动套帽，套帽材料与尺寸应符合有关规定的要求。胀缝板应与路中心线垂直，与缝壁垂直；缝隙宽度应一致，缝中完全不连浆。

胀缝应采用前置钢筋支架法施工，也可预留一块面板，高温时再铺封。前置法施工，应预先加工、安装和固定胀缝钢筋支架，并在使用手持振捣棒振实胀缝板两侧的混凝土后再摊铺。宜在混凝土未硬化时，剔除胀缝板上部的混凝土，嵌入（20~25）mm × 20mm 的木条，整平表面。胀缝板应连续贯通整个路面板宽度。

（十一）抗滑构造施工

摊铺完毕或精整平表面后，宜使用钢支架拖挂1~3层叠合麻布、帆布或棉布，洒水湿润后做拉毛处理。人工修整表面时，宜使用木抹。

当日施工进度超过500m时，抗滑沟槽制作宜选用拉毛机械施工，没有拉毛机时，可采用人工拉槽方式。

特重和重交通混凝土路面宜采用硬刻槽，凡使用圆盘、叶片式抹面机整平后的混凝土路面、钢纤维混凝土路面必须采用硬刻槽方式制作抗滑沟槽。

（十二）混凝土路面养生

混凝土路面铺筑完成或制作抗滑构造完毕后立即开始养生。机械摊铺的各种混凝土路面、桥面及搭板宜采用喷洒养生剂同时保湿覆盖的方式养生。在雨天或养生用水充足的情况下，也可采用覆盖保湿膜、土工毡、土工布、麻袋、草袋、草帘等洒水湿养生方式，不宜使用围水养生方式。

养生时间根据混凝土弯拉强度增长情况而定，不宜小于设计弯拉强度的80%，应特别注重前7d的保湿（温）养生。一般养生天数宜为14~21 d，高温天不宜小于14 d，低温天不宜小于21 d。掺粉煤灰的混凝土路面，最短养生时间不宜少于28d，低温天应适当延长。

混凝土板养生初期，严禁人、畜、车辆通行，在达到设计强度的40%后，行人方可通行。在路面养生期间，平交道口应搭建临时便桥。面板达到设计弯拉强度后，可开放交通。

（十三）灌缝

应先采用切缝机清除接缝中夹杂的沙石、凝结的泥浆等，再使用压力不小于0.5 MPa的压力水和压缩空气彻底清除接缝中的尘土及其他污染物，确保缝壁及内部清洁、干燥。缝壁检验以擦不出灰尘为灌缝标准。

常温施工式填缝料的养生期，低温天宜为24 h，高温天宜为12 h。加热施工式填缝料的养生期，低温天宜为2 h，高温天宜为6h。在灌缝料养生期间应封闭交通。

路面胀缝和桥台隔离缝等应在填缝前，凿去接缝板顶部嵌入的木条，涂黏结剂后，嵌入胀缝专用多孔橡胶条或灌进适宜的填缝料，当胀缝的宽度不一致或有啃边掉角等现象时，必须灌缝。

第三节　路面施工质量评定与验收

一、一般规定

1.路面工程的实测项目规定值或允许偏差按高速公路、一级公路和其他公路（指二级及以下公路）两档设定。对于在设计和合同文件中提高了技术要求的二级公路，其工程质量检验评定应按设计和合同文件的要求进行，但不应高于高速公路、一级公路的检验评定标准。

2.路面工程实测项目规定的检查频率为双车道公路每一检查段内的检查频率（按m2、m3或工作班设定的检查频率除外），多车道公路的路面各结构层均须按其车道数与双车道之比相应增加检查数量。

3.各类基层和底基层压实度代表值（平均值的下置信界限）不得小于规定代表值，单点不得小于规定极值。小于规定代表值 2 个百分点的测点，应按其占总检查点数的百分率计算合格率。

4. 垫层的质量要求同相同材料的其他公路的底基层，连结层的质量要求同相应的基层或面层，中级路面的质量要求同相同材料的其他公路的基层。

5. 路面表层平整度规定值是指交工验收时应达到的平整度要求，其检查测定以自动或半自动的平整度仪为主，全线每车道连续测定按每 100m 输出结果计算合格率。采用 3m 直尺测定路面各结构层平整度时，以最大间隙作为指标，按尺数计算合格率。

6. 路面表层渗水系数宜在路面成型后立即测定。

7. 路面各结构层厚度按代表值和单点合格值设定允许偏差。当代表值偏差超过规定值时，该分项工程评为不合格；当代表值偏差满足要求时，按单个检查值的偏差不超过单点合格值的测点数计算合格率。

8. 材料要求和配合比控制，可通过检查施工单位、工程监理单位的资料进行评定。

9. 水泥混凝土上加铺沥青面层的复合式路面，两种结构均需进行检查评定。

其中，水泥混凝土路面结构不检查抗滑构造，平整度可按相应等级公路的标准；沥青面层不检查弯沉。

10. 路面基层完工后应及时浇洒透层油或铺筑下封层，透层油透入深度不小于 5mm，不得使用透入能力差的材料做透层油。封层、透层、黏层油的浇洒要求同沥青表面处置层中的基本规定。

二、水泥混凝土面层

1. 基本要求

（1）基层质量必须符合规定要求，并应进行弯沉测定，验算的基层整体模量应满足设计要求。

（2）水泥强度、物理性能和化学成分应符合国家标准及有关规范的规定。

（3）粗细集料、水、外掺剂及接缝填缝料应符合设计和施工规范的要求。

（4）施工配合比应根据现场测定水泥的实际强度进行计算，并经试验，选用采用最佳配合比。

（5）接缝的位置、规格、尺寸及传力杆、拉力杆的设置应符合设计要求。

（6）路面拉毛或机具压槽等抗滑措施，其构造深度应符合施工规范要求。

（7）面层与其他构造物相接应平顺，检查井井盖顶面高程应高于周边路面 1~3mm。雨水口标高按设计比路面低 5~8mm，路面边缘无积水现象。

（8）混凝土路面铺筑后应按施工规范要求养生。

2. 外观鉴定

（1）混凝土板的断裂块数，高速公路和一级公路不得超过评定路段混凝土板总块数的 0.2%，其他公路不得超过 0.4%。不符合要求时每超过 0.1% 减 2 分。对于断裂板应采取适当措施予以处理。

（2）混凝土板表面的脱皮、印痕、裂纹和缺边掉角等病害现象，对于高速公路和一级公路，有上述缺陷的面积不得超过受检面积的 0.2%，其他公路不得超过 0.3%。不符合要求时每超过 0.1% 减 2 分。对于连续配筋的混凝土路面和钢筋混凝土路面，因干缩、温缩产生的裂缝，可不减分。

（3）路面侧石直顺曲线圆滑，越位 20mm 以上者，每处减 1~2 分。

（4）接缝填筑饱满密实，不污染路面。不符合要求时，累计长度每 100m 减 2 分。

（5）胀缝有明显缺陷时，每条减 1~2 分。

三、沥青混凝土面层和沥青碎（砾）石面层

1. 基本要求

（1）沥青混合料的矿料质量及矿料级配应符合设计要求和施工规范的规定。

（2）严格控制各种矿料和沥青用量及各种材料与沥青混合料的加热温度，沥青材料及混合料的各项指标应符合设计和施工规范要求。沥青混合料的生产，每日应做抽提试验、马歇尔稳定度试验。矿料级配、沥青含量、马歇尔稳定度等结果的合格率应不小于 90%。

（3）拌和后的沥青混合料应均匀一致，无花白、无粗细料分离和结团成块现象。

（4）基层必须碾压密实，表面干燥、清洁、无浮土，其平整度和路拱度应符合要求。

（5）摊铺时应严格控制摊铺厚度和平整度，避免离析，注意控制摊铺和碾压温度，碾压至要求的密实度。

2. 外观鉴定

（1）表面应平整密实，不应有泛油松散、裂缝和明显离析等现象，对于高速公路和一级公路，有上述缺陷的面积（凡属单条的裂缝，则按其实际长度乘以 0.2m 宽度折算成面积）之和不得超过受检面积的 0.03%，其他公路不得超过 0.05%。不符合要求时每超过 0.03% 或 0.05% 减 2 分。半刚性基层的反射裂缝可不计作施工缺陷，但应及时进行灌缝处理。

（2）搭接处应紧密、平顺，烫缝不应枯焦。不符合要求时，累计每 10m 长减 1 分。

（3）面层与路缘石及其他构筑物应密贴接顺，不得有积水或漏水现象。不符合要求时，每处减 1~2 分。

四、沥青贯入式面层（或上拌下贯式面层）

1. 基本要求

（1）沥青材料的各项指标应符合设计要求和施工规范。

（2）各种材料的规格和用量应符合设计要求和施工规范，上拌沥青混凝土混合料每日应做抽提试验和马歇尔稳定度试验。

（3）碎石层必须平整坚实，嵌挤稳定，沥青贯入应深透，浇洒应均匀，不得污染其他构筑物。

（4）嵌缝料必须趁热撒铺，扫料均匀，不应有重叠现象。

（5）上层采用拌和料时，混合料应均匀一致，无花白和粗细集料分离现象，摊铺平整，接搓平顺，及时碾压密实。

（6）沥青贯入式面层施工前，应先做好路面结构层与路肩的排水。

2. 外观鉴定

（1）表面应平整密实，不应有松散、裂缝、油包、油丁、波浪、泛油等现象，有上述缺陷的面积之和不超过受检面积的 0.2%。不符合要求时每超过 0.2% 减 2 分。

（2）表面无明显碾压轮迹。不符合要求时，每处减 1~2 分。

（3）面层与路缘石及其他构筑物应密贴接顺，无积水现象。不符合要求时，每一处减 1~2 分。

五、沥青表面处置面层

1. 基本要求

（1）在新建或旧路的表层进行表面处置时，应将表面的泥沙及一切杂物清除干净，底层必须坚实、稳定、平整，保持干燥后才可施工。

（2）沥青材料的各项指标和石料的质量、规格、用量应符合设计要求及施工规范。

（3）沥青浇洒应均匀、无露白，不得污染其他构筑物。

（4）嵌缝料必须趁热撒铺，扫布均匀，不得有重叠现象，压实平整。

2. 外观鉴定

（1）表面平整密实，不应有松散油包、油丁、波浪、泛油、封面料明显散失等现象，有上述缺陷的面积之和不超过受检面积的 0.2%。不符合要求时每超过 0.2% 减 2 分。

（2）无明显碾压轮迹。不符合要求时，每处减 1~2 分。

（3）面层与路缘石及其他构筑物应密贴接顺，不得有积水现象。不符合要求时，每处减 1~2 分。

六、水泥土基层和底基层

1. 基本要求

（1）土的性能应符合设计要求，土块要经粉碎。

（2）水泥用量按设计要求控制准确。

（3）路拌深度要达到层底。

（4）混合料处于最佳含水量状况下，用重型压路机碾压至要求的压实度。从加水拌和到碾压终了的时间不应超过 4h，并应短于水泥的终凝时间。

（5）碾压检查合格后立即覆盖或洒水养生，养生期要符合规范要求。

2. 外观鉴定

（1）表面平整密实、无坑洼。不符合要求时，每处减 1~2 分。

（2）施工接搓平整、稳定。不符合要求时，每处减 1~2 分。

七、水泥稳定粒料（碎石、沙砾或矿渣等）基层和底基层

1. 基本要求

（1）粒料应符合设计和施工规范要求，并应根据当地料源选择质地坚硬且干净的粒料，矿渣应分解稳定，未分解渣块应予剔除。

（2）水泥用量和矿料级配按设计控制准确。

（3）路拌深度要达到层底。

（4）摊铺时要注意消除离析现象。

（5）混合料处于最佳含水量状况下，用重型压路机碾压至要求的压实度，从加水拌和到碾压终了的时间不应超过 4h，并应短于水泥的终凝时间。

（6）碾压检查合格后立即覆盖或洒水养生，养生期要符合规范要求。

2. 外观鉴定

（1）表面平整密实、无坑洼、无明显离析。不符合要求时，每处减 1~2 分。

（2）施工接搓平整、稳定。不符合要求时，每处减 1~2 分。

八、石灰土基层和底基层

1. 基本要求

（1）土质应符合设计要求，土块要经粉碎。

（2）石灰质量应符合设计要求，块灰经充分消解后才能使用。

（3）石灰和土的用量按设计要求控制准确，未消解生石灰块必须剔除。

（4）路拌深度要达到层底。

（5）混合料处于最佳含水量状况下，用重型压路机碾压至要求的压实度。

（6）保湿养生，养生期要符合规范要求。

2. 外观鉴定

（1）表面平整密实、无坑洼。不符合要求时，每处减 1~2 分。

（2）施工接搓平整、稳定。不符合要求时，每处减 1~2 分。

九、石灰稳定粒料（碎石、沙砾或矿渣等）基层和底基层

1. 基本要求

（1）粒料应符合设计和施工规范要求，矿渣应分解稳定后才能使用。
（2）石灰质量应符合设计要求，块灰须经充分消解才能使用。
（3）石灰的用量按设计要求控制准确，未消解生石灰块必须剔除。
（4）路拌深度要达到层底。
（5）混合料处于最佳含水量状况下，用重型压路机碾压至要求的压实度。
（6）保湿养生，养生期要符合规范要求。

2. 外观鉴定

（1）表面平整密实、无坑洼。不符合要求时，每处减1~2分。
（2）施工接搓平整、稳定。不符合要求时，每处减1~2分。

十、石灰、粉煤灰土基层和底基层

1. 基本要求

（1）土质应符合设计要求，土块要经粉碎。
（2）石灰和粉煤灰质量应符合设计要求，石灰须经充分消解才能使用。
（3）混合料配合比应准确，不得含有灰团和生石灰块。
（4）碾压时应先用轻型压路机稳压，后用重型压路机碾压至要求的压实度。
（5）保湿养生，养生期要符合规范要求。

2. 外观鉴定

（1）表面平整密实、无坑洼。不符合要求时，每处减1~2分。
（2）施工接搓平整、稳定。不符合要求时，每处减1~2分。

第三章 交通设施施工

第一节 交通标志与标线施工

公路上的交通标志与标线是为道路使用者提供相关信息而设置的，应确保所传递的信息能最大限度地为道路使用者接受和理解，从而减少不幸事故的发生和避免在道路上迷失方向，它也是交通安全管理上必不可少的设施，对交通安全起着重要的作用。

交通标志与标线的有效性取决于目标显示度、易读性、公认度三方面。原则上要求标志与标线在夜间能具有和白天一样的可见性。标志与标线施工质量的好坏，不仅影响道路环境的美观，而且对其是否能充分发挥出使用功能起着决定性的作用。

一、视线诱导标志施工

视线诱导标志是指沿车道两侧设置的，用以指示道路方向、车行道边界及危险段位置的设施的总称。

1. 一般要求

（1）视线诱导设施属最后装饰性设施，一般在路面施工完成后进行；附着于护栏上的视线诱导设施，可在护栏安装过程中或在护栏安装完成后进行，而立柱安装的混凝土基础可提前施工，但必须控制好标高。

附着于护栏或其他构造物上的视线诱导设施，一般是在护栏安装后进行的。安装太早，特别在公路还没有全封闭、没有正式移交给管理部门以前，这种设施很容易遭到破坏。

（2）施工安装前，应对全线视线诱导设施的埋设条件、位置、数量进行核对，并做出详细的施工组织设计。

2. 放样

（1）轮廓标应按设计图要求定位，附着于护栏上的轮廓标，可按立柱间距定位。

（2）分、合流诱导标和线形诱导标均应按设计图量距定位。

3. 混凝土基础

埋设于土中的轮廓标或诱导标均应浇筑混凝土基础。混凝土基础的施工应按设计图规定的尺寸定位、挖基。在浇筑混凝土前，基坑要进行整治，基底要压实，按规定绑扎钢筋，钢筋的规格、尺寸应符合设计规定。当满足规定后，先浇筑一层片石混凝土，厚度不应小于20cm；接着在片石混凝土上支模板，测定模板顶部的标高。当立柱与混凝土基础浇在一起时，则可将立柱放入模板中，固定就位后，即可浇筑混凝土。有关混凝土材料、拌和物的质量等要求应符合有关规定。混凝土浇筑完成后，应采取正常的养护措施，直到混凝土达到规定的强度。

若轮廓标柱体或立柱为装配式，则应预留柱体插入的空穴，或采用法兰盘连接。法兰盘连接的基础，其预埋地脚螺栓和基础法兰盘位置应正确，基础法兰盘应嵌进基础内（其上表面与基础顶面齐平）。混凝土浇筑后，应保证基础法兰盘标高正确，保持水平，地脚螺栓保持垂直，并用油纸和铁丝等将螺栓外露部分绑扎保护，防止锈蚀。

4.安装

（1）柱体式轮廓标，可在混凝土基础的预留主穴中安装，轮廓标柱体应垂直于地平面，柱体与混凝土基础之间用螺栓连接，其设置高度（指反射器的中心高度）应与附着式轮廓标的高度大致相同。三角形柱体的顶角平分线应垂直于道路中心线，在曲线上安装时，三角形顶角平分线应对向圆心。柱体与混凝土之间用螺栓连接。

（2）由于基础位置处于路面边缘，要求基坑开挖后应在24h内完成基础混凝土浇筑。附着于各类构造物上的轮廓标，按照放样确定的位置进行安装。可根据不同构造物，选择合适的支架和紧固件。反射器应尽可能与驾驶员视线垂直。安装高度宜尽量统一，连接牢固。

（3）分、合流诱导标和线形诱导标应在基础混凝土达到设计强度的80%以上方可进行安装，当诱导标附着于护栏立柱上时，应先对立柱的位置、垂直度进行检查，达到要求后，才能安装诱导标的面板。采用抱箍和滑动螺栓把诱导标固定在立柱上。面板应与驾驶员视线尽量垂直，安装高度应满足设计要求，安装过程中应保持面板的平整度。

二、交通标志施工

交通标志可分为警告标志、禁令标志、指示标志和指路标志四种，其设置形式分为单柱式、双柱式、悬臂式、门式、附着式等几种。

交通标志施工包括标志的制作、标志的安装以及施工控制。

1.标志的制作

（1）交通标志的形状、图案、颜色应符合《道路交通标志和标线》（GB 5768—2009）的规定。指路标志的汉字必须采用黑体大号28号字体，阿拉伯数字也应符合《道路交通标志和标线》（GB 5768—2009）的规定，不允许采用其他字体。

（2）标志的边框外缘应有衬底色。衬底色规定为：警告标志黄色，禁令标志白色，指示标志蓝色，一般道路的指路标志蓝色，高速公路的指路标志绿色。警告标志边长a为1100mm，禁令标志直径d为1000mm，衬底边的宽度c为8mm。

（3）在不降低标志结构强度的前提下，为了方便标志板的制作，对警告标志、禁令标志和指示标志的底板，可不要求做卷边加固处理。

（4）制作标志板的铝合金板厚度，如果受其他因素的影响，也可采用比设计图规定稍厚的板，但标志板的结构刚度不允许降低，标志板的总质量不允许出现对标志结构的力学性能计算不利的情况。

（5）标志板与活动滑槽、卷边加固件的连接，在保证连接强度和标志板面平整、不影响贴反光膜的前提可采用铆焊或点焊。

（6）标志板外形尺寸，其长度和宽度的允许偏差为0.5%，标志板的4个端面应互相垂直，其不垂直度不应大于±20°。

（7）对于大型指路标志，考虑到在制造、运输、安装过程中的困难，宜采用拼接的方法来解决。

2. 标志的安装

（1）标志安装位置、结构、板面应与设计图相符。只有当基础混凝土达到设计强度后，才允许承受全部计算荷载。

（2）为减少标志板面对驾驶员的眩光，路侧设置的标志和悬空标志均应符合《道路交通标志和标线》（GB 5768—2009）和施工规范的要求，即在水平轴和垂直轴方向旋转约5°。

（3）路侧设置的标志，标志板内缘距路缘石为50cm；悬臂或门架设置的标志，标志板下端距路面的净空高度不得小于5m。

（4）所有标志立柱都应焊接柱帽。柱帽用钢板冲压而成。

（5）标志板在运输、吊装过程中应避免板体反光膜的损伤。标志板平面翘曲的允许误差为±3mm/m。

（6）立柱安装后应与地面垂直，其弯曲度不大于±2mm/m。

3. 施工控制

（1）使用的材料应符合设计及规范要求并且要得到监理部门的认可。

（2）运到现场的粘贴反光标志膜的标志，不得有皲裂裂纹、明显的划痕及明显的颜色不均匀。反光膜在任何一处面积为10cm×10cm的表面上若存在两个或两个以上面积大于1m^{2}的气泡时，均不允许安装。

（3）标志板面要保证4个单面垂直，其不垂直度不应大于±2°，不允许有超过规范要求±3mm/m的翘曲。

（4）要对板面内的符号、字体、尺寸大小进行严格检查。

（5）对于标志基础，由于有些标志立于回填的边坡上，因此要保证基础开挖后的基坑四周土不被扰动。在基础混凝土浇筑过程中要注意混凝土的捣实，以保证混凝土的质量，并且要保证预埋件不被移动。

（6）标志在安装过程中，要对已完工工程进行保护，同时标志处的路缘石、路面等要用保护物进行覆盖，以免引起污染和损坏。

（7）安装前运到现场的立柱，要认真检查其内外径尺寸、镀锌层质量及厚度，要保证立柱外观镀锌或喷涂均匀美观，不要有花斑现象。

（8）在安装过程中要检查板面与水平轴或垂直轴的旋转角度，以及板面与道路的间距尺寸。若不符合要求，要及时调整。

三、标线施工

标线与道路标志共同对驾驶员指示行驶位置、前进方向以及有关限制，具有引导并指示有秩序地安全行驶的重要作用。常见的标线有车道线、停车线、人行横道线、导向箭头、分车线、路面边缘线、停车道范围、渠化（导流）画线等。所有这些组织交通的线条、箭头、文字或图案的颜色，原则上以白色为主，禁止超车超过左侧车道、禁止停放车辆等禁令标线主要用黄色。

路面标线的施工有其特殊性，因此选择适合的标线材料及施工机具、方法是很必要的。只有把涂料涂敷在路面上才能有效地发挥作用。涂料的发展是与涂敷技术的革新分不开的，由于涂敷技术的进步，才使得一些特殊的涂料得到设计和应用。

我国现采用的标线材料有油漆和热塑两种，油漆标线用于车行道边缘线和收费站标线。热塑标线用于永久性的车道分界线横向标线、人字斑马纹导流标线、出入口标线和车道导向箭头。

（一）一般要求

1. 材料。必须提供足够的样品用于试验检验，当检验合格后，监理工程师予以书面批准后方能使用。

2. 标线位置。应明确是以路中心线为基准线，还是以其他参照物为准（如护栏、大方砖边、路边等）。对于人字线，在画线前应用粉笔按设计图在路面放大样图，经驻地监理工程师检查符合设计要求后，方可开始施工。

3. 施工前应认真检查施工设备，尤其是热塑线的施工，要保证设备不发生泄漏现象，玻璃珠要能均匀撒布。

4. 对热塑线的施工，要注意材料的加热温度，并避免在已完工的路面上进行材料加热。

5. 画线前，应对准备画线的区域进行路面检查，路面画线区域必须干净，否则将影响粘结。画线的当天还要注意天气情况，当有雨、风、大气潮湿或气温低于4t时不允许施工。

6. 对热塑线，在画人字线时，所使用的模具要平，以保证模具与路面紧紧粘住，使画出的线边缘整齐。在画虚线时，要保证画线车行走匀速、直顺，画出的线形要美观。对油漆线，要检查画线车速度，以保证喷涂油漆量、撒玻璃珠量均能符合规范要求。

7. 标线在施工完后，要对其进行保护，防止污染和破坏。

（二）施工与控制

1. 材料的技术要求

根据我国的实际情况，高速公路中通常使用的是日本 JIS K566555—1981 标准检验材料。

2. 样品检查

用密闭容器将样品提交中心实验室进行试验，其数量为道路标线漆 4L、用于道路标线漆的稀释剂 4L、热塑材料 2kg、用于热塑材料施工的黏层料 4L、球状玻璃珠 500mL。材料的试验应按照相关油漆试验方法进行。

（1）不挥发物质的含量。任何一批油漆不挥发性物质的含量应与批准的样品相同，相差应不大于 5%。

（2）浓度。任何一批油漆的浓度应和批准的样品相同，相差不大于 5%。

（3）颜料的要求。颜料的含铅量不大于 0.3%（如氯化铅），干燥时间（非黏着时间）不应超过 5min，覆盖能力至少是 8.2m^2/L。

（4）包装与贮存的要求。玻璃珠应包装在下列材料内：

①柔软耐磨损的黄麻袋、衬以焦油胶结纸和最小厚度为 10m 的聚乙烯衬料。

②嵌入最小厚度为 100m 聚乙烯衬料的聚丙烯编织抗滑袋，聚丙烯外壳应采用 Ciba-Geigy-100 或类似方法进行紫外线稳定处理。每一包装的净质量不得小于 25kg，不大于 35kg。当玻璃珠在不开口的包装袋里贮存一年后，玻璃珠应不结块。玻璃珠应是无机石英玻璃，无色、透明、能自由流动和耐稀盐酸，不透明的、乳色的、浅色的或其他物质的含量不能超过 2%。

3. 尺寸允许偏差

所有的路面标线位置应与图纸上规定的或监理工程师认定的位置相差不大于 10mm，纵向标线宽度应与图纸上规定的宽度相差不大于 5mm。

人字形标线、箭头和限速标记的尺寸应与图纸上规定的尺寸相差不大于 5mm。箭头和限速标记应正对着通车道的中心线。

4. 颜色

油漆标线的颜色应经过试验，即把油漆标线材料加压喷涂在一块洁净光滑的锡板上，喷涂率为 8.2m^2/L，放置 30min 后和标准色比较。

油漆喷涂于道路表面后，经使用应在 3 个月内没有显著褪色。以厚度为 0.35~0.4mm 的湿漆薄膜喷涂在平滑的沥青混凝土路面时，任其干燥，由于油漆和路面黏结料的互相溶解和吸收，油漆不应出现明显的褪色现象。

5. 路面标记涂漆

喷漆时，道路表面应干净、干燥，喷漆工作应在白天进行。天气潮湿、灰尘过多、风速过大或温度低于 4℃时，喷漆工作应暂停。

所有的纵向标线应由一种有效的自行式机械喷涂。喷枪的输漆量是 8L/min。喷涂工作只能使用真空喷涂装置，此装置应把油漆加压到 11kPa。为能顺利工作，使用的喷枪孔径是 1.32mm。

油漆应喷涂均匀，湿漆膜厚度是 0.35~0.4mm。

6. 热塑材料的施工

根据国外有关规范标准及实际施工经验，热熔涂料内所混玻璃珠含量以 18% 左右为宜。在使用热塑材料之前，应把热塑材料放在一个合适的油熔锅内均匀加热至批准的温度。

所有纵向标线应由一种有效的自行式机械喷涂。热塑材料应均匀地涂敷，涂膜厚度为 1.5~2.0mm。

所有的横向标线、图例符号和箭头都应用样板涂敷。材料应均匀涂敷，涂膜厚度为 1.5~2.0mm，表面应平滑。

7. 玻璃珠的使用

玻璃珠应以 0.34kg/m² 的用量加压撒布在所有的纵向标线上，撒布玻璃珠要在油漆或热塑材料喷涂后立即进行。玻璃珠的实际使用率应根据玻璃珠撒布器和喷洒作业的损失而调整，撒布方法应经监理工程师批准。

8. 标线厚度检验

在施工过程中，应重视标线厚度的检测与控制。缺乏先进检测手段时，可将热塑材料涂敷后，取得样品进行厚度量测。

第二节 交通安全设施施工

一、护栏的施工

护栏设施属于道路的基础设施，它对减轻事故的严重度，排除各种纵、横向干扰，提高道路服务水平，提供视线诱导，改善道路景观等起着重要的作用，特别是对充分发挥高等级道路安全、快速、经济、舒适的功能，具有特殊意义。

1. 护栏的分类

护栏按构造形式划分为柔性护栏、半刚性护栏和刚性护栏三类。护栏按设置位置划分为路侧护栏和中央分隔带护栏两类。护栏按材料划分为混凝土护栏和金属护栏两类。

2. 施工要求

护栏施工一般在路面施工完成后进行，但在施工前应预先做好施工组织设计及施工准备。护栏施工常用的工具有打桩机、开挖工具、夯实工具、钳子、榔头及经纬仪、水准仪、卷尺等。

在立交桥、小桥、通道和涵洞等设施顶部遇有护栏立柱时，应在这些设施施工时准确设置预埋件。

护栏施工时，应准确掌握各种设施的资料，特别是埋设于路基中的各种管道在施工过程中要谨慎操作，以免对地下设施造成损坏。

3. 立柱位置放样

立柱位置放样应以道路固定设施如桥梁、通道中央分隔带开口等为主要控制点距定位。放样时可利用调整段调节间距，通过调整段调整后，立柱间距可能有不大于 25m 的间距零头数，可通过分配法将其调整至多根立柱。

为准确放样和保证护栏的线形，在条件允许时最好使用经纬仪、水准仪等测量仪器。

立柱位置放样后，应根据地基情况调整每根立柱的位置。如遇地下通信管线、泄水管等，或涵洞顶部埋土深度不足时，也应调整某些立杆的位置，改变立柱固定方式。

4. 立柱安装

立柱安装应与设计图相符，并与道路线形相协调。立柱应牢固地探入土中，达到设计深度，并与路面垂直。

（1）一般路段（如路肩和中央分隔带路基情况允许），立柱可用打入法施工。

施工时应精确定位，将立柱打入土中至设计深度。当打入过深时，不得将立柱部分拔出加以矫正，须将其全部拔出，待基础压实后再重新打入。

（2）无法采用打入法施工时，可采用开挖法或钻孔法埋设立柱。埋设立柱时，回填土应采用良好的材料并分层夯实（每层厚不超过 15cm），回填土的压实度不应小于相邻原状土。岩石中柱应用粒料回填并夯实。

（3）护栏立柱设置于构造物中时，应在结构物施工时做好混凝土基础。采用预留孔基础时，应先清除孔内杂物，吸干孔内积水。将化好的沥青在孔底涂一遍，然后放入立柱，控制好标高，即可在立柱周围灌砂。在灌砂时一定要保持立柱的正确位置和垂直度。砂振实后，即可用沥青封口，防止雨水漏入孔内。采用法兰盘基础时，应将下法兰盘和地脚螺栓、螺母清理干净，安装立柱时应控制立柱的方向和标高，调整其位置，经检查合格后，方可拧紧法兰盘地脚螺栓。

采用可抽换式基础时，承座器应先固定在构造物中，安装时把立柱插入其中，调整好高度，即可把迫紧器与承座器的连接螺栓拧紧，立柱即被锁固。

（4）沥青路面段设置立柱时，柱坑从路基至面层下 5cm 采用与路基相同的材料回填并充分夯实，余下部分采用与路面相同材料回填并夯实。立柱位置、标高在安装时需严格控制。

（5）考虑到护栏结构对景观及对驾驶员的视线诱导的影响，立柱就位后其水平方向和竖直方向应形成平顺的线形。

（6）渐变段及端部是护栏施工中需重点注意的部位，施工中应严格控制护栏立柱位置，以使其线形适顺。

5. 波形梁安装

波形梁通过拼接螺栓相互拼接，并由连接螺栓固定于立柱或横梁上。波形梁的搭接方向是安装的关键，搭接方向应与行车方向一致。如搭接方向与行车方向相逆，即使是轻微的擦碰，也会造成较大的损失。

波形梁在安装过程中应不断进行调整，因此不应过早拧紧其连接螺栓和拼接螺栓，否则将无法发挥板上长圆孔的调节作用。待调节完成后，需按规定采用高强螺栓并拧紧拼接螺栓，需严格控制扭矩。调整后的波形梁应形成平顺的线形，避免局部凹凸。

波形梁顶面应与道路竖曲线相协调。当护栏的线形认为比较满意时，方可最后拧紧螺栓。但应注意的是，连接螺栓不宜拧得过紧，以便利用长圆孔调节温度应力。

6. 横隔梁、防阻块及端头安装

（1）横隔梁安装。设有横隔梁的中央分隔带护栏，在立柱准确定位后安装横隔梁。横隔梁应平行于路面（垂直于立柱）安装。在波形梁安装之前，横隔梁与立柱间的连接螺栓不应过早拧紧，以便进行整体调节。当横隔梁与波形梁准确就位后，方可最后拧紧螺栓。

（2）防阻块安装。防阻块能防止立柱阻绊车轮，避免护栏局部受力和碰撞时车辆减速，因此应保证其准确就位。防阻块通过连接螺栓固定于波形梁与立柱之间，在安装调整立柱之后，即可安装防阻块，最后把波形梁装上并进行统一调整。

（3）端头安装。中央分隔带开口处的端头梁应与分隔带标准段的护栏连接，端头附近的立柱应按设计进行加强处理。路侧护栏开口处应安装端头梁并进行锚固。端头锚固主要包括钢丝绳锚固件及混凝土基础。钢丝绳采用规定规格（抗拉强度170kg/mm^2、由Ⅰ号乙组镀锌钢丝制成的直径17mm左右的同向锰钢丝绳）在端部基础混凝土达到设计强度的50%后，方可拧紧螺栓或固定缆索，否则会引起基础变形，造成绳索松弛。

7. 活动护栏施工

采用钢管插入式活动护栏时，其基础埋设应与路面施工同步进行，预埋管件应采取保护措施，以防杂物掉入管内。钢管插入式活动护栏采用焊接成型，应使焊缝牢固、平顺，每片活动护栏应平整、尺寸正确，不能扭曲，应使钢管插拔自如。

活动护栏如采用抽换式立柱基础，则可使开口处的活动护栏达到正常路段的强度，其开放的灵活程度，只要拧松两根立柱的6个螺栓，即可抽出一块护栏。

8. 混凝土护栏施工

（1）混凝土护栏的预制施工

混凝土护栏的预制，应采用机械搅拌，并在指定的预制场进行。预制场地与一般的混凝土预制场地一样，并应满足以下条件。

①沙石料场、水泥仓库应分开，水泥仓库应有防雨、防潮设施，水泥充足，水质符合要求。混凝土拌和物运距不宜过远，拌和物质量应正确控制。

②混凝土护栏模板应符合要求，应设有规定存放、清理、保养的地点。

③混凝土护栏浇筑现场平整、坚实、不易集水。

④电源供应方便。

⑤起吊和运输设备满足要求、交通便利。

混凝土护栏的模板是预制过程中不可缺少的重要工具，它直接影响预制混凝土护栏的质量，要求形状、尺寸准确，接缝严密，有足够的强度和刚度，并且装拆方便，能多次周转使用。

混凝土护栏数量大时应采用钢模板。钢模板的长度一般应根据吊装运输的条件，尽量采用固定尺寸。其设计质量，一定要确保强度和刚度，在浇筑振捣过程中不允许变形，不得出现漏浆现象。根据国内外对混凝土护栏模板的使用经验，模板材料应采用高强度钢材，厚度不宜小于4mm。为了使混凝土预制块表面平顺、光滑、没有麻面等，钢模内侧面要抛光，拼接要紧密牢固，不得漏浆。在浇筑过程中，应把吊装孔、纵向企口、基础连接件、轮廓标附着件等预留件安装上。混凝土搅拌站应与预制场配合设置，搅拌站应配备原材料、配料、拌和物质量控制的人员。搅拌机的容量应根据施工方法、工程量和施工进度等配置并与预制场保持密切联系。

混凝土护栏应按块浇筑，每块护栏必须一次浇筑完成，不得间断，也不允许在已初凝的混凝土上再浇筑新的混凝土。

护栏采用钢模成型，机械振捣。由于护栏上口较小，插入式振捣不易密实，可采用附着式振捣器，以侧墙振捣为主，再辅以其他手段，应以拌和物停止下沉、不再冒气泡并泛出水泥砂浆为准，不宜过振。振捣时应辅以人工找平，并应随时检查模板。如有下沉、变形或松动，应及时纠正。

预制混凝土护栏浇筑完毕后，应及时养护。为加快模板周转和施工进度，在停放2~6h后可进行蒸汽养护。蒸汽养护的升温、恒温、降温应遵守下列规定：

①采用硅酸盐水泥或普通硅酸盐水泥时，混凝土配制强度等级应比正常养护提高15%~20%；当采用低温养护（0℃以下）时，可仍按原规定。

②混凝土块浇筑完后，在蒸汽养护前应先停放2~6h，停放温度拟以10℃~20℃为宜。

③升温速度。混凝土护栏块属于较厚大体积构件，每小时升温不宜超过30℃。

④恒温时混凝土护栏块的温度一般不宜超过80℃；用矿渣硅酸盐水泥、火山灰质硅酸盐水泥或粉煤灰水泥拌制的混凝土，以75℃~85℃为宜。

恒温时间一般为8~12h（相对湿度80%~100%），采用低温养护时，应适当延长恒温时间。

⑤降温速度每小时不应大于15℃，构件温度与外界温度之差不应超过20℃。

⑥不得用蒸汽直接喷射混凝土。

从施工进度和经济角度考虑，模板周转越快越好。另外，拆模太早，护栏强度过低，由于自重的作用，护栏块会因变形而被毁坏。因此，只有当混凝土护栏块强度达到设计强度的70%时，才允许拆模。

因为拆模时，很容易损坏混凝土护栏块，因此规范规定拆模时不得损坏混凝土护栏的边角。另外，由于模板多次重复使用后可能会变形，因此规范规定每次使用模板前必须进行检验，只有满足精度要求时，才允许使用，这样才能使预制的护栏块满足要求。

护栏块的脱底模、移运、堆放以及吊装就位都是施工过程中的重要环节。如果处理不当，它会直接影响护栏的整体强度、稳定性以及外表美观等。根据国内外使用经验以及理论分析，一般混凝土块达到设计强度的70%时，就可以安装。起吊设备应根据护栏块的大小来选用，既要起重能力够，又不要浪费，要严格按照操作规程起吊。混凝土护栏在运输、安装和起吊过程中，尽量不要损坏边角和外露的各个面。如有损坏，应及时用高于混凝土护栏强度的材料进行修补。

混凝土护栏在安装前应根据不同的基础处理方法做好基层。

混凝土护栏的安装应从一端逐步向前进行。全线中央分隔带护栏种类尽量要求一致，包括一般桥梁、通道的中央护栏，这样吊装护栏时间向前推进问题不大。如果中央分隔带护栏种类形式不同，则必须处理好过渡段的长度。护栏安装时应与公路中心线相一致，在曲线路段和竖曲线路段应与公路线形相协调。凡采用传力钢筋与基础连接的路段，要求放样精确，传力钢筋混凝土块的埋置必须与护栏底部的预留孔相符合。护栏块安装至各控制点的位置应精确测定，发现有长链（或短链）时应尽早采用分配法处理。

（2）混凝土护栏的就地浇筑施工

混凝土护栏就地浇筑前，必须根据设计文件进行现场核对，并根据施工条件及水文、地质、气象等不同情况，采取相应的技术措施。

施工单位应根据设计文件及施工条件，确定施工方案，编制施工组织设计。施工前应解决水电供应、搅拌和堆料场地、办公生活用房、工棚仓库和消防等设施。施工单位还应根据设计文件，复测平面和高程控制桩，据以定出护栏中心位置。

中央分隔带护栏沿公路长度方向的布设，主要受桥梁通道、立交桥、隧道等的制约。因此，需要定好控制点，根据公路沿线构造物的实际情况合理布设。

混凝土护栏基层施工应符合下列要求。

①石灰稳定土基层，应做到土块粉碎，石灰合格，配料正确，拌和均匀，压密实。

②煤灰、粉煤灰、冶金矿渣等工业废渣类基层，应按其化学成分和颗粒组成，掺入石灰土或石渣组成混合料，加水拌和压实，洒水养护。

③泥灰结碎（砾）石基层，应严格控制泥灰的含量。施工可采用灌浆法或拌和法。

④级配碎（砾）石掺石灰基层，颗粒应符合级配要求。

⑤水泥稳定沙砾基层，沙砾应有一定级配，压实应在水泥终凝前完成。

浇筑混凝土护栏的模板应适合现场施工的要求，在有条件时可采用滑模施工。

模板应具有足够的强度、刚度，拆装容易，施工操作方便安全，模板内部光滑，尺寸准确，可以多次重复使用。

混凝土护栏上的各种预埋件及受力钢筋应在混凝土浇筑前安装完毕。这些预埋件包括护栏与防眩设施连接件、轮廓标连接件、吊装孔预埋钢管、纵向钢筋连接件、与基础连接的传力钢筋插入孔、横向排水的泄水孔等，各种预埋件经检查合格后方可浇筑混凝土。

混凝土拌和物还应符合下列规定：沙石料和散装水泥必须过秤，严格控制加水量。搅拌机装料顺序，宜为沙、水泥、碎（砾）石，或碎（砾）石、水泥、沙。进料后，边搅拌边加水。混凝土拌和物的最短搅拌时间应符合规范的规定。

每块护栏构件的混凝土必须一次浇筑完成，不得有间断面。混凝土拌和物的振捣应符合下列规定。

①以附着式振捣器为主，辅以插入式振捣器，表面用手工抹平。
②振动持续时间，应以拌和物停止下沉、不再冒气泡并泛出水泥沙浆为准。
③振捣过程中应随时检查模板，如有下沉变形或松动，应及时纠正。

就地浇筑的混凝土护栏，采用湿治养护时，应符合下列规定。

①混凝土护栏脱模后，宜用草袋、草包等覆盖其表面，均匀洒水，经常保持潮湿状态。
②昼夜温差大的地区，为防止混凝土护栏产生收缩裂缝，应在混凝土浇筑 3d 内采取一定的保温措施。
③养护时间宜根据混凝土强度增长情况确定，一般宜为 14~21h。

就地浇筑的混凝土护栏，采用塑料薄膜养护时，应符合下列规定。

①薄膜溶剂具有易燃或有毒等特性，使用、贮运要注意安全。
②塑料薄膜的配比应严格遵照说明，必要时由试验确定。
③塑料薄膜施工，宜采用喷洒法。当混凝土表面不见浮水和用手指压无痕迹时，可选用喷洒法，喷洒厚度宜以能形成薄膜为准。用量易控制在每千克溶剂喷洒 3m² 左右。
④在高温、干燥、刮风时，在喷膜前后，应用遮阴棚加以遮盖。
⑤养护期间应保护塑料薄膜的完整，当破裂时应立即修补。

当混凝土拌和物温度在 30℃~35℃时，混凝土护栏的施工应按夏季施工规定进行：

①夏季施工，混凝土拌和物浇筑中应尽量缩短运输、摊铺、振捣等工序时间，浇筑完毕应及时覆盖、洒水养护。
②搅拌站应有遮阴棚，基层表面，在浇筑混凝土前应洒水湿润。
③注意天气预报，如果降雨，应暂停施工。
④气温高时，宜避开中午施工，可在夜间进行。

根据当地多年气温资料，当室外日平均气温连续 5d 低于 59℃时，应按冬季施工规定进行：

①混凝土拌和物不得遭受冰冻，浇筑温度不低于 59℃。
②冬季施工水泥应采用 42.5 级以上硅酸盐水泥或普通硅酸盐水泥，水灰比不应大于 0.45。
③混凝土拌和物搅拌站应搭设工棚或其他挡风设备。
④当气温在 0℃以下或拌和物浇筑温度低于 59℃时，应将水加热搅拌，如水加热仍达不到要求，应将水、沙和石料都加热。在任何情况下，水泥都不得加热。混凝土拌和物的运输、浇筑、振捣等工序应紧密衔接，缩短时间，减少热量损失。
⑤混凝土浇筑完毕后，应尽快保温养护，冬季养护不应少于 28d。

9. 金属桥梁护栏的施工

金属桥梁护栏的施工方法和波形梁路段护栏基本相同。

（1）一般原则

①施工前做好详细的施工组织设计。

②应在桥梁行车道面板、人行道面板完成后，方可进行桥梁护栏的施工。

③护栏构件安装前，应进行质量检查和试验，只有被确认符合质量标准的护栏产品方能使用。

④应按护栏设计图纸或产品供货商提供的详细施工安装方法进行施工。

（2）放样及设置预埋件

①放样前应选择桥梁伸缩缝、胀缝附近的端部立柱作为控制点，并在控制点之间测距放样。

②立柱放样时，当间距出现零数时，可用分配的办法使之符合横梁规定的尺寸，构件等距设置。

③定位后，在桥面板（或人行道板）上准确地设置预埋件（如铆固螺栓或套筒），并采取适当措施，保护预埋件在桥梁施工期间免遭损坏。

（3）安装

①护栏安装前应对预埋件的位置进行复测，符合设计要求后方能安装立柱和横梁。

②安装前应做好施工场地的各项准备工作，安装过程中应特别注意控制螺栓扭矩、焊缝间距、桥梁伸缩缝和胀缝的设置间距。

③横梁和立柱的位置应正确无误。连接螺栓和拼接螺栓开始不宜过早拧紧，以便在安装过程中充分利用横梁和立柱法兰盘的长圆孔进行调整，其线形顺适并不出现局部凹凸现象后，方可最后拧紧螺栓。

④横梁、立柱等构件，在安装过程中应尽量避免损坏保护层。安装完成后，应对被损坏的保护层按规定的方法进行修复，并保持与原有层面顺适一致、色调相同。

⑤对于焊接的金属护栏，所有外露接头在焊接后应做磨光或补满的清面工作。

10. 钢筋混凝土桥梁护栏施工

钢筋混凝土护栏的施工方法应按现行《公路桥涵施工技术规范》（JTG/TF50—2011）的规定执行。但因混凝土表面在车辆与护栏碰撞时要能承受车辆的碰撞与摩擦，起到降低摩擦系数的作用，并要受气候变化影响小，故需提高混凝土表面的修整质量。

（1）一般原则

①钢筋混凝土墙式护栏应在行车道面板、人行道面板施工完成后及跨中支架的脚手架拆除以后，桥跨处于自承状态下进行施工。

②护栏高度必须在纵坡变化点处改变，以使线形顺适，外形美观，不得有明显的下垂和拱起。

③钢筋混凝土墙式护栏宜采用就地浇筑的方法进行施工，当采用预制件时，护栏与桥

面板（人行道板）间应进行特殊的连接设计。

（2）现浇的钢筋混凝土墙式护栏，应按现行《公路桥涵施工技术规范》（JTG/TF50—2011）的规定施工。

（3）伸缩缝应填满橡胶或沥青胶泥等有弹性、不透水的材料，伸缩缝内不应有松散的沙浆和活动时有可能剥落的沙浆薄皮。

（4）独立端部翼墙应按第（2）、（3）条的规定进行施工，并根据施工图要求设置预留连接件。

二、缆索护栏的施工

（一）一般要求

缆索护栏的安装施工，一般应在路面施工完成以后才准许开始，这是因为便于控制护栏标高和保证立柱周围土基础的密实度。端部立柱和中间端部立柱的混凝土基础，在不影响路面施工的情况下，也可先行浇筑混凝土。

施工安装前，应做出详细的缆索护栏施工组织设计，以便协调各方关系，合理组织力量，保证施工进度和质量。

施工前的各项准备工作除各种材料（钢丝绳、立柱、托架、索端锚具）的准备、各种施工工具（钢丝绳切断器、张紧设备、铺固工具、打桩机、测量用具、饼子、锤子、扳手、铁锹、镐等）的准备外，还应详细研究有关施工图、工程地质气象资料和地下管线或建筑物竣工图等技术资料。

（二）施工放样

1. 确定控制点。在放样前确定控制点是非常重要的。缆索护栏是沿道路设置的连接性结构，它们与道路上的各种构造物应该很好地协调配合。在大中桥的桥头，缆索护栏与桥梁护栏有一个过渡问题；在中央分隔带开口处和立交的进、出口匝道的合流处，缆索护栏有端头处理问题；在小桥、涵洞、通道处，有缆索护栏如何跨越的问题等。选择控制点的目的就是使护栏的布设更趋合理，施工更加方便。

2. 立柱定位。在控制点的位置大致确定以后，可对照施工图的布设设计，对端部立柱、中间端部立柱、中间立柱的位置进行最后调整、定位。立柱位置确定以后，应详细了解地下管线、构造物的位置，以便进行合理的处理，以减少在护栏安装施工过程中的损失。

（三）立柱的施工

1. 端部立柱和中间端部立柱的施工

立柱基础埋设于土中时，应根据混凝土基础的位置放样，根据放样线开始挖掘基坑，并严格控制基坑尺寸。达到规定标高后，待工程监理人员检查合格后，可开始铺砌基底的片石混凝土，经夯实后，立基础混凝土模板，其各部形状尺寸应正确，模板安装稳固，即可浇筑基础水泥混凝土。如果端部结构或中间端部结构的立柱是埋入式的，则应浇筑混凝土达规定标高以后安放立柱。为使端部立柱或中间端部立柱的位置和标高不致在混凝土振捣过程中走样，应采用适当的临时支梁；如果端部结构或中间端部结构的立柱是采用装配式的，则应在浇筑混凝土达规定标高后放置预埋件及临时支架。基础混凝土浇筑完成后，应注意对基础混凝土进行养生。直到混凝土强度能保证其表面及棱角不因拆除模板而受损坏时，方可拆除模板。拆模后如发现混凝土质量有问题，应立即报告施工监理工程师，商讨补救措施。处理合格后，才能进行基础回填，回填土应分层夯实（每层不超过15cm），直至规定的标高。

端部立柱或中间端部立柱设置在桥梁、挡墙、涵洞、通道等人工构造物的水泥混凝土中时，应在构造物的水泥混凝土浇筑前，按设计图的要求支立模板，在孔穴周围配置钢筋，并与构造物的混凝土一起浇筑。尽量避免端部立柱或中间端部立柱的基础与各种人工构造物连在一起。

2. 中间立柱的埋设

中间立柱埋设于土中时，一般有以下几种施工方法。

（1）挖埋法。在设置中间立柱的位置挖孔穴，孔的直径不应小于20cm。达到规定深度后，放入中间立柱。定位后，用沙土分层回填夯实，每层回填土的厚度不得超过10cm。

（2）钻孔法（或开挖法）。在设置中间立柱的位置用螺旋钻孔机等机械钻孔，待钻孔达埋置立柱深度的一半左右时，再把立柱打到要求的深度。

（3）打入法。在设置中间立柱的位置直接用打桩机（气动打桩机、振动打桩机等）把立柱打入土中。立柱不应产生明显的变形、倾斜或扭曲。

上述施工方法可根据路基土质的不同情况进行选择。一般来说，打入法适用于路基土中含石料很少的路段，采用打桩机打入立柱，可以精确控制立柱的位置和打入的深度；路基土中含石料较多，采用打入法施工控制立柱的位置和垂直度有一定困难时，可适当配合采用开挖法或钻孔法进行施工。钻孔法适用于挖坑、打入均有困难的路段。可用螺旋钻机或冲击钻等钻具进行定位钻孔，杆孔直径在30cm左右。柱孔钻好后，要检查孔径、深度、垂直度，合格后，方可进行柱的埋设与安装。挖埋法适用于打入立柱有一定困难的路段。挖埋法可用人工挖孔，主要工具是钢钎和掏勺，柱孔直径在30cm以上，柱孔挖好后，要检查孔径、深度、垂直度，合格后，方可进行柱的埋设与安装。

无论采用哪一种施工方法，都要求立柱位置正确、纵向和横向位置与道路线形相一致、标高符合规定，并不得损坏立柱端部。

中间立柱埋设于水泥混凝土中时，可根据底座条件及护栏类型进行埋入部的设计。一般需要在水泥混凝土构造物上预留孔穴，在孔穴周围配置钢筋。

埋设中间立柱时，为保证立柱纵、横向位置和垂直度的正确，可采取支架的办法进行临时性固定。然后进行逐根立柱的调整，包括立柱埋深（标高控制）、垂直度、纵向线形、横断位置等的调整，待检查合格后，即可将立柱固定在临时支架上，再次进行纵、横、高的检查，确认无误后，才允许用最低水泥用量不小于 255kg/m³ 的素混凝土浇筑。混凝土应按设计强度等级严格掌握配合比。浇筑混凝土时，边喂料边用钢钎捣实，一直浇筑到与地面齐平，抹平后，注意养生。

（四）安装托架

中间立柱或中间端部立柱上安装的托架，应先确认缆索护栏的类别及相应的托架编号和组合，在核对无误后即可开始安装托架。

路侧缆索护栏的托架应朝向行车道，中央分隔带缆索护栏的托架应两边对称，并一起安装。路侧缆索护栏的 A 级、B 级、S 级和中央分隔带缆索护栏的 Am 级，均有上托架和下托架，安装前应分清楚。托架应按设计图的要求用螺栓固定在立柱上。

（五）缆索的架设

1. 架设缆索以前，应先检查端部立柱、中间端部立柱和中间立柱的位置是否正确，与基础连接的牢固程度，以及立柱的垂直度、标高等的误差情况，在基础混凝土强度达设计强度的 80% 以上时，方可准许架设缆索。

2. 把缆索支放在端部立柱的旁边，可以用专门的滚盘或人工放缆索，在滚放缆索的过程中，应避免把整盘钢丝绳弄乱，不应使钢丝绳打结扭曲受伤，应避免在路上长距离拖曳（以免擦伤镀锌层），直到把缆索从端部立柱的一端滚放到另一端的端部立柱或中间端部立柱。

3. 在安装缆索前，应从一头的端部立柱开始，先调节好端部立柱的索端锚具。把缆索一端松开，用楔子固定法或灌入合金法把缆索锚固。缆索固定在锚具上后，装上拉杆调节螺栓，并把索端锚具安装到端部立柱上。

4. 把索端锚具装到端部立柱上后，把拉杆螺栓调节好，就可顺着中间立柱把缆索临时夹持在托架的规定孔槽中，一直把缆索连接到另一端立柱或中间端部立柱上，这时的缆索完全处于松弛状态。

5. 利用缆索张紧设备临时拉紧。张紧设备可采用倒链滑车杠杆式倒链张紧器或其他的张紧设备。在钢丝绳与张紧器之间通过钢丝绳夹固定，逐渐把钢丝绳拉紧，直到看不出缆索有挠曲。A 级和 S 级绳索护栏的初张力为 20kN。B 级和 C 级缆索护栏的初张力为 10kN。在临时张拉的过程中，要不断检查托架上的索夹是否保持放松状态，并在各中间立柱之间不断向上挑动缆索。缆索拉至规定初张力后，持荷 3min。

6. 在临时张紧状态下，就可根据索端锚具的尺寸确定切断缆索的正确位置，把多余的缆索切断。切断缆索的断面要垂直整齐，为防止钢丝松散，可在切断处两端用铁丝绑扎。缆索的切割可用高速无齿锯，以避免引起钢缆端部退火。缆索切断后，穿入索端锚头中，用楔子锚固法或灌注锚固法进行锚固。当采用楔子固定时，应将缆索按股解开，解开的长度按索端锚头的尺寸来定,然后用小锤子把铝制楔子紧紧地打入插座中,缆索就被楔子锚住了。当采用灌注锚固时,应按单丝分开并将每根钢丝拉直,经除油处理后,即可往索端锚头中灌注合金,冷却后缆索就锚住了。

7. 缆索与索端锚具固定后,即可与拉杆螺丝连接,并安装到端部立柱上,这时卸除临时张拉力,钢丝绳就已经被紧紧地架设在护栏柱上了。

护栏的缆索应从上往下依次一根一根地安装,每根缆索的安装次序都按上述步骤进行,直至全部架设完毕。最后对全部拉杆螺栓再进行一次调整。

8. 缆索护栏的缆索最大长度为300m,因此在架设护栏时,每段以缆索长度(300m以内)为限。每段护栏的所有缆索应自上至下连续完成。每段护栏的缆索架设完毕后,应全面检查缆索的张紧程度。检查合格后,可逐个拧紧中间立柱托架上的索夹,把缆索的位置固定。同时,拧紧拉杆螺丝上的调整螺母,把缆索固定好。

三、防撞护栏施工

1. 施工放线定位

立柱的放线定位对防撞护栏的外观质量影响最大,掌握好立柱定位放线的正确方法至关重要。根据施工图纸,防撞护栏立柱位置是靠路缘石来确定的,这就假设了路缘石的铺设,在纵向(顺路方向)上是绝对平顺的,在横向(垂直于路方向)上是没有任何错位的,而实际施工中并不是这样,路缘石的铺设在纵向和横向上与设计是有误差的。如果只按路缘石来放线定位,护栏立柱在纵方向上是不顺直的,安装护栏板后,线形局部会出现凸凹面。较好的定位方法如下。

(1)柱间距的确定。以桥梁通道、活动护栏口、立交、平交为控制点进行测距。立柱的间距分为2m和4m两种,2m间距的为加强立柱,4m间距的为普通立柱。施工中经常出现异形间距,所安装的护栏板称异形板,异形板由于间距不定,所以制造难度大,又影响工程,因此在确定立柱间距时,应尽可能减少异形间距。如两座桥之间,要先测量两桥间距,看能否不出现异形间距,如果出现异形间距,要确定把异形间距出现在哪一端,或中间,然后记录下桩号及间距尺寸,以便专门制作异形护栏板;如果立柱间距可能有不大于25cm的间距零头数,可通过分配法将其调整至多根立柱上。在立交桥匝道上放线定位,立柱间距实际尺寸要做到内收外放,但收和放的尺寸不要超过5mm,因为板是直的,而间距在路缘石上是曲线,间距尺寸放和收之后,护栏板在安装时变得容易,而且线形美观平顺。

(2)立柱纵向位置的确定。先在路缘石上用红铅笔根据立柱间距画出横线,再用线绳和钉子顺路方向上放出一条线,反复调整线形,然后用红铅笔在这条线上画出与横线垂直的纵线,形成十字线,在打入立柱时,严格按立柱距十字线中心距离打入,这样就保证了立柱在纵向上的顺直度。

（3）柱的高度控制。立柱的顶面是否平顺，决定了护栏板顶面是否平顺，立柱高度是影响防撞护栏线形的最大因素。较好的控制方法是用水准仪对每一个立柱位置的十字线进行水准测量（不需水准点，只测相对标高），根据这些数据算出坡度，具体算法如下：假设架一次水准仪测 n 个桩位，用第 n 个数减去第一个数，所得值除以（n-1），得出一个值 a。第一个位置立柱高 70cm，第二个位置立柱高应为第一个数减去第二个数，再减去 a，再加上 70cm 即为要得到的立柱高，第 3，4……n 个位置立柱高依次类推，在每一个将要打入的立柱上用红铅笔画出打入深度。这样既保证了立柱顶面高度的平顺，又能使立柱顶距路缘石顶高度误差很小。该施工放线的方法效果好，线形平顺美观，能解决以路缘石或路基标高作为参考物放样带来的施工误差问题。

2. 打桩机的选择和组合

打入立柱的效率及准确性与打桩机型号种类有关，常用的打桩机有以下几种。

（1）内燃导杆式打桩机。这种打桩机的优点是故障率低，定位准确；缺点是冲击力小，打桩速度慢，移动慢。

（2）自行式打桩机（YDD350）。这种打桩机自行速度快，桩锤重 350kg，打桩迅速有力，对各种基层均能较快打入。

（3）多功能打拔桩机（170-2/YL 型）。它由客货车底盘改装，时速可达 100km，集打拔桩于一身，它的原理是液压能转化为冲击能，击锤速度持续均匀，不容易把桩口打毛。它的最大特点是机动性大，适合各种方式施工。

根据经验，每台打桩机配四人最为合适，立柱定位以后开始打入时，最初几锤要重，然后停下来用水平尺测其立柱是否垂直，如不垂直，可通过打桩机调整，调整后可用重槌继续打，快到位时停下来，用水平尺测垂直度，再用轻锤击打，最后几锤要特别小心，防止立柱打入过深，立柱过深或不垂直，也会影响护栏线形。

3. 栏板的安装

护栏板有镀锌和涂塑两种，镀锌层与一般钢铁相比，硬度较低，易受机械损伤，因此在施工中要小心，要轻拿轻放，镀锌层受损后，在 24h 内用高浓度锌涂补，必要时予以更换。安装时，首先把托架装到立柱上，固定螺栓不要拧太紧，然后用连接螺栓将护栏固定在托架上，护栏板与板之间用拼接螺栓相互拼接，并注意拼接方向，如果拼接方向出错，即使是轻微的碰撞，也会造成较大损失。防撞护栏在安装过程中应不断调整，因此连接螺栓和拼接螺栓不要过早拧紧，要利用护栏板上的长圆孔及时调整线形，使线形平顺，避免局部凹凸，待护栏的顶面线形认为比较满意时，再把所有螺栓拧紧。根据经验，安装护栏板以 3 人、5 人、7 人为一组最合适，安装方向与行车方向相反时比较容易安装。

4. 施工注意事项

（1）护栏施工时应准确掌握各种设施的资料，特别是埋设于路基中各种管道的准确位置，在施工过程中不允许对地下设施造成任何破坏。如遇地下通信管线、泄水管或涵顶填土深度不足时，应调整立柱位置，或改变立柱固定方式。

（2）当立柱打入过深时，不得将立柱拔出矫正，需将其全部拔出，将基础重新夯实后再打入，或调整立柱位置。

（3）桥梁护栏应安装法兰盘，注意法兰盘的定位和立柱顶面标高的控制。

防撞护栏是高速公路的收尾工程，也是高速公路外观质量的重要组成部分。防撞护栏的内在质量在于原材料及加工过程，它的外观质量取决于施工过程，因而在施工时应加强管理，保证防撞护栏的施工质量。

四、隔离设施的施工

1.隔离设施的施工安装应在路面施工及其他配套工程施工完成以后开始。隔离设施施工在公路用地界范围，如果过早施工、封闭会影响主线工程的进行。另外，隔离设施的材料、构件主要依赖主线来运输。在有条件路段，如可利用辅道来运送材料、构件，在不影响主线工程施工的情况下，可以提前实施封闭。

2.施工组织设计是工程全面质量管理的关键。施工组织设计的好坏不仅关系施工质量的高低，而且对整个施工的工程造价和工程周期有着至关重要的影响。因此，在开始施工安装以前必须首先做好施工组织设计，协调好各部门的关系，确保施工安装有条不紊地、高质量地进行。

3.施工放样精度是隔离设施后继施工安装质量的保证。放样需按设计要求确定隔离设施的中心线，然后测量立柱的准确位置，并在每个柱位定出标记。

4.测量高程的目的在于控制各立柱的基础标高，保证安装后隔离设施顶面的平顺和美观，隔离设施立柱高程应做出专门设计，必要时可对设计高度做现场修正，以适应隔离设施纵向坡度的变化。

5.隔离设施应严格按设计图进行施工放样。先定中心线，然后按设计的柱距定出柱位。每个柱位应按设计要求确定高程并与公路界地形相协调，必要时，可对地形进行整修。

在放样和定位工作完成的基础上，根据设计图纸要求开始挖坑或钻孔，挖、钻深度要符合设计要求。在特殊的地理环境条件下，如坚硬的岩石等，在保证不改变地界的法律地位和设施布设整体美观的情况下，允许对坑基位置做适当的调整。挖钻好的基底应清理干净，以便验收合格后，不影响下一道工序的正常施工。

6.立柱开始埋设的先决条件必须是立柱坑基挖钻完毕，并经检查合格。

立柱坑基混凝土施工分为现场浇灌和预制件现场埋设两种。现场浇灌施工要求立柱放入坑内，正确就位，用临时支撑固定立柱，用靠尺量其垂直度，用卷尺量其高度，在确认符合设计要求后，进行混凝土浇灌。预制件现场埋设是指通过模具预先把立柱和混凝土基础制成整体结构，现场直接安装到位。不管选用何种施工安装方式，在施工过程中都应严格检查立柱就位后的垂直度和立柱高程，以保证网片安装的质量和隔离设施安装完毕后的整体美观效果。

7. 整体式框架隔离网的制造加工一般要求在工厂集中制作完成。由于工厂机械设备较为齐全,生产效率高、成本低、工艺完善、批量流水生产,能保证加工制作的质量。焊接网片时,先将外框按几何尺寸焊好,经检查合格后,放在胎具上,将钢板网按设计要求切好,放入网框内,各部尺寸校对无误后,用张拉工具将网拉紧,再把其与外框焊接在一起。除锈、去油污后,进行规定的表面防锈处理。半框架式结构的隔离网的性能效果主要取决于施工装配工艺,所以可根据需要在现场加工或工厂加工。

8. 钢筋混凝土立柱可在施工现场制作,也可在工厂事先预制。其几何尺寸和强度都应符合设计要求。经抽检合格后,方能成批使用。

9. 运输和装卸是工程组织流程中的一个重要环节,也是产品质量保证的关键。在工程管理中应对不同的材料产品制定出相应的运输装卸准则。钢筋混凝土立柱的运输及装卸应避免立柱折断或摔坏棱角,装车时码高不宜超过5层。金属构件和网片在装运、堆放中应避免损坏。

10. 为了保证上网安装立柱的强度,要求现场浇筑的基础混凝土强度达到设计强度的70%以后,方可安装网片。

11. 隔离设施在安装时,可按整网连续安装和分片式施工安装。

整张隔离网在其连续安装工作完成后,需要专用张紧设备将其绷紧。网与立柱的连接一般采用挂钩的方法,这种连接方法的主要优点是上网、下网工艺简单,加工精度要求不高,而且成本低。

分片式上网安装是指隔离网在工厂按尺寸剪裁好,并镶嵌在外框中,可分散运输、分片架设。这种安装工艺的优点为造型美观、形式多样,隔离设施整体性结构强度高,可散装运输,灵活装配。当然,无论是从加工、运输,还是施工安装方面,其总的工程造价都将大幅度提升。安装方式的选择应在充分考虑工程造价,结合本地区道路环境条件,依据设计要求正确选择,以求所选用隔离设施的性能价格比达到最优。此外,网片固定在外边框时,可根据不同的丝网结构,采用焊、压、挂等方法。网片与外边框必须连接牢固,网面平整、绷紧。

刺铁丝安装时要求从端头立柱开始。刺铁丝之间要求平行、平直,绷紧后用11号铁丝与混凝土立柱或钢结构立柱上的铁钩绑扎固定,横向与斜向刺铁丝相交处用11号铁丝绑扎。

钢板网安装要求网面平整,无明显凹凸现象,框架与立柱应连接固定,整体连接平顺。

以上各类形式的隔离栅网片安装完毕后,立柱基础应进行最后压实处理。

隔离网与立柱的连接方式按安装工艺方法分为无框架整网安装和有框架安装两种方法。

(1)无框架整网安装。无框架整网安装是指金属编织网四周不附加任何刚性材料作为框架之用,而是直接通过立柱上的挂钩与金属编织网连接、固定。这种安装工艺的优点是节省材料、造价低、整网连续铺设,缺点是网格难以绷紧。

（2）有框架安装。有框架安装又分为全框架安装和半框架安装。

全框架安装是指金属编织网在生产过程中按设计要求规定的尺寸剪裁成片，再用刚性材料待网格绷紧后与其焊接固定，形成整体刚性网框结构，安装时一框一框地安装，最后通过螺栓螺母与立柱连接固定。此种安装工艺的优点是安装后整体连接效果好、刚性好、强度高、美观大方，缺点是造价高。半框架安装采用只有上下两边框架的结构形式，通过利用等边内卷边槽立柱的特殊结构，用上下可滑动的调节螺栓将网片与上下横框现场安装固定，这种安装工艺的最大优点是不仅克服了以往单片网格安装后无法绷紧的缺点，而且克服了全框架结构造价过高的缺点，在工程造价几乎不变的情况下，提高了隔离设施的整体连接强度。另外，材料运输方便，现场安装灵活，隔离网的高度可随意调整固定。

五、防眩设施的施工

防眩设施的施工应根据其设置方法在路面工程或护栏工程施工完成后同步进行。防眩设施在施工前应做好各项准备工作，并做出详细的施工组织设计。

1. 放样

施工前应清理场地，确定控制点（如桥梁、立交、中央分隔带开口及防眩设施需变化的路段），在控制点之间测距定位、放样。

2. 安装

（1）防眩设施在施工过程中，不得损坏中央分隔带上的通信管道护栏等设施。

（2）应按设计要求处理好路段与桥梁上防眩设施的设置位置及高度，并随时检查、校正，不得出现高低不平甚至扭曲的外形。

（3）防眩板单独埋设立柱时，应在基础混凝土达到设计强度后安装上部件。同时，应注意不要损坏通信管道等地下构造物，并注意与道路线形协调一致。

（4）施工中应注意不要损伤金属涂层。由于镀锌制品镀锌层与一般钢铁相比，硬度较低，易受机械损伤，且镀层的表层之下为铁锌的合金层，其抗弯曲、抗冲击等机械性能较差，易剥离和脱落，因而施工中必须特别小心。镀锌层受损伤后，须在 24h 之内用高浓度锌进行涂补，必要时应予更换。另外，由于带汗水的手或盐水等会促进钢铁构件的涂层氧化，因而防眩设施的安装最好戴手套进行。

第三节 道路绿化施工

一、质量要求

1. 施工单位应该将挖方表土的堆土作为绿化之用，应提供任何短缺的表土，应为取得合乎质量的、足够数量的表土做出各种必要的安排。

2. 种植区域应具有美观的外形、排列与坡度。所有的大泥块、石块和其他在耕作中掘出的碎石以及其他有碍种植、不适于回填的物质应立即从现场清除。

3. 所有的种植作业，包括回填在内，均要由有经验的工人进行，并遵守公认的一般惯例。所有植物均应能种植，应当比它们在苗圃采集的生产地埋深20~30mm。

4. 植草区域应有苗壮茂盛的草坪，延伸到适当的区域，乔木和灌木应显示出健康成长的生机。树木应适当地用桩支撑，在干旱地区应当留有大小够用的水坑，而无杂草。

二、质量管理

1. 场地清理

（1）种植地点和种植区域的轮廓线应由施工单位标出和立桩，布局应在种植区域开工前得到监理工程师认可。监理工程师可以调整地点，以适应场地条件。

（2）单株种植在开挖或挖掘树坑时，应将表土挖出置于坑边，并与底土分开。碱土、砾土、石头或在开挖中遇到其他有碍植物生长的物体，应从土壤中分离出来（用筛子筛去）废弃。

（3）树坑直径应大于400mm，且大于保护根土包球的直径或根系展伸直径。树坑深至少800mm，当树在坑内处于适当水平高度时，土球或树的根系底部距底应不少于200mm的空间，树坑周围应修整，其底部应水平。

（4）灌木坑直径至少300mm，大于根球直径或根系展伸直径。灌木坑要有一定的深度，当灌木处于坑的适当位置时，灌木根球或灌木根系底部与坑底至少有150mm的空间。

2. 植草地表的准备工作

（1）施工单位应在播种草籽时对植草区域进行开垦，开垦的区域在150mm深度内，清除硬土和硬土层。

（2）施工单位要清理表面的任何碎屑，在合同适用期内，在工地把碎屑垃圾收集起来。

（3）在地基表土上溅落的沥青、水泥或其他有害物质，受影响的范围都应当挖除，污染土壤的处理依照监理工程师的指示进行。

（4）施工单位应向缺少自然表土层或自然表土层的厚度小于100mm的区域供应并铺

撒表土，形成不少于100mm的表土生长层。

（5）地表面应当平顺，缓坡不应有土堆与凹陷，并要稍做预滚压。应当控制人行通道与其他外形的最后剖面，以形成连续高程，除非图纸特殊说明，排水的坡度最小为1∶60，最大为1∶6。在做这项工作时，应避免过多地取走表土并保证在地表面准备工作结束后，最有效用的表土层深度至少为100mm。

（6）将准备好的良好的草坪种子以每公顷285kg的数量均匀地撒在准备好的苗床上，肥料应深耕至苗床深度100mm，施肥时间不得超过播种前48h或播种施肥。

3. 材料的质量检查

（1）表土

①在对道路使用面没有破坏作用时，允许施工单位以适当的方式从道路用地范围内取得合适的表土，开挖的地点、深度、边线和坡度应依照监理工程师的指示进行。

②表土指土壤中含有供植物生长的有机物质，无不适合的物质，如超过25mm直径的石头、黏土块，杂草、树根、木棍、垃圾以及对植物生长有害的物质。任何表土在送达现场之前，施工单位至少应提交$1m^3$的标本，请监理工程师书面批准。

③施工单位可在按监理工程师指示的位置及大小建立土料堆，土料堆应防风、防雨水冲蚀，有足够的排水区，防止往来车辆。在存放期间，不允许料堆上有植物生长。

（2）草籽

草籽应是包装的混合草种，其组成成分和用量应由监理工程师批准。

（3）肥料

最好使用优质的农家肥。如果使用化学肥料，应使用标准商业等级化学肥料。

（4）树和灌木

①送到现场的树木，依据树种，树高应为1.5~3.0m，树干直径不小于30mm。灌木种植在坡角或沟沿，高应为1.0~1.5m；种在路中保留地的灌木，高度应为0.6~0.7m。

②所有的树木均应为标准品种或一等品，并且应为正常的发育良好的树枝或树茎系统，并有茁壮的根系。为满足特定的尺寸而过分修剪的大树将予以拒收。植物应无变态的树节，避免有太阳的灼伤及磨损树皮，免遭风、冰冻或其他外形损伤。植物应有健壮旺盛的树节，顶和根茎应正常地修剪。所有苗木应为苗圃生长的。树木应具有相当直的树干和良好的树杈，根据它们的自然习性生长。树木不能有直径超过20mm的没有愈合的伤痕。

③灌木应具有在这个区域生长特性的品种。已经适应了户外天气条件的盆栽葡萄、草皮及其他植物得到监理工程师的认可，可视为野外生长植物。

（5）水

用于植物生长和养护的水，应无油、酸、碱盐或任何有害于苗木生长的物质。

（6）表土的堆放

堆放表土以前，应经检查并批准。表土应按图纸所示的位置与深度供给和铺放。施工单位应轻微地拍实表土，使最后的表面平整，以达到要求的高度，无土块，随时可以耕作、种植或播种，按要求保证植物根的覆盖层。

除非另有规定，表土应覆盖到邻近的没有干扰的地面，与路缘石、预制排水和铺装的路面齐平，防止建筑机械对新翻松或铺有表土的区域过度压实。

4.植草区的播种

播种方法有传统播种和水播种两种。

（1）传统播种

①播种工作应在监理工程师建议的一年时期内进行，合适时间一般是春季，以不受霜冻的影响，或在初秋，预期的霜冻影响到来之前，草已长成。

②播种草籽应在无风天气，用一台横向的两行等播的高效率机器进行。

③种完草籽后，应立即滚压，对黏性土壤（或任何易板结的土壤）用质量为每米宽度不超过90kg的、良好的滚筒滚压，对沙性土壤或轻黏性土壤滚筒每米宽度不超过300kg。滚压后应立即浇水，然后保持潮湿，直到萌芽。

④施工单位应保护好新播种区，使它不受践踏和车辆驶入，直到草很好地长成。

⑤在播种之日起一个月之内，草籽没有萌芽的区域，施工单位要进行耕地和重新播种。

（2）水播种和覆盖

①由水覆盖器和水播种器或相当的设备将沥青、稻草乳状液洒播在由肥料和种籽组成的籽浆上，使用这种技术应得到监理工程师的批准。

用于种子、沥青乳状溶液肥料和植物覆盖物的播撒的任何机械设备，在现场使用之前，均要得到监理工程师的批准。任何机械设备在现场实际开始工作以前，施工单位应当通知监理工程师，以便实际运行时得到其指导，发挥满意的技术性能。

②在水播种和水覆盖实施中，使用的物质用量的比例如下：

种籽每公顷200kg的混合物；

肥料每公顷250kg；

植物性覆盖物每公顷2.5t；

沥青乳液每公顷4000L；

所有水播种应在面上进行，种籽浆应均匀地喷洒于整个区域以确保种籽混合物的均匀分布，在下一个区域开始之前，前个工作面上应已完成。

③所有水播种和水覆盖均应在无风天进行，可按下列任一次序进行。

A.水播种和施肥→植物覆盖→沥青覆盖；

B.水播种和施肥→植物与沥青覆盖；

C.水播种→施肥→植物覆盖→沥青覆盖。

在适宜的水中应放置足够的种子，以保证播率至少与规定的相等。种子、水、肥料和植物覆盖物或优良的混合物应在播种时不断地搅动。

5.植树

（1）除图纸中说明或监理工程师有所指示外，落叶植物应在早春种植，一个月以后种植常青树。

（2）在运输之前，所有的植物均应已经掘出，包扎打捆，为运输做好准备。应按照园艺实践技术精心护理。

（3）任何时候，所有植物的根系不得干燥，也不得暴露在任何人工热源或冰冻温度下。在运输过程中，所有植物必须包装良好，以保证不受太阳、风吹与气候和季节的侵害。所有的裸根植物根系必须包装在有稀泥和其他适用材料的稻草袋内。

所有常青树和灌木都应有泥土球和草袋包装，泥土球必须坚固，草袋在运输到现场及种植时必须保持完好。

供应的裸根落叶树和灌木，应将根系放入足够密度的泥浆中，使全部的根系粘有泥浆。每棵树的树冠应仔细捆好，以防树枝折断。

（4）地面覆盖物、多年生植物和其他类似的植物应放在合适的盆或容器中，以很好地保护根系。植物应当生长良好，从容器中移出后要有足够的带土的根，同时未被束缚。

（5）运到现场的每株植物都应带有清楚的标签，作为一个单件，每一捆、每一包或每一容器装有一株或多株植物的，也要有这种标签。

为了与规定的植物一致，便于识别，标签应写上植物正规的园艺名称、年龄大小或其他详细资料，当标签不附在单株植物上时，还得标明每捆或容器中各种规定植物的数量。

（6）不允许用替代品种，除非得到监理工程师的批准。

（7）运送到现场不种的植物或当天内种不完的植物应采取下列专门的保护措施：

①裸根的植物应当散捆，侧放在沟内，植物之间留有空间，所有的根部都要培土和保持潮湿。

②草袋内和土球包的植物，应当用土、稻草或其他合适的材料保护土球，保持湿润，防止根系干燥。

（8）所有植物应防止过热或过冷，并应存放在阴凉处，防风、防晒。

在结冻的土地上，当有雪覆盖地面，或土壤不适于种植时，均不可种植。

（9）对裸根植物，坑底部应有大约150mm深度的松表土，撒入大约2.5kg有机肥料（视表土质量而定）。用50~100mm回填土层盖住肥料，以防止根部直接接触肥料。

开挖表土应当先放，然后放底层土。裸根植物置于树坑中央，根部按天然情况适当散开。折断或损坏的根应当剪掉，以保证根部良好的生长。然后小心地围绕根部进行回填，适当地和充分地压实。当回填到根系一半深度时，植物要轻轻地向上提起，以排除空隙。然后回填树坑，上层厚度为150mm，压紧夯实。对单株植物应有一个深150mm，其直径等于树坑直径的蓄水浅坑。回填的树坑要彻底灌水，直到表面成泥浆。

第四章 路面养护

第一节 路面养护内容及要求

一、路面养护内容

根据交通运输部发布的《公路养护工程管理办法》和《公路养护技术规范》（JTGH10—2009）的规定，路面养护工程分类见表4-1。

表4-1 路面养护工程分类

工程分类	小修保养	中修保养	大修保养	改建工程
养护内容	保养： 1. 清除路面泥土、杂物，保持路面整洁； 2. 排除路面积水、积雪、积冰、积沙、铺防滑料、灭尘剂或压实积雪维持交通； 3. 沙土路面刮平，修理车辙； 4. 碎砾石路面匀、扫面砂、添加面砂、洒水润湿，刮平波浪，修补磨耗层； 5. 处理沥青路面的泛油、拥包、裂缝、松散等病害； 6. 水泥混凝土路面日常清缝、灌缝及堵塞裂缝； 7. 路缘石的修理和刷白。 小修： 1. 局部处理砂石路的翻浆变形，添加稳定料； 2. 碎砾石路面修补坑槽、沉降，整段修理磨耗屋或扫浆铺砂； 3. 桥头、涵顶跳车的处理； 4. 沥青路面修补坑槽、沉陷，处理波浪、局部龟裂、啃边等病害； 5. 水泥混凝土路面板块的局部修理	1. 沙土路面处理翻浆，调整横坡； 2. 碎砾石路面局部路段加厚、加宽，调整路拱加铺磨耗层，处理严重病害； 3. 沥青路面整段封层罩面； 4. 沥青路面严重病害的处理； 5. 水泥混凝土路面严重病害的处理； 6. 水泥混凝土路面接缝材料的整段更换； 7. 整段安装、更换路缘石； 8. 桥头搭板或过滤路面的整修	1. 整段用稳定材料改善土路； 2. 整段加宽、加厚或翻修重铺碎砾石路面； 3. 翻修或补强重铺装、简易铺装路面； 4. 补强、重铺或加宽铺装、简易铺装路面	1. 整线整段提高公路技术等级。铺筑铺装、简易铺装路面； 2. 新铺碎砾石路面； 3. 水泥混凝土路面病害处理后，补强或重铺沥青混凝土路面

二、路面养护要求

1. 及时、经常地对路面进行保养和修理，防止路面松散、裂缝和拥包等各种病害的产生，通过对路面的保养和修理，保持和提高路面的平整度和抗滑能力，确保路面安全、舒适的行驶性能。

2. 通过对路面的修理和改善，保持和提高路面的强度，确保路面的耐久性。

3. 防止因路面损坏和养护操作污染沿线环境。

第二节　沥青类路面的养护

一、沥青类路面的养护对策

沥青路面的养护对策应根据公路等级、交通量及分项路况评价结果确定。分项路况评价指标包括路面强度、行驶质量、路面破损状况和抗滑性能等方面。路面综合评价指标仅用于对路面质量的总体评价。

公路养护管理部门可根据公路等级、交通量、分项路况的评价结果，结合养护资金情况，采取如下维修养护对策。

1. 在满足强度要求的前提下（路面的结构强度系数为中等以上时），若高速公路及一级公路的路面状况指数（PCI）评价为优、良，或者二级及二级以下公路的路面状况指数评价为优、良、中时，以日常养护为主，并对局部破损进行小修；若高速公路及一级公路的路面状况指数（PCI）评价为中及中以下，或者二级或二级以下公路的路面状况指数评价为次及次以下，应采取中修罩面措施。

2. 在不满足强度要求的前提下（路面的结构强度系数为中等以下时），应采取大修补强措施以提高其承载能力。

3. 若高速公路及一级公路的行驶质量指数（RQI）评价为优、良，或者二级及二级以下公路的行驶质量指数评价为优、良、中时，以日常养护为主；若高速公路及一级公路的行驶质量指数（RQI）评价为中及中以下，或者二级及二级以下公路的行驶质量指数评价为次及次以下时，应采取罩面等措施改善路面的平整度。

4. 高速公路及一级公路的抗滑能力不足（SFC<40）的路段，或二级及二级以下公路抗滑能力不足（SFC<30或BPN<32）的路段，应采取加铺罩面层等措施提高路表的抗滑能力。

5. 若路面不适应现有交通量或载重的需要，应通过提高现有路面的等级或加宽等改建措施提高道路的通行能力和服务质量。

二、沥青类路面的日常保养

1. 保持路面平整、横坡适度、线形顺直、路容整洁、排水良好。
2. 加强路况巡查，掌握路面情况，随时排除有损路面的各种因素，及时发现病害，研究分析病害产生的原因，并有针对性地及时对病害进行维修处理。

三、沥青类路面常见病害的原因及处置

1. 路面裂缝的分类及处置

（1）路面裂缝分类。在沥青路面各类破损形式中，裂缝所占比重较大，也最为常见。在沥青路面养护维修工作当中，对裂缝破损的维修工作也最为普遍，而且频率最高、难度最大，裂缝破损对沥青路面的使用性能和使用寿命影响最大。按裂缝破损几何形状及成因，裂缝可分为以下几种。

①龟裂：此类裂缝形状呈一连串小多边形（或呈小网格状），一般其短边长度不大于40 cm，类似乌龟背壳上的花纹，故俗称龟裂。龟裂是由于路面受交通荷载作用，其变形和挠度过大，在沥青路面的柔性不够及在重载车辆的反复碾压下，由于路面材料的疲劳而形成的一种裂缝，故有时亦将此类裂缝称为疲劳裂缝。龟裂可能是全面性的，也可能是局部性的，且大多数发生在行车道上。在龟裂的形成初期，由于裂缝轻微，对沥青路面的服务水平影响不大，但由于路面有龟裂而使得路表面的水渗入，造成底面层及路面基层强度的减弱，这样便会加速龟裂面积的扩大以及裂缝的扩展，而导致形成坑槽破损。

②块裂：此类裂缝形状呈不规则的大块多边形（或呈大网格状），其在形状上和尺寸上都有别于龟裂，通常其短边长度大于40 cm，长边长度小于3 m，且棱角较明显。块裂通常是铺设沥青路面的沥青混合料采用了大量的低针入度沥青和亲水性集料，或沥青发生老化失去弹性，而在交通荷载作用下导致了脆裂；或由于在低温作用下沥青混凝土产生了缩裂，故有时亦将此类裂缝称为收缩裂缝。块裂在较开阔的广场、停车场和城市道路上普遍发生。这类裂缝常常会导致路表水渗入路基和路床，降低路面的结构强度而形成其他的损坏，如龟裂、车辙等。

③纵向裂缝：纵向裂缝为沿路面行车方向分布的单根裂缝。一般成熟的纵向裂缝都较长，达到20~50 m。在路表水渗入路堤下地基范围较小的情况下，可能仅在中央分隔带两侧行车道上，甚至在接近硬路肩的一侧产生一条纵向裂缝；在路表水渗入路堤下地基范围较大的情况下，可能在中央分隔带两侧行车道上和超车道上产生两条纵向裂缝，少数路段甚至有三条纵向裂缝。特别是当路基边部压实不足，路堤边部会产生沉降，导致在距路边30 cm左右处产生纵向裂缝。在沥青混合料摊铺时，由于纵向接缝处理不当，造成路面早期渗水或压实度未达到要求，在行车作用下亦会在纵向接缝处形成纵向裂缝。由于地基和填土在横向不可避免的会有不均匀，特别是在有路表水渗入地基的情况下，沥青路面产生

细而小的纵向裂缝也是不可避免的。但是路面产生纵向裂缝过多过早,裂缝宽度过大和过长,将严重影响其使用性能和寿命。

④横向裂缝:横向裂缝为与路面行车方向垂直分布的单根裂缝。由于地基或填土路堤纵向不均匀沉降,或由于沥青混合料摊铺时横向接缝处理不当,会产生横向裂缝,并伴有错台现象出现。在温度变化大的地区,夏季完好的路面到了冬季会由于路面温度过低或温度变化过大,产生纵向近似等间距的横向裂缝,通常将这类横向裂缝称为温度裂缝。沥青路面出现的绝大部分横向裂缝是温度裂缝,该类裂缝一般从沥青面层表面开裂,逐渐向底面层和基层延伸、扩展,从而形成了上宽下窄的裂缝。有的横向温度裂缝会贯通路面的一部分,而大部分横向温度裂缝则会贯通整个路面宽度。一条沥青路面会有多根横向温度裂缝,其纵向间距为 5~10 cm。

⑤反射裂缝:此类裂缝是由于下铺层的裂缝向上传递而导致沥青面层产生了与下铺层相似的裂缝,一般多发生在加铺层上。由于旧有的水泥路面的接缝和裂缝,或旧有沥青路面的纵向裂缝、横向裂缝和块裂等,在加铺时,未加以适当的处理而导致加铺层产生与下铺层裂缝相似形状的反射裂缝。另外,在新建的半刚性沥青路面上,半刚性基层受天长日久的温度变化引起的温缩裂缝或受外界环境湿度变化产生的干缩裂缝,也会向路表面扩展形成反射裂缝。由于底层或基层不连续处(接缝或裂缝)的水平运动或竖向运动,会使沥青路面的底面层产生较大的拉应力或剪应力,并最先开裂,然后裂缝逐渐向上延伸、扩展,并穿透整个面层,形成下宽上窄的裂缝。

⑥滑移裂缝:此类裂缝是在车辆刹车、转弯或加速时产生突然增大的水平力,在路表面上沿行车方向形成的一种新月形状的裂缝,又称为 U 形裂缝,U 形裂缝的顶端常指向作用力的方向。滑移裂缝最常发生在车辆刹车、转弯或加速的位置。当滑移裂缝由刹车引起时,滑移裂缝的末端(U 形裂缝的顶端)指向行车方向;如果滑移裂缝是由车辆加速引起时,滑移裂缝的末端(U 形裂缝的顶端)将指向车的后方。滑移裂缝通常是由于沥青路面表面层与底面层或面层与基层的粘结性不好,同时,面层又受到较大的水平外力无法有效地传递给底层,而使表面层单独承受,造成路表面被撕裂破坏。

(2)路面裂缝处置。沥青路面产生裂缝破损不仅影响路容美观和行车的舒适性,而且若不及时对裂缝进行填封修补,将会使路表水通过裂缝进入路面结构层内,导致路面承载能力下降,进而造成路面局部或成片损坏,大大缩短路面的使用寿命。对沥青路面裂缝进行填封修补,其最终目的和效果可归纳为四个方面:恢复沥青路面行车的平顺性和舒适性;恢复沥青路面局部强度和承载能力;弥补裂缝处原有沥青路面的强度不足;避免沥青路面引发进一步的破坏。沥青混凝土路面裂缝的修补方法有很多种,一般根据裂缝的宽度、深度和开裂面积确定具体的修补工艺。

①密封胶开槽贴缝法。针对沥青混凝土路面较明显的横缝和纵缝,一般以灌缝法进行修补。沥青路面裂缝用灌缝法修补的传统施工工艺是直接灌注乳化沥青进行封闭处理。乳化沥青粘性较差,气温低时易变脆,气温高时易发生流动、溢出,使用寿命低,处理及时

性差，维修裂缝的修补失效率半年内高达85%，1年后基本全部失效，需要重新灌注。这不仅需要大量的公路日常养护工作量，还大幅占用了养护费用。

密封胶开槽贴缝工艺的质量检验标准是：密封胶基本与路面齐平；灌缝充分饱满，表面平整，无颗粒状胶粒；灌缝胶经碾压后不发生脱落变形，保持足够的弹性。

②表面封层技术防置裂缝。表面封层是一层用连续方式敷设在整个路表面上的养护层，封层材料可以是单独的沥青或其他封层剂，也可以是沥青与集料组成的混合料。表面封层用于解决的养护问题主要有：复原或延缓表层沥青材料的氧化（老化），重新建立路面的抗滑阻力，密封表面的微小裂缝，防止水从表面渗入路面结构层，防止集料从表面失落、崩解。目前，常用的表面封层技术有雾层封层、还原剂封层、石屑封层、稀浆封层（微表封层）等。其中稀浆封层在实际施工中使用得较多。

③薄层罩面法。薄层罩面也是一种很早采用的传统预防性养护方法，它是在原有路面上加铺一层厚度不超过2.5 cm的热沥青混合料，薄层罩面可以有效地防止品质正在下降的路面继续恶化，改善其平整度、恢复它的抗滑阻力、校正路面的轮廓，对路面也有一定的补强作用，但在多数情况下费用效益相比其他预防性养护方法较差。薄层罩面在施工中最大的困难是由于层面较薄、容易冷却又不宜使用振动压路机，因而不易达到较高的密实度，因此，正确地进行混合料设计、温度控制、碾压工艺和压路机选型显得尤为重要。

采用改性沥青作为黏结剂铺筑的薄层罩面在耐久性和抗滑性能方面都优于普通沥青的薄层罩面，但碾压温度要求更高，由于散热快而引起的压实困难就更大，为了适应薄层路面快速压实的需要，近些年来出现了某些专为压实薄层路面而设计的高频振动压路机。此类振动压路机的振幅极低，只有0.2 mm左右，但频率则高达70 Hz左右。这样匹配的振动参数，由于大大降低了振动冲击力因此可以避免压碎集料，但又能保持在较高的单位时间内输入被压材料的振动能量。

④沥青混凝土路面裂缝病害的其他修复措施。沥青混凝土路面裂缝其他的修补措施主要有压浆法、沥青灌缝等。

A. 压浆法即在路基填土层中利用设备压入纯净的水泥浆，以此有效地固结路基。水泥浆的选用需结合路基各项数据谨慎选择。压浆法修补沥青混凝土路面主要是从路基修补上进行作用的，以防止沉降裂缝的产生。压浆法对机械化要求程度很高，费用也较大。

B. 沥青灌缝是沥青混凝土路面裂缝修补技术早期的一种方法。其具体操作多是人工融化沥青后灌注入沥青混凝土路面的裂缝中。这种方法操作简单、费用低，但是修补效果非常不好，难以达到路面裂缝修补的基本目标，是一种低端修补技术，目前此技术已基本被淘汰。

2. 路面麻面、松散的处置

（1）对大面积的麻面、松散路段，可在气温上升（10℃以上）后，清扫干净，重做喷油封层，喷布沥青0.8~1.0 kg/m²后，撒3~5（8）mm石屑或粗沙（5~8 m/1 000 m²），用轻型压路机压实。

（2）由于油温过高，沥青老化失去粘结性而造成松散，应将松散部分全部挖除后，重做面层。

（3）由于基层或土基软化变形而引起的路面松散，先处理基层或土基的病害，再重做面层。

（4）如因酸性石料与沥青粘附性差造成路面松散，应将松散部分挖除后，重做面层。重做面层的矿料不应再使用酸性石料，在缺乏碱性石料的地区，应在沥青中掺加抗剥离剂、增黏剂，改善沥青与矿料的粘附力，提高沥青混合料的水稳性。

3.路面坑槽的分类及处置

坑槽是沥青路面局部破损中最常出现的一种。坑槽修补也是沥青路面日常养护维修工作中一项难度很大而又费工费时的工作，沥青路面出现坑槽，其引起行车颠簸、振动产生的冲击荷载是正常荷载的1.5~2倍。对坑槽若不进行及时修补和加强，在冲击荷载的作用下，坑槽破损会加快而连成一片，致使局部路段大面积损坏，严重影响路面的使用寿命和车辆行驶的安全性。

坑槽按破损形式不同，可以分为以下几类。

（1）表面层产生坑槽。由于沥青路面局部表面层混合料空隙率较大、沥青与石料间的粘附力不强，路表水（雨水或雪水）进入并滞留在表面层沥青混合料中，在大量快速行车的作用下，一次一次产生的动水压力（孔隙水压力）使表面层的沥青从石料表面剥落下来，沥青路面便会出现局部松散破损，散落的石料被车轮甩出，路面自上而下逐渐形成坑槽。这类坑槽通常深度为2~4 cm，是各类坑槽中最早产生，也是产生数量最多的一类。由于沥青混合料的不均匀性，坑槽总是首先在局部沥青混合料空隙率较大处产生，因此它常是随机分布的一个个孤立的坑槽。这类坑槽在以半开级配沥青混合料为表面层的沥青路面上出现最多。

（2）表面层和中面层同时产生坑槽。当沥青路面表面层和中面层都是空隙率较大的半开级配沥青混合料，而底面层为空隙率较小的密级配沥青混合料时，路表的自由水较易渗入并滞留在表面层和中面层内；当表面层是半开级配、中面层为密级配沥青混合料时，降水时间较长或路表有积水，使自由水渗入表面层后有较长时间从表面层的薄弱处渗入中面层，并滞留在表面层和中面层内。大量快速行车使此两面层内的沥青混合料中部分石料上的沥青剥落，使沥青混合料失去粘结强度，导致路表面产生网裂、形变（局部沉陷）和向外侧推挤，并最终出现崩解（粒料分离），大量大块破碎料被行车带离，形成坑槽，此类坑槽完全形成后深度一般为9~10 cm。此类坑槽产生数量不是太多，但也不少见。

（3）底面层和基层间产生坑槽。路表水透过沥青面层（两层式或三层式）滞留在底面层和基层之间，在大量高速行车荷载（特别是重载车辆）作用下，自由水产生很大的压力并冲刷基层混合料表层细料，形成灰白色浆。灰浆又被荷载压挤，通过各种形状不同和宽窄不同的裂缝（横缝、纵缝、斜缝、网缝）到达路表面；行车驶过后，部分灰浆和自由水又流回底面层和基层之间，如此一上一下，如挤筒的吸排水作用，反复冲刷裂缝，使裂缝两侧产生新裂缝及碎裂破坏,并出现以缝为中心的局部下陷形变。当挤出的灰浆数量大时,可能立即产生坑槽;在数量小时,可使路面形成网裂或局部变形,这样路表水更容易渗入基层顶面,并形成恶性循环,最终导致坑槽出现。这类坑槽完全形成后,通常深度都大于10cm,并且绝大多数都出现在车流量较大的行车道上或重载车辆较多的道路上。

（4）刚性组合式路面（含桥面）上产生坑槽。在水泥混凝土板上铺筑薄沥青面层的刚性组合式路面也是沥青路面的一种,为降低噪声和改善雨天行车安全性,铺筑的薄沥青面层的厚度常为3.5~4.0 cm；而为了提高路面的平整度及改善行车舒适性,其铺设厚度一般为5~8cm。沥青面层与水泥混凝土板之间粘附性不太好,若路表水透过沥青面层滞留在耐水性较好的刚性板上,在车辆荷载作用下会产生挤水压力,使两者之间的粘附性变得更差,并出现分层。由于沥青混合料摊铺厚度的不均匀性,沥青面层局部厚度过薄（<4 cm）,使得面层在车辆荷载的水平推力作用下推移而形成剥落和脱皮,最终产生坑槽。这类坑槽常出现在桥面上,且多数是成片出现。虽然桥梁、通道和立体交叉等构造物的总长度不长,沥青混合料面层铺装面积不大,但其单位面积出现坑槽的数量最多。

沥青路面产生坑槽破损不仅严重影响路面的表面功能和使用性能,而且引发出交通安全问题,并造成路面更严重的破损,对沥青路面坑槽进行修补,其最终目的和效果可归纳为四个方面：恢复沥青路面的表面功能、恢复沥青路面的局部强度和承载能力、弥补坑槽破损处原有沥青路面强度和耐水性的不足、避免沥青路面引发更严重的破损。

坑槽修补主要是针对坑槽、局部网裂、龟裂等病害的修补和加强,同时,还可以对局部沉陷、拥包以及滑移裂缝等病害进行修补。通常沥青路面坑槽修补的施工工艺为：测定破坏部分的范围和深度,按"圆洞方补"原则,划出大致与路中心线平行或垂直的挖槽修补轮廓线（正方形或长方形）。开槽应开凿到稳定部分,槽壁要垂直,并将槽底、槽壁清除干净。在干净的槽底、槽壁薄刷一层黏结沥青,随即填铺备好的沥青混合料；新填补部分应略高于原路面,待行车压实稳定后保持与原路面相平。坑槽修补的方法较多,一般有热补法、喷补法、热再生法三种。

（1）热补法。其修补工序是：首先用破碎工具铲除需补部位旧路面,然后喷洒沥青黏结层,填充新的热拌沥青混合料,并摊平、压实。根据实际情况,部分高速公路在采用热补法之后使用抗裂贴,取得了较好的使用效果。

（2）喷补法。此方法利用高压喷射方式,将乳化沥青经过喷管与输送来的集料相混合,通过控制喷管上的乳液、集料和压缩空气3个开关,把混合料均匀、高速地喷洒到坑槽中,达到密实的粘结效果,无须碾压、无须沥青混凝土拌和厂配合,且不受气候变化影响。

（3）热再生法。其修补方法是：先将高效热辐射加热板放置到待补区域,使旧沥青路面软化,然后把被软化的沥青旧料,喷洒乳化沥青使旧料现场再生,补充新沥青混合料拌和,并摊铺、压实。这种方法可对旧料进行现场再生利用,减少了环境污染、资源浪费,降低了维修成本,进行修补作业时不受气候变化影响。

除上述几种坑槽修补方法外,还有些特殊的或新近发展的方法。如采用沥青混合料预制块修补，沥青路面破损处开槽修补的尺寸应等于预制块的倍数，预制块之间的接缝用填缝料填塞。这种坑槽修补方法较为简单，修补料的配比容易控制，密实度能得到保证。日本研究出一种名为"荒川式斜削施工法"的方法，此法是在返土、压平和补铺沥青混合料前，先将被切坑槽的边缘，用特制工具切成45°斜坡形，然后用喷燃器将边缘烧成粗糙形状，接着再铺压沥青混合料。这样可使新料和旧料紧密吻合在一起，不易出现裂缝。

4. 拥包的处置

（1）由于基层原因引起的较严重拥包，先用挖补方法处理基层，待基层稳定密实后，再重做面层。

（2）因施工时操作不慎，将沥青漏洒在路基上形成的拥包，将拥包除去即可。

（3）因面层沥青用量过多或细料集中而产生的较严重拥包，或路面连续多次出现拥包且面积较大，但路面基层仍属稳定，则可用机械或人工将拥包全部除去，并低于路表面约10 mm。扫尽碎屑、杂物及粉尘后用热沥青混合料重做面层。

（4）对已趋稳定的轻微拥包，应将拥包用机械刨削或人工挖除。

5. 泛油的处置

（1）对于泛油路段，先取样做抽提试验，求出油石比，然后确定不同的处置措施。

①严重泛油路段，先撒一层10~15 mm粒径或更大的碎石，用压路机强行压入路面，等基本稳定后，再分次撒上5~10 mm粒径的碎石，并碾压成型。另外，还可将含油量过高的软层铣刨清除后，重做面层。

②泛油较重路段，根据情况可先撒5~10 mm粒径的碎石，用压路机碾压，待稳定后，再撒3~5 mm粒径的石屑或粗沙，并用压路机或引导行车碾压。

③轻度泛油路段，可撒3~5 mm粒径的石屑或粗沙，用压路机或控制行车碾压。

（2）施工要求。

①处置时间应选择在泛油路段已出现全面泛油的高温季节。

②撒料应顺行车方向撒，先粗后细；做到少撒、薄撒、匀撒，无堆积、无空白。

③禁止使用含有粉粒的细料。

④采用压路机或引导行车碾压，使所撒石料均匀压入路面。

⑤如采用行车碾压，应及时将飞散的粒料扫回，待泛油稳定后，将浮动的多余石料清扫并回收。

6. 啃边的处置

（1）挖出破损边缘，切成纵横规则断面，并适当挖深，采取局部加厚面层边部的办法修复。

（2）改善加固路肩或设硬路肩，使路肩平整坚实，与路基边缘衔接平顺，并保持路肩应有的横坡，以利排水。

（3）在路面边缘设置路缘石，其顶面与路面面层平齐，以防止啃边。

（4）平交道口或曲线半径较小的路基内侧，可适当加宽路面。

7. 脱皮的处置

（1）由于面层与基层之间粘结不良而脱皮者，应先清除脱落和已松动部分的面层，清扫干净，喷洒透层沥青后，重新铺面层。

（2）如沥青面层层间产生脱皮，应将脱落及松动部分清除，在下层沥青面上涂刷粘结沥青，并重做沥青层。

（3）由于面层与上封层之间粘结不好，或初期养护不良而引起脱皮的，应先清除脱皮和松动部分，清扫干净后，洒上粘层沥青，重新做上封层。

8. 路面沉陷的处置

因路基不均匀沉降而引起的局部路面沉陷，若土基和基层已经密实稳定，不再继续下沉，可只修补面层，并根据路面的破损状况分别采取下列处置措施：

（1）路面略有下沉，无破损或仅有少量轻微裂缝，可在沉陷处喷洒或涂刷粘层沥青，再用沥青混合料将沉陷部分填补，并压实平整。

（2）因路基沉陷导致路面破损严重，矿料已松动或脱落形成坑槽的，应按坑槽的维修方法处置。

9. 波浪、搓板的处置

（1）因基层强度不足或稳定性差引起波浪时，应挖掉面层、补强基层后，再铺面层。

（2）因面层和基层间有夹层而引起波浪时，应挖除面层、清除不稳定夹层后，喷洒透层沥青，重铺面层。

（3）小面积面层搓板（波浪），也可在波谷内填补沥青混合料找平，但必须粘结牢固，稳定密实；起伏较大者，则铲除波峰部分进行重铺。

（4）严重的大面积波浪或搓板，应将面层全部挖除，重铺面层。

10. 翻浆的处置

（1）因基层水稳定性不良或含水量过大造成的翻浆，应挖去面层及基层全部松软的部分。将基层材料晾晒干，并适当增加新的硬粒料（有条件时应换填透水性良好的沙砾或工业废渣等），分层（每层不超过 15 cm）填补并压实，最后铺筑面层。

（2）低温季节施工的石灰稳定类基层发生上层翻浆，应挖除到坚硬处，另换新料，修补基层和重铺面层；也可考虑采取短期封闭交通的办法防止翻浆蔓延扩大。

（3）对于因排水不良而造成的翻浆，可加深边沟，增设纵横盲沟，加速路基排水；或使用水稳定性好的垫层、基层，重修面层或增设隔离层。

四、沥青类路面的预防性养护

沥青路面罩面按其使用功能可分为普通型罩面（简称罩面）、防水型罩面（简称封层）和抗滑层罩面（简称抗滑层）三种。

1. 罩面

（1）适用范围。罩面主要用于消除破损、完全或部分恢复原有路基平整度、改善路基性能等修复工作。

（2）材料要求

①结合料宜使用性能较好的黏稠型道路石油沥青、乳化石油沥青、改性乳化沥青或改性沥青。

②宜选择耐磨、强度高的石料。

③高速公路、一级公路宜采用中粒式、细粒式密级配沥青混凝土或沥青玛蹄脂结构；二级及二级以下公路可采用热拌沥青碎石混合料结构；三级及三级以下公路可采用沥青表面处治层结构。

（3）厚度要求。罩面厚度应根据所在路段的交通量、公路等级、路基状况、使用功能等综合考虑确定。

①当路基状况指数、行驶质量指数为中、良等级，路面仅有轻度网裂时，可采用较薄的罩面层（1~3 cm）。

②当路基破损、平整度、抗滑三项指标都在中等级以下，又要求恢复到优、良等级时，应采用较厚的罩面层（3~5 cm）。

③高速公路、一级公路罩面宜采用4~5 cm的厚度；其他公路可采用较薄的罩面层（1~4 cm）。

④各级公路的罩面层厚度不得小于最小施工层厚度。

2. 封层

（1）适用范围。封层主要用于提高原有路面的防水性能、平整度和抗滑性能的修复工作。

（2）材料要求

①封层的结合料宜采用乳化石油沥青、改性乳化石油沥青。

②矿料宜选用耐磨、强度高的石料。

③各种材料技术指标应符合有关规范规定。

④高速公路、一级公路可采用沥青稀浆封层养护，但宜采用粗粒式改性乳化沥青混合料，其他等级公路可采用乳化沥青混合料。

（3）厚度要求

①交通量较大，重型车较多的路段宜采用厚约1.0 cm的封层。

②在中等交通量路段宜采用厚约0.7 cm的封层。

③在交通量小，重型车少的路段宜采用厚约0.3 cm的封层。

3. 抗滑层

（1）适用范围。抗滑层适用于提高路基抗滑能力的修复工作。

（2）材料要求

①选用适合铺筑抗滑表层的材料和沥青混合料。

②高速公路、一级公路宜选用重交通道路石油沥青、改性石油沥青、改性乳化石油沥青作为结合料。

③选用抗滑耐磨的石料，磨光值应大于42。

④所用材料技术指标应符合有关规范要求。

（3）厚度要求

①用于高速公路、一级公路时厚度不宜小于4 cm。

②二级公路宜采用中粒、细粒式沥青混凝土结构，也可采用热拌沥青碎石或沥青表面处治结构，厚度不得小于最小施工层厚度。

③三、四级公路可采用乳化沥青封层结构，厚度可为0.5~1.0 cm。

（4）施工要求。按规范规定，施工时应符合下列要求。

①对确定罩面的路段，在罩面前必须完成各种病害的处治修复工作，并清除路面上的泥土杂物。

②根据施工气温、旧沥青路面状况等因素采取相应施工工艺措施，罩面前必须喷洒粘层沥青，确保新老沥青层的结合。有条件时，洒粘层沥青前最好用机械打毛处理。

③当气温低于10℃或路面潮湿时，不得浇洒粘层沥青，并不得摊铺沥青罩面层。

④采用乳化沥青稀浆封层时，必须有固定的专业人员、固定的专业乳液生产和施工（撒布、摊铺）设备、专职的检测试验人员，并按有关规定进行检测和质量控制。稀浆封层撒布机在使用前，应根据稀浆混合料配合比设计，对集料、乳液、填料、加水量进行认真调试，调试稳定后，方可正式摊铺。

五、沥青类路面的补强与加宽

1. 一般要求

当公路的交通量增大或重车增多时，原有路基的宽度、厚度不能满足行车需要时，则应进行路基的加宽和加厚。在路基加宽时，根据路基情况可分别采用双侧或单侧加宽。在路堤加宽时，应注意新旧路基的结合，避免不均匀沉陷。在路堑加宽开挖进坡时，必须自上而下进行，严禁采用大爆破，以免边坡失稳。

路基加宽时，一般可按原路基的分层结构、厚度、使用材料和操作方法进行铺筑。当采用单侧加宽时，应将原路基刮松，增做三角垫层，使加宽后的路拱左右对称。

路基加厚时，应通过调查根据设计确定其厚度，但需注意满足最小压实厚度的要求。当厚度大于最大压实厚度时，应分层铺筑。在路基开始加厚的接头处，在纵向可将原路基挖松5~10 m，挖松深度以不小于加厚路基材料的最大粒径为宜，做成缓坡搭接，以保证新旧路基搭接顺适，不致产生推移。

当路基既要加宽又需加厚时，应先进行加宽，然后进行加厚。待路基稳定后及时铺筑磨耗层和保护层。

2. 施工要求

加宽接搓一般采用毛搓热接法。施工时应使原路面露出坚硬的边缘，刨切时不使原路基面层与基层的粒料松动，使边缘保持垂直，清除干净后，在接搓处均匀涂一层黏结沥青，然后沿边缘覆盖厚度为 10 cm、宽度为 20 cm 的热沥青混合料（石油沥青混合料 130℃~160℃，煤沥青混合料 90℃~120℃）预热路基边缘，待接搓处的沥青路基软化后，再将预热的混合料按厚度摊平，随即用热夯夯实，并用烙铁熨平，紧接着进行碾压。

如原路基有路缘石，应将路缘石移栽至新加宽（或加厚）路基的外侧，并重新夯实路肩后，在路缘石里侧涂黏结沥青。

补强加厚路基时，原有沥青面层经检验调查并进行技术经济比较后，除需再生利用者外，一般可不铲除。但补强仅需在原有路基上加铺沥青补强层时，当原有沥青面层有不稳定软层时则应予铲除，或在夏季气温较高时撒布粗矿料（粒径一般为软层厚度的 0.9 倍），用重型压路机强行压入的方法使其稳定，并对原有路基的其他破损应先予处置，必要时可设平整层。

加厚路基的厚度不大，一般可不调坡。如厚度高差较大，则应统一调坡变更标高，使路基标高提高后的纵坡顺适，并与周围环境相协调。

加宽、加厚同时进行时，宜采用单幅施工、单幅通车的方式，一般不宜中断交通。

六、沥青类路面的翻修与再生利用

为了节约能源、减少环境污染、合理利用筑路资源、少占筑路废料堆放用地和降低路面工程造价，在沥青路面大修、改善工程中，推广采用旧沥青面层的利用技术，是当前国内外养路部门普遍重视的问题。

旧沥青面层的利用，一般可分为两种情况：一是将旧面层的结合料、旧集料进行再生，组配成合格的再生沥青混合料供重新铺筑路面使用，叫作再生利用；二是旧面层在破碎后仅需掺加少量结合料或矿料后使用，叫作重复利用。再生利用按施工温度可分为热拌再生法和冷拌再生法两种。为了改善和提高再生混合料的路用性能，在加入的新沥青中可掺加诸如橡胶热塑性聚合物、硫黄等外掺剂。

不论采用何种利用方法，事先均应进行认真的调查、检测和详细的技术经济分析，因地制宜，量材使用。其利用范围应符合以下规定。

1. 再生利用基本适合各种沥青路基结构的面层。

2. 重复利用仅限于用作面层下嵌锁型基层或联结层；或用作交通量较小路段的面层下层，但表面必须用新的沥青混合料做封层；也可在交通量不大的次要公路上直接用作面层以及用来作为改善高级、次高级路基的路肩或平交道口次要道路的路基和小面积破损的修补。

再生利用时使用的外掺剂或软化剂，以及添加新的集料与旧沥青混合料的掺配方法，可按以下步骤进行。

（1）首先应根据原路基的结构、材料情况，分段采样进行混合料的抽提试验，测定其沥青含量（油石比）以及沥青的针入度、软化点、延度、化学组分，有条件和需要时，还应测定沥青的绝对黏度、流变指数、沥青质和软沥青质的溶度参数等指标，并进行集料的筛分试验，以便有针对性地选用再生剂、掺加新的沥青和集料的品种与规格，为再生利用提供翔实、科学的设计依据。

（2）按公路等级、交通量、施工条件等选定再生沥青路面结构类型、使用的层位和相应的沥青针入度指标，即再生沥青所需的针入度。

（3）通过试验确定外掺剂或软化剂的种类和剂量。当旧沥青掺入新沥青及外掺剂或软化剂后，经试验取其针入度、延度和软化点符合要求者，即可作为选定的外掺剂或软化剂及其所需的剂量。

（4）确定新的矿料级配，根据旧矿料级配及其掺配（利用）率、旧矿料细化程度，选择掺配新的粗集料。

（5）再生沥青混合料的结合料用量，应包括旧沥青混合料中已有的旧沥青含量、外掺剂或软化剂含量和新沥青的掺配数量。

（6）旧沥青面层再生利用的施工方法主要如下。

①挖揭旧面层，可采用人工或路面铁刨机按面层厚度挖削，应避免破坏基层，并宜在气温较低的季节进行。

②清理、选择旧料，应选用光泽好、不干涩发脆的旧料，并清除附着的黏土、石粉等杂质，收集储运到拌和厂（场）；堆场地基应平整坚实，排水良好，多雨地区宜设雨栅遮阳避雨，保持干燥、松散，料堆高度一般小于 1.5 m，以不结块为度。

③破碎，有冷破碎法和加热破碎法两种。冷破碎法是在气温较低时采用破碎机械破碎后，用筛分机筛除超规格大颗粒及尘土、石粉，按规格将旧料分别堆存备用；加热破碎法即采用各种热能（如太阳能、红外线加热器或炒料器）使沥青旧料热融分解。

④制备再生沥青混合料。

A.掺加再生剂，宜预先将需要掺加的再生剂（常用的有润滑油、机油、玉米油等）喷洒掺拌在沥青旧料中，静止数小时或 1~3d，使再生剂渗入，软化旧料；也可在拌制再生混合料时，将再生剂喷洒入旧料。

B.施工配料，按再生混合料的组成设计，根据再生混合料的拌制方式将旧料、新集料、新沥青及再生剂（如有需要）进行配料。若采用人工拌和或间歇式拌和机拌和，可将设计的重量配合比折算成体积比，然后根据每盘（或每鼓）的拌和量计算出旧料、新集料的松方体积和新沥青再生剂的掺加剂量，以确保配料的准确性；除自动控制剂量的连续式拌和机拌制外，凡是将旧料、新料分别通过调节传输带的送料速度（控制料斗出料口大小）和控制沥青泵阀门开关来控制掺配比例的，应通过标定和熟练技术工人的操作来达到正确掌握掺配比例。

C. 每次掺加新沥青的数量为总沥青量与旧料掺配量中旧沥青含量之差。

D. 再生沥青混合料的拌和，必须准确掌握加热、掺配工艺和剂量，切实控制拌和温度，一般新集料先进入高温区，加热温度可达160℃~230℃，而旧料宜进入余热区通过热交换和余热升温融化，待新旧集料混合后再加入新沥青拌和至颜色均匀一致出料，出料温度应在140℃~160℃。

E. 认真做好工地试验，检验再生沥青混合料的沥青含量、物理力学性能等指标，如有不符合设计要求的，应及时检查原因，修正配合比或工艺，以确保工程质量。

F. 再生沥青路面的摊铺、碾压、初期养护等工艺、质量要求与一般沥青路面施工基本相同。

第三节　水泥混凝土路面的养护

一、水泥混凝土路面的养护对策

水泥混凝土路面的养护对策应根据公路等级、交通量及路况评价结果确定。公路养护管理部门可根据公路等级、交通量、路况的评价结果，结合养护资金情况，采取如下维修养护对策。

1. 高速公路及一级公路的路面破损状况等级为优和良，或者二级及二级以下公路的路面破损状况等级为中及中以上时，可采取日常养护和局部或个别板块修补措施。

2. 高速公路及一级公路的路面破损状况等级为中及中以下，或者二级及二级以下公路的路面破损状况等级为次及次以下时，应采取全路段修复或改善措施，包括沥青混合料修补、板块破碎和碾压稳定、铺筑沥青混凝土或水泥混凝土加铺层以及修建纵向边缘排水设施等。

3. 高速公路及一级公路的路面行驶质量、抗滑能力等级为中及中以下，或者二级及二级以下公路的行驶质量等级为次及次以下时，应采取刻槽、罩面或加铺层等措施改善路面的平整度以提高路表面的抗滑能力。

4. 路面结构承载能力不满足现有交通的要求时，应采取铺筑沥青混凝土或水泥混凝土加铺层措施提高其承载能力。

二、水泥混凝土路面的日常保养

1. 水泥混凝土路面养护工作必须贯彻"预防为主、防治结合"的方针。根据路面实际情况和具体条件，以及水文、地质、气候、交通和公路等级等情况，采取预防性、经常性的保养和相应的修补措施，对于较大范围的路面修理，应安排大、中修或专项工程，使路面处于良好的技术状况。

2. 水泥混凝土路面应以机械养护为主，并积极采用新技术、新材料、新工艺。

3. 水泥混凝土路面养护必须贯彻安全生产的方针，其安全技术、劳动保护等必须符合有关规定，做到安全生产、文明施工、保护环境。

三、水泥混凝土路面常见病害的原因及处置

水泥混凝土路面损坏可分为面层断裂类、面层竖向位移类、面层接缝类、面层表层损坏类等类型。面层断裂类主要指纵向、横向、斜向裂缝、交叉裂缝、断裂板等；面层竖向位移类主要指沉陷、胀起等；面层接缝类主要指接缝填缝料损坏、纵向裂缝张开、唧泥、板底脱空、错台、接缝碎裂、拱起等；面层表层损坏类主要指磨损、露骨、纹裂、网裂、起皮、活性集料反应病害、粗集料冻融裂纹、坑洞、修补损坏等。

1. 水泥混凝土面层断裂类病害

纵向裂缝大多出现在路基横向有不均匀沉降的路段。横向或斜向裂缝，通常由于重载反复作用、温度或湿度梯度产生的翘曲应力或者干缩应力等因素单独或综合作用引起。在开放交通前出现的横向或斜向裂缝，则主要是施工期间锯切缝的时间安排不当所造成的。角隅断裂通常由于表面水侵入、地基承载力降低、接缝处出现唧泥、板底形成脱空、接缝传荷能力差、重载反复作用等综合作用所引起。有裂缝板在基层和路基浸水软化及重载反复作用下进一步断裂，便形成交叉裂缝和破碎板。

根据混凝土路面板的裂缝情况，可以采用如下修理方法分别予以处理。

（1）对宽度小于 3 mm 的轻微裂缝，可采取扩缝灌浆的方法，即顺着裂缝扩宽成 1.5~2.0 cm 的沟槽，清洁后填入粒径为 0.3~0.6 cm 的清洁石屑，将灌缝材料灌入扩缝内，养护至达到通车强度。

（2）对贯穿全厚的大于 3 mm 小于 15 mm 的中等裂缝，可采用条带罩面进行补缝。其方法为先用销缝机顺裂缝两侧各约 15cm，并与横缝平行方向锯成两道深为 7cm 的缝口，凿除两横缝内的混凝土后，沿裂缝两侧 10 cm 每隔 50 cm 钻直径为 1 cm、深为 5 cm 的耙钉孔，洗刷干净、晾干后，在槽壁及其底部涂刷水泥浆或环氧水泥砂浆，并在孔内填满水泥砂浆，把耙钉插入安装孔内，随即浇筑混凝土，进行振捣并整平。喷洒养护剂，锯缝后灌注填缝料。

（3）对宽度大于 15 mm 的严重裂缝可采用全深度补块。全深度补块分为集料嵌锁法、刨挖法和设置传力杆法。

2. 水泥混凝土面层竖向位移类病害

沉陷是路面在局部路段范围内的下沉，主要由于路基填土或地基的固结沉降或不均匀沉降所引起；胀起是混凝土路面板在局部路段范围内的向上隆起，主要由于路基的冻胀或膨胀土膨胀所引起。

（1）沉陷处理。为使沉陷的混凝土板恢复到原来的位置，可采用预升施工法进行处置。面板顶升的基本要求如下。

①面板在顶升前，应用水准仪测量下沉板的下沉量，测站距下沉处应大于 50 m，并绘出纵断面，求出升起值。

②在混凝土面板上钻孔，孔深应略大于板厚 2 cm，板块顶升宜采用起重设备或千斤顶。

③灌注材料可采用水泥砂浆。

④灌注材料压入后，每灌一孔应用木楔堵塞，压浆全部完毕，应拔出木楔，宜用高强水泥砂浆堵孔。

⑤压浆材料的抗压强度达到 6 MPa 时，方可开放交通。

（2）胀起的处理。当板端胀起但路面完好时，可用锯缝机缓慢地将拱起处两侧板的 2~3 道横缝加宽、切深，通过释放其应力予以处理；或切开拱起端，将板块恢复原位。然后用填缝料填封接缝。

当板端拱起板块已经发生断裂或破损时，则应根据破损情况分别按前述裂缝修理的方法予以处理。

3. 水泥混凝土面层接缝类病害

（1）纵向接缝张开病害是由于在纵缝内未按规定要求设置拉杆，相邻车道板块在温度和横向坡度的影响下出现横向位移，使纵缝缝隙逐渐变宽。

（2）唧泥和脱空病害是指板接（裂）缝或边缘下的基层细粒料被渗入缝下并积滞在板底的有压水从缝中或边缘处唧出，并由此造成板底面向基层顶面出现局部范围的脱空，接缝填封料失效。基层材料不耐冲刷、接缝传荷能力差和重载反复作用是引起唧泥的主要原因。

（3）唧泥发生和发展过程中，基层顶面受冲刷，细料被有压水冲积在近板底脱空区内，使接缝或裂缝两侧板面出现高程差，形成错台病害。错台的处置方法有磨平法和填补法两种，可根据错台的轻重程度选定。

①高差小于等于 10 mm 的错台，可采用机械磨平或人工凿平。

②高差大于 10 mm 的严重错台，可采用沥青砂或水泥混凝土进行处置。

（4）由于接缝施工不当（包括传力杆设置不当）或者缝隙内进入不可压缩材料，邻近接缝或裂缝约 60 cm 宽度范围内，出现并未扩展到整个板厚的裂缝，或者混凝土分裂成碎块或碎屑，这种损坏称作接缝碎裂病害。

（5）拱起是指水泥混凝土路面在气温升高时，因胀缝不能充分发挥作用，造成板体向上隆起的现象。其处置方法同胀起。

4. 水泥混凝土面层表层破坏类病害

磨损、露骨主要是由于行车荷载的反复作用，以及混凝土的耐磨性差造成的。混凝土面层表面水泥砂浆在车轮的反复作用下被逐渐磨损，沿轮迹带出现微凹的表面。长期磨损使表层砂浆几乎全部磨去，粗集料外露，并且部分粗集料被磨光。

纹裂或网裂是在混凝土板表面出现的一连串细裂纹；起皮是板上部 3~13mm 深的混凝土出现脱落。这类病害主要是由于施工或材料问题造成的。

粗集料冻融裂纹是在混凝土表面接近纵横向接缝、自由边边缘或裂缝处出现的许多密布的半月形细裂纹，裂纹表面常有氢氧化钙残留物，使裂纹周围变成暗色，并最终导致接缝或裂缝 0.3~0.6m 范围内的混凝土崩解。这种病害主要是由于某些粗集料的冻融膨胀压力所造成的，通常先从板的底部开始崩解。

由于冻融或膨胀，粗集料从混凝土中脱落出来而形成坑洞，其直径为 3~10 cm。出现个别坑洞，不作为病害。

对于坑洞补修，应根据不同情况采取相应措施。

（1）对个别坑洞，应清除洞内杂物，用水泥砂浆等材料填充，达到平整密实。

（2）对较多坑洞且连成一片的，应采取薄层修补法进行修补。

①切割面积的图形边线，应与路中心线平行或垂直。

②切割的深度，应在 6 cm 以上，并将切割面内的光滑面凿毛。

③应清除槽内的混凝土碎屑，将混凝土拌和物填入槽内，振捣密实，并保持与原混凝土面板齐平。

④喷洒养护剂养护。待混凝土达到通车强度后，方可开放交通。

（3）低等级公路对面积较大、深度在 3cm 以内、成片的坑洞，可用沥青混凝土进行修补。

①用风镐凿除各处置区，其图形边线应与路中心线平行或垂直。

②凿除深度以 2~3 cm 为宜，并清除混凝土碎屑。

③将凿除的槽底面和槽壁洒粘层沥青，其用量为 0.4~0.6 kg/m^2。

④铺筑沥青混凝土并碾压密实平整。待沥青混凝土冷却后恢复通车时，应控制车速。

（4）表面起皮（剥落、露骨）的处置，应根据公路等级和表面破损程度，采取不同的材料和施工方法进行，对局部板块的表面起皮（剥落、露骨）的处置，应根据公路等级和表面破损程度，采取不同的材料和施工方法进行。

①一般公路可采用稀浆封层处置。

②高速公路可采用改性沥青稀浆封层或沥青混凝土处置。

③对于较大面积的水泥混凝土面板表面起皮（剥落、露骨），可采取稀浆封层及沥青混凝土罩面措施。

四、水泥混凝土路面的改善

水泥混凝土路面整条路段出现较大面积的磨损、露骨，应采取铺设沥青磨耗层的措施，磨耗层可为沥青砂（厚度为 1.0~1.5 cm）、稀浆封层或改性沥青稀浆封层；局部路段出现路面磨光，应采取机械刻槽的方法，以恢复水泥混凝土路面的表面平整度和摩擦系数。对板面裂缝很多，或者表面磨损严重开始剥落的路段，可采取加铺面层的方法，以延长路面的使用寿命。加铺层可采用普通水泥混凝土、钢纤维混凝土、钢筋混凝土或沥青混凝土。面层加铺的基本要求如下。

1. 加铺水泥混凝土面层之前应对旧混凝土路面病害进行处理。凿除破碎板，铺筑与旧板块等强度的水泥混凝土。

2. 清除干净旧混凝土面板表面杂物尘污，清除旧混凝土面板接缝杂物，灌入接缝材料，铺筑一层隔离层，隔离层根据所用材料不同，可分为沥青混凝土隔离层（厚度为1.5~2.5 cm）、土工布隔离层、沥青油毡隔离层。

3. 铺筑混凝土加铺层，铺筑时应注意以下几点。

（1）加辅层厚度应通过计算确定，其计算应符合有关公路路面设计规范的规定。加铺层最小厚度：当采用水泥混凝土、钢筋混凝土时应不小于 18 cm；当采用钢纤维混凝土时可取普通混凝土路基板厚度的 0.65 倍，且不小于 12 cm；当采用沥青混凝土时应不小于 7 cm。

（2）加铺层的纵、横缝应与旧混凝土面板一致，拆模时必须做好锯缝标记。钢筋混凝土板厚横向缩缝间距宜为 10 m，并应设传力杆，其他缝的处理同普通混凝土板。

（3）路面加铺层的施工应符合公路路基有关施工规定。

五、水泥混凝土路面的翻修

水泥混凝土路面翻修前应根据面积、土基、面层情况、交通量等，分别选用水泥混凝土路面或沥青路面结构。在翻修施工中应注意以下几点。

1. 破碎原路基面时，应以一块路面板为最小单位。

2. 旧板凿除应注意对相邻板块的影响，尽可能保留原有拉杆，并及时清运混凝土碎块。

3. 应清除基层损坏部分，并将基层整平、砸实，对强度达不到的个别板块基层宜用 C15 贫混凝土补强。在混凝土路面板接缝处的基层上涂刷一道宽 20cm 的沥青带。

4. 在路面排水不良地带翻修路面板时，应在路面板边缘及路肩设置路基纵、横向排水系统，以排除路面积水。

5. 在选用混凝土配合比及相应材料时，应根据路面通车时间的要求选用快速修补材料。

第五章 桥涵养护

第一节 桥涵养护的内容及要求

一、桥涵养护的内容

在公路建筑中，桥梁是路线的重要组成部分，是确保公路畅通的咽喉。桥梁造价较高，在整条路线的投资中占较大的比重，而且桥梁损坏后修复起来也比较困难，严重的可能造成交通中断甚至出现安全事故。因此，对桥梁进行有效的养护工作，是延长其使用寿命、满足承载能力及通行能力、保障行车安全的重要保证。保持桥梁的良好状态，对公路运输具有极其重要的意义。

1. 桥涵养护工程分类

桥涵的养护是指为保持桥涵及其附属物的正常使用而进行的经常性保养及维修作业，为了预防和修复桥涵灾害性损坏与提高桥涵质量、服务水平而进行的改造。根据《公路桥涵养护规范》（JTG H11—2004）规定，公路桥涵的养护按其工程性质、规模大小、技术难易程度划分为小修保养、中修、大修、改建和专项抢修工程五类。

（1）小修保养工程，是指对管养范围内的桥涵及其工程设施进行预防性保养和轻微损坏部分的修补，使其经常保持完好状态的工程项目。它通常是由基层管理机构在年度小修保养定额经费内，按月（旬）安排计划，经常进行的工作。

（2）中修工程，是指对管养范围内的桥涵及其工程设施的一般性磨损和局部损坏进行定期的修理加固，恢复原状的小型工程项目。它通常是由基层管理机构按年（季）安排计划并组织实施的。

（3）大修工程，是指对管养范围内的桥涵及其工程设施的较大损坏进行周期性的综合修理，以全面恢复到原设计标准的技术状况；或在原技术等级范围内进行局部改善和个别增建，以逐步提高通行能力的工程项目。

（4）改建工程，是指对桥梁及其工程设施因不适应交通量、荷载、泄洪或局部改建需要提高技术等级及重建，或通过改建显著提高其通行能力的较大工程项目。

（5）专项抢修工程，是指采用临时性措施在最短的时间内恢复交通的工程措施。专项修复工程是指采用永久性措施恢复桥涵原有功能的工程措施。对于阻断交通的桥涵恢复工程，应优先安排。

2. 桥涵养护的内容

桥涵养护的内容主要包括以下几个方面：

（1）通过检查与检验，系统地掌握桥梁的技术状况，较早地发现缺陷、损坏等异常情况，提出养护措施，保证行车安全，延长使用寿命。

（2）掌握交通状况，取缔桥梁不正当使用及非法占用，严格管理超载车、特种车过桥，必须通过时需采取防护、加固措施，以免桥梁损坏。

（3）对可能发生台风、暴雨、暴雪、地震、火灾、流冰、洪水危害的桥，应做好各种应急处理措施及防范措施，特大桥应设护桥机构。

（4）对通过检验，需进行限载、限速或停止交通的桥梁，应及时办理审批手续并进行交通管制。

（5）对桥梁各部分经常保养，对检查发现的缺陷、损坏处及时进行维修，对检验不能维持原设计载重等级要求者，应有计划地进行维修加固。

（6）建立和健全完整的桥梁技术档案。

3. 桥涵检查分类

桥涵检查可分为经常检查、定期检查及特殊检查三种。

（1）经常检查：主要指对桥面设施、上部结构、下部结构及附属构造物的技术状况进行的检查。经常检查采用目测方法，也可配以简单工具进行测量，当场填写"桥梁经常检查记录表"，现场登记所检查项目的缺损类型、估计缺损范围及养护工作量，并提出相应的小修保养措施，为编制辖区内的桥梁养护（小修保养）计划提供依据。经常检查的内容较多，大部分是经目测可以发现并做出定性判断的缺损。例如，外观是否整洁、伸缩是否堵塞卡死、支座是否明显缺陷等。检查应做到有序而严密，防止漏项。检查周期为每月至少一次，遇汛期或其他自然条件变化时应加大检查频率。

（2）定期检查：定期检查周期最长不得超过三年。新建桥梁交付使用一年后，进行第一次全面检查，临时桥梁每年检查不少于一次；在经常检查中发现重要部（构）件的缺损明显达到三、四、五类技术状况时，应立即安排一次定期检查。定期检查以目测观察结合仪器观测进行，必须接近各部件仔细检查其缺损情况。

与经常检查不同的是，定期检查虽也可目测，但其强调"必须接近各部件仔细检查其缺损情况"。为此，必须为接近桥梁各部位而创造条件，如使用桥梁检测车、搭设临时支架等设备、配备桥梁检测工具等。

定期检查应由具有相应资质和素质的桥梁养护工程师主持，根据检查情况及以往检查情况的对比、相关经验等，在现场完成桥梁定期检查记录表的填写，判断缺损原因、维修范围、提出建议等。对难以判断的，提出进一步检查的要求。

（3）特殊检查：特殊检查应根据桥梁的破损状况和性质，采用仪器设备进行现场测试、荷载试验及其他辅助试验，针对桥梁现状进行检算分析，形成鉴定结论。

特殊检查应委托有相应资质和能力的单位承担。在以下四种情况下，应做专门检查。

①定期检查中难以判明损坏原因及程度的桥梁。

②桥梁技术状况为四、五类者。

③拟通过加固手段提高荷载等级的桥梁。

④条件许可时，特殊重要的桥梁在正常使用期间可周期性进行荷载试验。

二、桥涵养护要求

根据《公路桥涵养护规范》（JTG H11—2004）的规定，公路桥涵养护应遵循以下技术对策。

1. 公路桥涵养护工作按"预防为主，防治结合"的原则，以桥面养护为中心，以承重部件为重点，加强全面养护。

2. 推广应用先进的养护技术和科学的管理方法，改善养护生产手段，提高养护技术水平，大力推广和发展公路桥涵养护机械。

3. 桥涵养护工程应重视经济技术方案的比选，并充分利用原有工程材料和原有工程设施，以降低成本。

4. 重视环境保护和环境综合治理。

公路桥涵养护应做到：桥涵外观整洁，桥面铺装坚实平整、横坡适度，桥头连接顺适，排水通畅，结构完好无损，标志、标线等附属设施齐全完好。具体要求如下。

1. 桥涵构造物的养护，应使原结构保持设计荷载等级的承载要求及设计交通量的通行要求。根据交通发展的需要，也可通过改造和改建来提高承载能力和通行能力。

2. 在确定改造或改建工程方案时，应注意新旧结构之间的关系，充分发挥原有结构的作用。

3. 养护作业和工程实施应注意保障车辆、行人的安全通行及环境保护。

4. 桥涵构造物养护应有对洪水、流冰、泥石流和地震等灾害的防护措施，同时备有应急交通方案。

5. 新建或改建桥梁交工接养，应有完备的交接手续并提供成套技术资料。特大桥、大桥应配置养护设施、机具，设置养护工作通道、扶梯、吊杆、平台，设计单位应提供养护技术要点。

6. 桥涵构造物的检查及技术状况评定、养护对策，维修、加固、改建的竣工验收等有关技术文件，均应按统一格式完整地归入桥梁养护技术档案及数据库。

第二节 桥涵的技术状况评定及养护对策

一、桥梁的技术状况评定

根据《公路桥梁技术状况评定标准》(JTG/T H21—2011)的规定,公路桥梁技术状况评定包括桥梁构件、部件、桥面系、上部结构、下部结构和全桥评定。先对桥梁各构件进行评定,然后对桥梁各部件进行评定,再对桥面系、上部结构和下部结构分别进行评定,最后进行桥梁总体技术状况的评定。

1. 桥梁构件技术状况评分

根据《公路桥梁技术状况评定标准》(JTG/T H21—2011)的规定,对桥梁构件技术状况评分,按照下式计算:

$$PMCI_l(BMCI_l 或 DMCI_l) = 100 - \sum_{x=1}^{k} U_x$$

当 $x=1$ 时

$U_1 = DP_{i1}$

当 $x \geq 2$ 时

$$U_x = \frac{DP_{ij}}{100 \times \sqrt{x}} \times \left(100 - \sum_{y=1}^{x-1} U_y\right) \quad (其中 j=x,\ x 取 2、3、4\cdots k)$$

当 $k \geq 2$ 时,上式中的扣分值 DP_{ij} 按照从大到小的顺序排列。

当 $DP_{ij}=100$ 时,

$$PMCI_l(BMCI_l 或 DMCI_l) = 0$$

式中:$PMCI_l$——上部结构第 i 类部件的 l 构件的得分,值域为 0~100 分;

$DMCI_l$——下部结构第 i 类部件的 l 构件的得分,值域为 0~100 分;

$DMCI_l$——桥面系第 i 类部件的 l 构件的得分,值域为 0~100 分;

K——第 i 类部件 l 构件出现扣分指标的种类数;

U、x、y——引入的变量;

i——部件类别,如 i 表示上部承重构件、支座、桥墩等;

j——第 i 类部件 l 构件的第 j 类检测指标;

DP_{ij}——第 i 类部件 l 构件的第 j 类检测指标的扣分值;根据构件各种检测指标扣分值进行计算。

2.桥梁上部结构、下部结构、桥面系的技术状况评分

桥梁上部结构、下部结构、桥面系的技术状况评分，按下式计算：

$$SPCI(SBCI 或 BDCI) = \sum_{i=1}^{m} PCCI_i(BCCI_i 或 DCCI_i) \times W_i$$

式中：SPCI——桥梁上部结构技术状况评分，值域为 0~100 分；

SBCI——桥梁下部结构技术状况评分，值域为 0~100 分；

BDCI——桥面系技术状况评分，值域为 0~100 分；

M——上部结构（下部结构或桥面系）的部件种类数；

W_i——第 i 类部件的权重，按规范规定取值；对于桥梁中未设置的部件，应根据部件的隶属关系，将其权重值分配给各既有部件，分配原则按照各既有部件权重在全部既有部件权重中所占比例进行分配。

二、桥梁的养护对策

根据《公路桥梁技术状况评定标准》（JTG/T H21—2011）的规定，按照桥梁总体技术状况评分将桥梁评定等级分为 1 类、2 类、3 类、4 类、5 类，详见表 5-1。

表 5-1 桥梁技术状况分类界限

技术状况评分	技术状况等级 Dj				
	1 类	2 类	3 类	4 类	5 类
Dr（SPCI、SBCI、BDCI）	[95, 100]	[80, 95)	[60, 80)	[40, 60)	[0, 40)

针对一般评估划分的各类桥梁，分别采用不同的对策。

1. 1 类桥梁进行正常保养。
2. 2 类桥梁需要小修。
3. 3 类桥梁需要进行中修，酌情进行交通管制。
4. 4 类桥梁需要进行大修或者改造，及时进行交通管制，当缺损较为严重时应关闭交通。
5. 5 类桥梁需要进行改建或者重建，及时关闭交通。
6. 对适应性不能满足的桥梁应采取提高承载力、加宽、加长、基础防护等改造措施。若整个路段有多座桥梁的适应性不能满足，应结合路线改造进行方案比选和决策。

三、涵洞的技术状况评定

涵洞的技术状况评定参照《公路桥涵养护规范》（JTG H11—2004）相关条款进行。

四、涵洞的养护对策

根据涵洞检查中出现的不同病害，分别采取不同的养护对策。

1.涵底和涵墙出现渗水，对涵洞本身和路基的危害都很大，应立即查明原因，分别采取下列方法处治。

（1）疏整水道，使洞口铺砌与上下游水槽坡道平齐顺适。

（2）保持洞内底面平顺，并有适当纵坡。

（3）用水泥砂浆铺底和涵墙勾缝。

2.涵洞进水口周围的路堤应保持坚固。每次洪水过后，应检查有无渗漏、掏空、缺口或冲刷现象。如有此类现象发生，应及时修补。

3.倒虹吸管在长期流水压力作用下容易破裂漏水，造成路基软化，应注意检查。

4.涵洞挖开修复时应维持通车，并设立安全标志。

5.涵洞进出水口处如被水流冲刷严重，可用浆砌块石铺底，并用水泥砂浆勾缝。

6.涵洞两端锥坡、挡墙应经常检查，遇有倒塌、孔洞、开裂、砂浆剥落等现象必须及时修补，修补质量不得低于原构造物质量。

第三节 桥梁的养护

一、桥面系及附属设施的养护

1.桥面铺装的养护

桥面铺装检查首先是调查桥面铺装的类型，然后检查铺装层存在的主要缺陷。目前，永久性公路桥梁常用的桥面铺装有两大类，即沥青桥面铺装和水泥混凝土桥面铺装。

（1）桥面应经常清扫，排除积水，清除泥土、杂物、冰凌和积雪，保持桥面平整、清洁。

（2）当沥青混合料桥面出现泛油、拥包、裂缝、坑槽、波浪、车辙等病害时，应及时处治。当损坏面积较小时，可局部修补；当损坏面积较大时，可将整跨铺装层凿除，重新铺筑新的铺装层。一般不应在原桥面上直接加铺，以免增加桥梁恒载。

（3）当水泥混凝土桥面出现断缝、拱胀、错台、起皮、露骨等病害时，应及时处理。损坏面积较大时，应将原铺装整块或整跨凿除，重新铺筑新的铺装层。

（4）桥面防水层如有损坏，应及时修复。

2.伸缩缝装置的养护

伸缩缝装置的缺陷有可能导致跳车，影响行车舒适度，甚至造成交通事故。伸缩缝装置的检查主要是通过目测，必要时用直尺测量破坏的范围，并在记录中详细描述缺陷的形式。

（1）应经常清除缝内积土、垃圾等杂物，使其发挥正常作用，若有损坏或功能失效，应及时修复或更换。

（2）以下几种伸缩缝装置出现下列病害时，应及时更换。

①对于 U 形伸缩缝，主要检查伸缩缝是否堵死，缝内的沥青是否挤出或冷缩，镀锌铁皮是否拉脱。

②对于钢制梳形板式伸缩缝，主要检查钢板是否破坏，伸缩缝间隙是否被石块等杂物卡死，连接螺栓是否损坏。

③对于目前使用较多的橡胶伸缩缝，主要检查橡胶件的剥离、损坏或老化状况，锚固螺栓是否失效，伸缩缝是否有下陷或凸起等缺陷。

④对于填充型伸缩缝，也称为弹塑性体伸缩缝，在使用过程中主要检查填充体（或弹塑性体）与桥面铺装或梁体粘结是否有效、可靠，填充体范围内的平整度是否满足要求等。

（3）更换的伸缩缝装置应选型合理，伸缩量应满足桥跨结构变形需要，安装应牢固、平整、不漏水。

（4）维修或更换伸缩装置时，应采取措施维持交通。

（5）各种伸缩缝装置本身的缺陷主要是容易产生漏水，从而加速支座和结构本身的损坏。雨雪后宜对伸缩缝装置安排较为详细的检查。

3. 桥面排水设施的养护

桥面排水设施的缺陷在降雨、化雪时最易观察，因此最好在此时检查，也可在雨后进行。

（1）桥面的泄水管、排水槽如有堵塞，应及时疏通，并经常保持畅通。

（2）桥面应保持大于 1.5% 的横坡，以利于桥面排水。

（3）桥梁上设置的封闭式排水系统，应保持各排水管道畅通，排水系统的设备如水泵等应工作正常，若有堵塞应及时疏通，如有损坏则应及时更换。

（4）桥面排水设施的缺陷往往导致桥面积水，降低桥面摩擦系数，引起车辆打滑；同时，积水通过桥面铺装裂缝或伸缩缝缺陷侵入桥梁主要承重结构，进而影响这些承重结构的耐久性。

4. 人行道、栏杆、护栏、防撞墙的养护

它主要检查人行道、缘石、栏杆混凝土有无剥落、裂缝、露筋，扶手、立柱是否松动、脱裂、缺件等。

（1）人行道块件应牢固、完整，桥面路缘石应经常保持完好状态。若出现松动、缺损应及时修整或更换。

（2）桥梁栏杆、防撞墙应经常保持完好状态，栏杆柱应竖立正直，伸缩缝处的水平杆件应能自由伸缩，如有缺损应及时补齐。如发现栏杆被车撞坏，应及时采取防护措施，避免行人或车辆落入河中，同时必须尽快修理恢复。

（3）钢筋混凝土栏杆如发现有裂缝或混凝土剥落，轻者可灌注环氧树脂封闭裂缝，严重的应凿除损坏部分，重新修补完整。

（4）钢质栏杆应经常清刷除锈，一般每年应定期进行涂漆防锈。

（5）桥梁两端的栏杆柱或防撞墙面端涂以 20cm 宽红白相间的油漆，顶部 20cm 为红色，油漆应鲜明。

（6）护栏、防撞墙应牢固、可靠，若有损坏应及时修理。护栏上的外露钢构件应定期涂漆防锈，一般每年一次。

5.桥面附属设备的检查

如果桥梁上设有标志牌、照明设备或过桥管线，则应检查标志牌是否醒目、齐备，照明设施是否满足使用要求，过桥管线是否有漏水、漏油、漏气等现象，通信电缆及电线的绝缘性能是否安全、可靠。

二、桥梁上部结构的养护

桥梁上部结构是桥梁的主要承重结构，由梁、板、横隔梁、拱肋等基本构件组成。基本构件的缺陷一般出现于施工或使用过程中。

1.梁式桥的养护

对于钢筋混凝土桥梁上部结构的基本构件，针对常见病害主要采取以下措施。

（1）混凝土局部酥松、砂浆少、集料多，且集料之间有空隙，形成蜂窝状孔洞，混凝土表面缺浆、粗糙，或形成许多麻面，常发生在钢筋密集处或预留孔洞或预埋件处的空洞，均应先将松散部分清除，再用高强度等级混凝土、水泥砂浆或其他材料修补。新补的混凝土要密实，与原结构应结合牢固、表面平整。新补的混凝土必须养护。

（2）梁体发现露筋现象，即构件的主筋或箍筋无保护层而外露或保护层剥落，应先将松动的保护层凿除，并清除钢筋锈迹，然后修复保护层。如损坏面积不大，可用环氧砂浆修补；如损坏面积过大，可用喷射高强度等级水泥砂浆的方法修补。

（3）梁体缝隙夹层，即施工缝处混凝土结合不好，有缝隙或夹有杂物，应及时清除。

（4）构件表面裂缝。上述（1）~（3）一般可简单地通过目测或用超声波进行检测，而混凝土裂缝则一般应检查裂缝发生的位置、形态、发展长度、宽度及裂缝数量，除裂缝的宽度需用仪器检查外，其他项目一般可量测进行。裂缝宽度一般用刻度放大镜（或称为移测显微镜）量测。

检查裂缝的方法如下。

（1）在裂缝的起点及终点用红油漆或红粉笔与裂缝垂直画线；同时，也可在裂缝附近沿裂缝延伸方向画细线，以标明裂缝的形态和发展长度。

（2）在标注的裂缝上，选择目测裂缝宽度较大的位置用刻度放大镜量测裂缝的宽度。

（3）量出主要裂缝宽度后，将裂缝的位置、走向、长度、分布情况及特征用坐标法绘制裂缝展开图，并根据裂缝的宽度及发展的不同情况进行以下处理。

①当裂缝宽度在限值范围内时，可进行封闭处理，一般涂刷环氧树脂胶。

②当裂缝宽度大于限值规定时，应采用压力灌浆法灌注环氧树脂胶或其他灌缝材料。

③当裂缝发展严重时应加强观测，查明原因，按照规范规定进行加固处理。各类裂缝的宽度不应超过规范规定。

2. 梁式桥横向联系的养护

基本构件的横向联系是保证桥梁上部结构整体的重要组成部分。对横向联系的检查一般包括联系本身状况的检查以及与基本构件连接状况的检查。

对于有横隔板的梁式桥，主要检查横隔板的损伤、裂缝及连接钢板的锈蚀情况；对于无横隔板的梁式桥，主要检查湿接缝、铰缝、桥道板的开裂状况。如空心板桥的铰缝一旦开裂，将失去作用，导致单板受力，脱离整体的单板将因承受荷载过大而产生裂缝，当行车荷载较大时甚至导致梁板断裂，造成安全事故。

3. 拱桥的养护

拱桥的盖梁和系梁应检查混凝土是否开裂、剥落、露筋和锈蚀，下承式拱桥的吊杆上下锚固区的混凝土有无开裂渗水、吊杆锚头附近是否有锈蚀或断裂现象。

双曲拱桥应注意检查拱间横向连接拉杆是否松动或断裂，拱波与拱肋结合处是否脱裂，拱波之间砂浆是否松散脱落，拱波顶是否开裂、渗水等。

圬工拱桥的检查，应包括下列内容。

（1）主拱圈是否有变形、灰缝松散脱落、渗水，砌块有无断裂、脱落。

（2）实腹拱的侧墙与主拱圈间有无脱裂，侧墙角有无变形，拱上填土有无沉陷或开裂。

（3）空腹拱的小拱是否变形、错位，主柱有无倾斜、开裂。

（4）砌体表面是否长苔藓，砌缝是否滋生草木。

4. 钢桥的养护

养护要求：钢桥的各部件焊接完好，无局部变形；各节点铆钉、螺栓无松动、损坏；油漆无变色、起泡、剥落。如钢桥各节点出现松动、脱焊、变形，应及时采取措施进行维修。

（1）钢桥检查的内容

①保持铆钉、螺栓接合和焊接的正常状态，对有损伤裂缝的杆件和铆钉、螺栓等应经常观察其发展情况，并标上颜色记号，做好记录。

②防止桥梁杆件锈蚀，定期刷油漆，通常情况下三个月用油漆刷一遍。

③矫正杆件局部变形。

④对基座的观察保养。

⑤经常清除节点和缝隙部位的积水，保持清洁、干燥。

⑥所有松动和损坏的铆钉应予以更换，凡是更换过的铆钉在检验之后均应涂上与桥梁结构显著不同的颜色。

⑦螺栓接合应保证接合杆件间的紧密，如接合杆件表面位置有一定角度，则应在螺帽下垫楔形垫圈。

⑧钢结构的污垢应勤加清除，保证杆件清洁，特别应注意最易积聚污垢的部位，清除的污垢不应从泄水孔或排水槽中扫出，以免堵塞。

⑨钢杆件如角钢、槽钢、工字梁翼缘的局部弯曲，可用撬棍矫正。较严重的可用弓形螺旋顶或油压千斤顶来矫正，禁止用煅烧钢材的方法矫正。

⑩装配式钢桥要经常对各部件接合点的销子、螺栓、横梁夹具、抗风拉杆等进行检查。如有松动或缺损应及时拧紧和修补更换；销子周围应勤涂油脂，防止雨水进入销孔缝隙；外露的螺栓丝扣也应涂油脂，以防锈蚀。

（2）钢桥病害的处理措施

①钢梁防锈。钢材生锈是钢梁的主要病害之一。它削弱钢梁构件断面，缩短钢料的使用寿命。钢材的生锈是由于铁和空气中的氧和水起化学反应而产生的；在钢料受烟熏或遇到硫和盐类溶液时，更容易生锈。防止钢梁锈蚀的方法很多，目前最广泛采用的方法是对钢梁保护涂装（在钢材表面喷涂油漆）。

A.检查。钢梁油漆损坏或失效表现为漆膜粉化露底、龟裂剥落、起泡及吐锈等。凡是漆膜表面色泽灰暗无光，不及四周光洁匀亮，用手指摩擦有粉末沾手，或粗糙、凹凸不平或局部表面有许多细纹、脱皮、鼓包、生锈等，都表示油漆失效。也可以在其表面喷少量的水做试验，如果水珠往下流淌，表明漆膜完好，如果很快地往里渗散，表明漆膜表层已经失效，渗水深度即失效厚度。

B.除锈。在钢梁涂装前，应对其表面进行清理。钢梁除锈及表面处理的目的在于去除尘埃、油垢、水、氧化皮、铁锈或旧的不坚固的漆膜，以增强新涂漆膜的附着力，提高油漆质量。任何氧化皮或铁锈的余痕将促使钢梁继续生锈。除锈可采用手工除锈和溶剂擦洗（严禁使用腐蚀性物质清理钢梁表面），用粗细不同的钢丝刷、平铲、凿子或钢刮刀除锈；小型机械工具除锈，可使用风钻（或电钻）装上钢丝刷或用小风铲除锈；喷砂清除，采用压缩空气将洁净、干燥的石英砂粒通过专用喷嘴高速喷射钢板表面除锈。根据所使用涂料品种、施工方法和构件部位不同，涂装前对钢结构表面清理的清洁度有不同要求。

C.油漆。油漆的种类不同，性能也不同，钢梁上使用的油漆要求防锈性能和耐候性能良好。由于桥梁所处位置不同，同桥梁不同部位要求也不一样。

②钢梁焊缝的检查和处理，除桥梁制造时，严格检查焊缝外，还应在运营中特别注意焊缝及其附近母材的检查。

A.检查方法：目视法；铲除表面金属法；硝酸酒精侵蚀法；着色探伤法。

B.检查重点：对接焊缝；受拉或受反复应力杆件上的焊缝及邻近焊缝热影响区的基材；杆件断面变化处焊缝；连接系节点处焊缝；加劲肋、横隔板入盖板处焊缝。

C.焊缝裂纹的处理：加强观测、监视，做好记录（位置、数量、大小及性质），直至采取必要的措施。根据裂纹严重程度，采取的临时措施有限制行车速度、限制过桥机型、限制大件运输等。整治措施包括在裂纹的尖端钻孔防止裂纹发展、用高强度螺栓连接拼拉加固、抽换杆件或换梁等。焊缝裂纹一般不得补焊。

③钢梁裂纹的检查和处理。

A.检查方法：木槌敲击法（外包橡皮）；注意油漆表面的变化；在钢料上涂白铅油或滴油检查；用着色渗透液探伤；超声检测。

B.检查重点：钢料边缘、钉孔周围、铆钉松动处、焊缝有裂纹处附近母材；杆件断面变更处、削弱处、弯曲部分、应力集中部分；纵梁与横梁、主梁与横梁连接处；承受反复应力杆件的连接处；单剪铆钉处；经过烘烤、锤击、整直，特别是用电焊法修理加固过的地方；含磷过多、抗冲击韧性较差的钢料；焊接梁横向竖加劲肋上下端焊趾处；受拉杆件或部分对接焊缝处基材；平纵联、横联连接处焊缝附近的基材等。

C.钢梁裂纹产生的原因及处理：除钢材本身不良外，钢材疲劳、结构细部不良占主要原因，焊接梁还包括制造加工、焊接质量问题。另外，养护不周，如钢梁锈蚀、线路不平顺、线路偏心、支座不平等，都会加大车辆对钢梁的局部冲击而造成钢梁裂纹、焊缝开裂或螺栓松动。

对钢梁裂纹的处理，可参照上述焊缝裂纹的处理办法进行。

④杆件弯曲及损伤。杆件如有弯曲，则破坏了力的正常传递，局部应力将增大，受压杆件会显著降低其承载能力，故应及时矫正和整治。当杆件上有脱层、弯曲扭歪、缺口、孔洞、局部损伤等病害时，为防止因断面削弱发生裂纹，也应对破损处进行处理加固。

三、桥梁支座的养护

桥梁支座主要检查其功能是否完好，组件是否完整、清洁，有无断裂、错位和脱空现象。各种支座的检查，应包括下列内容。

1.简易支座的油毡是否老化、破裂或失效。

2.钢板滑动支座和弧形支座是否干涩、锈蚀。

3.摆柱支座各组件相对位置是否正确，受力是否均匀。

4.四氟板支座是否脏污、老化。

5.橡胶支座是否老化、变形。

6.盆式橡胶支座的固定螺栓是否裂断，螺母是否松动。

7.辊轴支座的辊轴是否出现不允许的滑动、歪斜。

8.摇轴支座的辊轴是否倾斜。

9.活动支座是否灵活，实际位移量是否正常。

10.支承垫石是否破碎。

另外，由于支座变形或其他因素的影响，支座上、下的结构也可能出现异常，所以应尽可能同时进行检查。

四、桥梁下部结构的养护

混凝土和钢筋混凝土桥梁墩台养护的目的和任务是使结构物完整、牢固、稳定、不发生倾斜，并减少行车振动和基础冲刷。对墩台及其基础养护的主要工作内容如下。

1. 桥梁上下墩台各为1.5倍桥长，但50~500 m范围内时，应做到：

（1）河床应适时地进行疏浚，每次洪水过后应及时清理河床上的漂浮物和沉积物，使水顺利宣泄。

（2）不得任意修建对桥梁有害的水工建筑物。必须修建时，应采取必要的桥梁防护措施。

2. 墩台表面应保持清洁，及时清除青苔、杂草、荆棘和污秽物。

3. 圬工砌体长期受大气影响、雨水侵蚀而发生灰缝脱落时，应重新勾缝。

4. 混凝土表面发生侵蚀、剥落、蜂窝、麻面等病害时，应及时将周围凿毛洗净，用水泥砂浆抹平。

5. 圬工砌体镶面部分严重风化和损坏时，应予以更换。用石料或混凝土预制块补砌，应结合牢固，色泽和质地与原砌体基本一致。

6. 梁式桥墩台顶面没有流水坡或坡面凹凸不平、有裂缝时，应及时铺填水泥砂浆或混凝土，做横向坡度以利于排水。

五、桥梁墩台基础的养护

桥梁墩台基础的日常养护工作主要包括以下内容。

1. 必须采取措施，保持桥梁墩台基础附近河床的稳定。桥梁上下游200m的范围内（当桥长的1.5倍超过200 m时，范围应扩大至1.5倍桥长），应做到：

（1）河床应适时地进行疏浚，每次洪水过后应及时清理河床上的漂浮物，使水流顺利宣泄。

（2）竖立警示牌，禁止任意挖沙、取土、采石、倾倒废弃物，不得进行爆破作业及其他危及公路桥梁安全的活动；当发现有上述现象时必须及时制止，并采取相应措施。

（3）不得任意修建对桥梁有害的水工建筑物，当因抢险、防汛需要修筑堤坝、压缩或拓宽河床时，应事先报经主管部门同意，并采取有效的防护措施。

2. 必须保持墩台结构表面的整洁，及时清除墩台表面的青苔、杂草、灌木和污秽物。

3. 对因长期受大气影响、雨水侵蚀而发生灰缝脱落的圬工砌体，应清除缝内杂物，重新用水泥砂浆勾缝。

4. 桥梁墩台、桩柱排架混凝土结构物表面发生侵蚀、剥落、蜂窝、麻面、裂缝、露筋等病害时，应及时采用水泥砂浆修补。对受行车振动影响大、不易用水泥砂浆补牢的，应考虑采用环氧树脂或其他聚合物混凝土等性能较好的材料修补。

5. 圬工砌体镶面部分严重风化和损坏时，应用石料或混凝土预制块补砌更换，新老部分要求结合牢固，色泽质地与原砌体基本一致。

6. 基础局部掏空，护底、护坡等构筑物局部损坏，应及时分析情况抓紧修复。当损坏严重时，应按损坏情况采取加固措施。

7. 对原有的防撞、导航、警示等附属设施应经常维护，保持良好的状态。当发现墩、立柱被船只碰撞发生损坏时，对被碰撞的墩台必须立即进行检测，包括墩台构件的损坏情况、立柱的垂直度等，并立即采取措施，确保安全。

8. 对严寒地区的桥梁墩台基础的养护，应特别重视采取防冻措施，以保证河床状态稳定和加固设施可靠。

9. 对于大桥及特大桥，应在桥梁墩台设置沉降观测点，并每年进行观测记录，拱桥应设置桥台水平位移观测点。

第四节　桥梁常见病害的原因及处置

一、桥面系病害

1. 桥面铺装病害及处置

（1）沥青混凝土桥面铺装。沥青混合料桥面出现泛油、拥包、裂缝、波浪、坑槽、车辙等病害时，应及时处置。当损坏面积较小时，可局部修补；当损坏面积较大时，可将整跨铺装层凿除，重铺新的铺装层。

桥面铺装长期含水浸泡造成的脱落、拥包，应在有效改善排水措施后，再进行面层修补。

老化的沥青混凝土桥面，宜进行铣刨更新处理，不应在原桥面上直接加铺沥青混凝土结构进行补强。加铺厚度应根据沥青面层设计需要和桥梁结构承载能力计算结论共同确定。沥青混凝土微表处或罩面养护时，不应覆盖伸缩装置。

沥青混凝土桥面的养护、病害处理和修补应满足《公路沥青路面养护技术规范》（JTJ0732—2001）的相关技术要求。

（2）水泥混凝土桥面铺装。水泥混凝土桥面出现断缝、拱胀、错台、起皮、集料外露等病害时，应及时处理。损坏面积较大时，应将原铺装整块或整跨凿除，重铺新的铺装层。

当铺装层出现较大面积表皮脱落、麻面时，也可在桥梁承载能力允许的条件下，加铺沥青混凝土结构层或进行沥青微表处。

对大于3mm的桥面裂缝，应检查其发生原因。在确定无结构破坏和延续发展的条件下，可进行灌缝处理。

铺装层的局部损坏：高速公路或一级公路桥梁桥面松散、坑洞面积不应大于$0.2m^2$，深度不应大于 20 mm；其他公路桥梁不应大于 0.3 m²，深度不应大于 30 mm。当铺装层的损坏超过上述规定时，应补修。

桥面铺装的耐久性养护要求：寒冷地区桥梁冬季清除积雪作业时，水泥混凝土桥面应加强人工、机械除冰等综合管理，谨慎使用除冰盐类融雪剂。

防水混凝土桥面铺装层抗渗等级应高于 P6，且不得低于原设计指标要求。在使用除雪剂的北方地区和酸雨多发地区，防水混凝土的耐腐蚀系数不应小于 0.8。局部修补时严禁使用普通配比混凝土替代防水混凝土。

（3）桥面防水层。桥面防水层出现损坏时，应及时修补。修补后的防水层，其防水性能、整体强度、与下层黏结强度和耐久性等指标，应满足设计要求。当采用沥青混凝土铺装面层时，防水层修补应采用防水卷材或防水涂料等柔性防水材料；当采用水泥混凝土铺装面层时，宜采用水泥基渗透结晶型等刚性防水结构进行修补，严禁采用防水卷材；当桥面纵向或横向坡度大于 4% 时，不宜采用卷材防水层。

当桥梁的平曲线半径小于或者等于 60m 时，桥面防水宜采用防水涂料。

2. 桥面排水系统病害及处置

桥面排水设施主要有泄水管和引水槽两种。泄水管的常见缺陷主要有：管道破坏、损伤；在外界作用影响下而产生局部破裂、损伤，出现洞穴而产生漏水等；管体脱落；由于接头连接不牢而掉落，失去排水作用；管内有泥石杂物堵塞，从而导致排水不畅，甚至水流不通；管口有泥石杂物堆积。由于桥面不清洁，堵死泄水管管口。引水槽的主要缺陷有堆泥、堵塞，水流不畅，槽口破裂损坏而出现漏水、积水等。

排水设施的养护：桥面的泄水管、排水槽如有堵塞，应及时疏通，并经常保持通畅。桥面泄水管长度不足时，应予以接长；桥面应保持大于 1.5% 的横坡，以利于桥面排水；桥梁上设置的封闭式排水系统，应保持排水管道的畅通，排水系统的设施（如水泵等）应工作正常，若有堵塞应及时疏通，若有损坏应及时更换。

3. 桥面伸缩缝装置病害及处置

伸缩装置的养护：伸缩缝在平行、垂直桥轴的两个方向应能自由伸缩，当车辆驶过时平顺、无突跳，不漏水、牢固可靠。

伸缩装置的养护一般要求伸缩装置应平整、直顺、伸缩自如，处于良好的工作状态；应经常清除缝内积土、垃圾等杂物，使其发挥正常作用，若有损坏或功能失效应及时修理或更换；橡胶板式伸缩装置的固定螺栓应每季度保养一次，松动应及时拧紧；橡胶板丢失应及时补上，弹簧（止退）垫不得忽略；毛勒或仿毛勒类伸缩装置的密封橡胶带（止水带），损坏后应及时更换。密封橡胶带的选择，应满足原设计的规格和性能要求。钢板（梳齿型）伸缩装置的钢板开焊、翘曲和脱落时，应及时发现并及时补焊；弹塑体伸缩装置出现脱落、翘起时，应及时清除，并应重新浇筑弹塑体混合料。

以下伸缩装置出现下列病害时，应及时进行更换。

（1）U 形镀锌铁皮伸缩装置的镀锌铁皮老化、开裂、断裂。

（2）钢板伸缩装置或锯齿钢板伸缩装置的钢板变形，螺栓脱落，伸缩不能正常进行。

（3）橡胶条伸缩装置的橡胶条老化、脱落，固定角钢变形、松动。

（4）板式橡胶伸缩装置的橡胶板老化开裂，预埋螺栓松脱，伸缩失效。

更换伸缩装置应选型合理，伸缩量应满足桥跨结构变形需要，安装应牢固、平整、不漏水。

伸缩缝选型及更换应满足以下要求。

（1）原设置不合理的伸缩缝，可换型更换；新型伸缩装置的伸缩量和承载能力应满足原设计要求，并应满足防水要求。伸缩装置的安装高度应小于桥面板至桥面层表面间的高度差；当无伸缩装置设计资料时，应对伸缩量值重新进行计算。计算方法应考虑旧桥受大特点。

（2）板式橡胶伸缩装置的更换时间，宜选择在春秋两季进行。伸缩装置的安装宽度，应根据施工时的气温计算确定；安装放线时间，应选择在一天中温差变化最小的时间段内。

（3）安装伸缩装置所使用的水泥混凝土保护带，其设计强度应符合设计要求，但不得小于C40。

（4）维修或更换伸缩装置时，应采取措施维持交通。混凝土达到设计强度且伸缩装置全部安装完好后，方可恢复交通。

（5）伸缩装置保护带应完好，不得有开裂、松散，坑洞的面积不得大于 $0.1\ m^2$，深度不得大于 20 mm。已松散和有坑洞的保护带，应及时修复。

（6）在每年气温最高或最低时，应及时测量伸缩装置的间隙，且不得小于设计最小间距和大于设计最大间距。每季度宜对伸缩装置的水平错位、竖向高差进行观测。

二、混凝土露筋及处置

混凝土露筋是指在钢筋混凝土浇筑过程中振捣不到位，保护层垫块没有设置或者固定不牢固，混凝土坍落度小或拆模早，混凝土硬化前受外力导致剥落而使构件成型后钢筋外露的现象。混凝土内部主筋、副筋或箍筋局部裸露在结构构件表面。

1. 混凝土露筋的原因

（1）灌注混凝土时，钢筋保护层垫块位移或垫块太少或漏放，致使钢筋紧贴模板外露。

（2）结构构件截面小，钢筋过密，石子卡在钢筋上，使水泥砂浆不能充满钢筋周围，造成露筋。

（3）混凝土配合比不当，产生离析，模板部位缺浆或模板漏浆。

（4）混凝土保护层太小或保护层处混凝土振捣不实；或振捣棒撞击钢筋或踩踏钢筋，使钢筋位移，造成露筋。

（5）木模板未浇水湿润，吸水黏结或脱模过早，拆模时缺棱、掉角，导致露筋。

2.混凝土露筋的防治措施

(1)浇筑混凝土时,应保证钢筋位置和保护层厚度正确,并加强检查。钢筋密集时,应选用适当粒径的石子,保证混凝土配合比准确和良好的和易性;浇筑高度超过2 m时,应用串筒或溜槽进行下料,以防止离析;模板应充分湿润并认真堵好缝隙;混凝土振捣严禁撞击钢筋,操作时避免踩踏钢筋,如有踩弯或脱扣等及时调整直正;保护层混凝土要振捣密实;正确掌握脱模时间,防止过早拆模,碰坏棱角。

(2)表面露筋,刷洗干净后,在表面抹1:2或1:2.5的水泥砂浆,将充满露筋部位抹平;露筋较深的凿去薄弱混凝土和突出颗粒,洗刷干净后,用比原来高一级的细石混凝土填塞压实。

三、混凝土裂缝及处置

桥梁结构在施工和使用过程中,常会出现各种不同形式的裂缝。对于砖、石、混凝土结构物来说,产生裂缝几乎是不可避免的;在部分预应力混凝土结构中也可能出现不允许出现的裂缝;在全预应力结构中也有出现裂缝的可能。有些裂缝对结构承载力有巨大影响,有些裂缝对结构的耐久性有影响,故裂缝检查就显得特别重要。裂缝检查首先应判断裂缝的类型;其次判断其是否在允许范围内,是否需要维修或加固。

1.桥梁混凝土裂缝分类

裂缝可从不同角度来分类。

(1)从安全性角度来看,裂缝可分为正常的工作裂缝(在设计控制范围内的裂缝)以及非正常裂缝(超出规定范围的裂缝)。

(2)从客观成因角度来看,裂缝可分为:

①先天裂缝:由于设计不当,不可避免地在结构中产生的裂缝。

②原生裂缝:由于施工工艺不当,造成的结构中原本可以避免的裂缝。

③后天裂缝:正常使用荷载造成的累积损伤裂缝,以及非正常荷载造成的突损伤裂缝。

(3)从受力来看,裂缝可分为弯曲裂缝、剪切裂缝、局部承压伴随的劈裂和崩裂、拼接缝的分离和扩展形成的裂缝以及差动裂缝(由于外部约束或内部变形差而造成的一种混凝土裂缝)等。差动是一种常见而又常常被忽略的裂缝,其常见的几种成因总结如下。

①在原有基础(或承台)上浇筑长条混凝土时,新浇混凝土在硬化过程中收缩受到原混凝土的约束而产生裂缝,有时分层浇筑的混凝土构件也会发现这种裂缝。

②施工台座上长期存置或长期不拆模的梁,由于台座或模板约束了混凝土的收缩和温差变化,会导致普通钢筋混凝土梁和未及时张拉的预应力梁开裂。

③先张预应力混凝土梁放张次序或速度不当,先放松短束,或过快地放松全部预应力钢束,由于台座的约束和梁体混凝土变形反应滞后都可能造成梁体混凝土开裂。

④悬臂浇筑时，随着混凝土的浇筑过程，悬臂挠度不断变化，先浇筑的混凝土产生裂缝；挂篮合拢段的浇筑，如果没有充分考虑挂篮拆除的反作用力，会导致上部混凝土开裂。

（4）从外因来看，裂缝产生的外界因素包括荷载和变位、成桥内力、温度变化、材料时效（如混凝土收缩、徐变）、先天和后天的截面削弱、化学与物理作用（钢筋锈蚀、预应力筋锚头锈蚀、酸碱腐蚀）等。

（5）从时间来看，裂缝可分为早期裂缝、混凝土强度成长期裂缝和使用期裂缝。早期裂缝一般在浇筑混凝土后第二天可能发现，主要有沉降缝（塑性混凝土沉降引起）、早期收缩缝、模板变形缝等。

2. 梁桥常见裂缝

（1）钢筋混凝土简支梁桥常见裂缝

①弯拉裂缝。弯拉裂缝一般在梁（板）跨中即 $\frac{1}{4}L \sim \frac{3}{4}L$ 附近产生。在梁（板）的侧面，这类裂缝往往从梁（板）的受拉区边缘，沿与主筋垂直的方向竖直延伸，通常在两条延伸较长的裂缝间有数条较短的裂缝。这种裂缝宽度一般为 0.03~0.2 mm，板的裂缝宽度一般略小于 T 梁的裂缝宽度，裂缝之间的间距一般为 0.05~0.3 m。

在梁（板）的底面，这类裂缝也会沿着与主筋垂直的方向发生，特别是空心板或者箱，裂缝宽度一般为 0.03~0.25 mm。总体来说，这种裂缝在板或箱上主要表现在底面，在 T 梁上主要表现在侧面。

弯拉裂缝主要是弯曲拉应力超出混凝土极限抗拉强度引起的弯曲裂缝。一般认为，只要这类裂缝在梁（板）侧面延伸不到截面中性轴位置，这类裂缝宽度在荷载作用下的变化就不大，也就比较稳定。所以，只要最大裂缝宽度不超过限值，即认为此种裂缝对结构当前的承载能力影响不大，但对结构的耐久性有影响。

弯拉裂缝也有可能是贯通的，但裂缝数目不多，宽度为 0.1~0.5 mm，深度为梁板高度的 5%~20%，这类裂缝一般在施工过程中就已经形成，对结构承载力影响不大，对结构刚度稍有影响，但对结构的耐久性影响极大。

②腹剪裂缝。腹剪裂缝是钢筋混凝土 T 形梁和箱梁最常见的斜裂缝之一，但在板梁中很少见到。这类裂缝一般在支点附近至 1/4 跨范围内发生。在梁的腹板侧面上，裂缝延伸方向与梁纵向成 45°～60° 夹角。裂缝宽度一般为 0.1~0.3 mm。斜裂缝通常有数条，裂缝间距为 0.5~1.0 m。

腹剪裂缝产生的原因是，在荷载作用下，在靠近支点的部位，剪力大而又有一定的弯矩存在，主拉应力超过混凝土抗拉强度，在梁腹板中出现腹剪裂缝。在较大荷载作用下，这类裂缝的宽度会有所增大，但只要在斜裂缝的限定宽度之内，裂缝上下延伸的长度不会有较大变化。

钢筋混凝土 T 形梁另类常见的斜裂缝形态是弯剪裂缝。它是从竖向弯曲裂缝上发展的斜裂缝，一般与梁轴线成 30°~45° 夹角。这类裂缝往往只有少数几条，裂缝宽度为 0.2~0.3 mm，一般位于 1/4 跨附近。这类裂缝发生在弯矩和剪力都较大的部位，拉应力超过了混凝土的弯拉强度，首先出现了弯曲裂缝，随着荷载的增加，这种向上延伸的裂缝由于受到剪力影响而发生倾斜。

③表面裂缝。表面裂缝常见于高度较大的钢筋混凝土 T 形梁腹上。裂缝位于腹板 1/2 梁高处，裂缝的下端达不到梁的受拉区边缘。裂缝在腹板半梁高附近宽度较大，一般为 0.2~0.5 mm，严重者可达 0.8 mm。裂缝上下端的宽度较小，裂缝的间距无一定规律。这类裂缝在梁跨间各部分都可能存在。在梁的跨中附近，这类裂缝大致与主筋垂直，而在梁的支点与 1/4 跨之间，裂缝大致与梁轴线成 60° 的夹角。

表面裂缝主要是梁体混凝土不均匀收缩产生的。当然，也有荷载因素。如果没有荷载因素，裂缝与梁轴线大体上是垂直的。

④水平纵向裂缝。水平纵向裂缝多在主筋位置附近并顺着主筋延伸，其延伸长度有长有短，与梁体受雨水侵蚀有关。

水平纵向裂缝是混凝土缺陷与钢筋锈蚀共同作用的结果。这种病害多见于桥梁的边梁，这是由于边梁受雨水的影响较内梁的可能性大。梁体受到雨水侵蚀后，由于混凝土本身的缺陷如不密实、微裂缝等，使雨水浸入钢筋，钢筋锈蚀使自身"变粗"，挤压混凝土使之开裂，开裂的混凝土使钢筋锈蚀进一步加剧。

这种因素造成的裂缝往往不仅是纵向裂缝（纵向钢筋方向），也造成竖向裂缝（箍筋方向），所以梁体的防水非常重要。

不仅如此，这种裂缝在拱桥中也很常见，特别是在拱肋截面较小的双曲拱桥中，由于拱肋压应力始终处在一个较高的水平，在混凝土缺陷与钢筋锈蚀的作用下，就更容易产生这种裂缝，严重的还造成混凝土保护层完全剥落。

还有一种板底的纵向裂缝与上述原因关系不大，主要是在施工过程中造成的，如底模不均匀沉降、混凝土收缩、板内积水冻胀等。

⑤网状裂缝。网状裂缝宽度一般很小（0.01~0.05 mm），分布于梁腹板表面上，似一片片断网，没有一定的规律。在荷载作用下，裂缝的宽度和长度变化很小。这类裂缝是由于梁体混凝土内外收缩不均匀而引起的，是非荷载作用产生的裂缝。当然，这种裂缝也可能在一定表面积的混凝土构件上产生，如墩台身、盖梁、拱座等。

⑥支座处裂缝。支座处的裂缝常见于简支梁钢制支座上垫板处的梁体上。裂缝由支座上垫板与混凝土交界处发生并斜向上发展，裂缝最大宽度可达 2 mm。有些无支座或者是简易支座的桥梁也会发生这种病害。这类裂缝可能是由于桥墩不均匀沉降或歪斜、混凝土局部承压能力不够、支座侧斜或转动不自如等造成的。也就是说，这种病害和局部承压有关，与支座失效后在支座处产生的拉力有关。

（2）预应力混凝土梁桥、连续梁桥及其他梁桥常见裂缝。预应力混凝土梁的裂缝除钢筋混凝土梁可能产生的裂缝外，也有一些自身所独有的裂缝。

①在锚固区内，由于预加力的作用，锚板下局部应力过大，可能使其下的混凝土产生沿力筋方向的纵向裂缝或者以一定角度散开。裂缝宽度及数量与预加力有关，与锚下间接钢筋的配置有关，与混凝土强度有关。

②先张法梁梁端锚固处的裂缝，均匀起始于张拉端面，宽度约为 0.1 mm，长度一般只延伸至扩大部分的变截面处，主要是压应力过大造成的。

③后张法梁梁端锚固处的裂缝通常发生在预应力筋齿板锚固处，裂缝比较短小，发生在梁端时多与钢丝束方向一致，在锚固处时与梁纵轴多呈 30°~45° 的夹角；营运初期有所发展但并不严重，以后会趋于稳定。其主要是由于端部应力集中，混凝土质量不良所致。

④在多梁式梁桥中，由于配置预应力束筋的需要，常将部分腹板加厚成马蹄形。与锚固区一样，该区段截面承受的压应力较大，如果马蹄内的箍筋配置数量不足或构造不当，则可能引起纵向裂缝。同时，由于剪力的作用及混凝土收缩徐变，在马蹄与腹板交界处也可能产生纵向裂缝。

⑤有些后张法的箱梁也会出现沿预应力筋方向的纵向裂缝，经过一段时间使用后，这一病害愈加明显，有的甚至纵向贯通。很显然，这一裂缝也和压应力过大有关。

⑥有些先张法板梁，在其端部 1.5~3.0 m 的范围内的顶板出现 1~3 条横向裂缝，这是由于预应力过大或者放张过早而混凝土强度不足造成的。有些后张法的梁板也会有类似的病害，不过产生的原因不同，如施工时模板的不均匀沉降、未及时在设计的支撑位置安放支座等。

⑦弯拉裂缝也发生在钢筋混凝土连续梁桥、悬臂梁桥中。除跨中正弯矩区域外，在支点负弯矩区也发生弯拉裂缝，但其分布与跨中有区别。这是由于在负弯矩区，除弯矩较大外，此处还有较大的剪应力，故在梁体正面可见横向裂缝，而侧面一般表现为斜裂缝（主拉应力缝）。这类裂缝一般比较集中，只有少数几道，而且分布范围较小，这是负弯矩峰值下降较快的缘故。

四、支座常见病害及处置

1. 支座老化、变质、开裂

支座发生老化、变质、开裂主要是由于运营时间较长，受到行车的长期作用以及日光、雨水等侵蚀。对于轻度老化的支座可注意保养，继续发挥其作用。如果老化比较严重，则应将其更换。

2. 支座剪切变形、开裂

支座发生剪切变形主要是因长期行车荷载作用，动载振动横向力与恒载形成剪切力对支座的损害严重，支座的损坏不平整，使得桥梁上部承重结构的横向受力严重。支座剪切变形如果比较严重，则应将其更换。

3. 支座位置串动、脱空

支座产生串动、脱空，不能正常工作时应立即修整更换。板式橡胶支座局部脱空时，可采用填塞楔形钢板维修。辊轴支座的实际纵向位移，应与计算的正常位移相符；当纵向位移大于容许偏差或有横向位移时，应加以修正。当辊轴出现不允许爬动、歪斜或摇轴倾斜时，应校正支座的位置。支座已经串动到失去其正常作用时，应立即予以调整。

支座更换时，宜将同一墩台上的同一排支座全部更换。支座技术要求，应按《公路桥梁加固设计规范》（JTG/T J22—2008）和《公路桥梁加固施工技术规范》（JTG/T J23—2008）相关规定执行。

五、桥头跳车及处置

1. 桥头跳车的原因

桥头跳车是桥梁投入使用后普遍存在的一种病害，一般的台后路面与桥台路面高差普遍在 2~3 cm，个别的桥梁甚至达到了 6~7 cm，桥台与台后路面明显存在台阶。桥头跳车不仅影响行车舒适度，而且会使桥产生过大的冲击力，诱发或加重桥梁的病害。同时，影响桥头伸缩缝的工作性能，加速其破坏过程，伸缩缝需频繁维修、更换。

桥头跳车的主要原因是台后填土及路基与桥台间的不均匀沉降。而不均匀沉降的原因包括：填土前原地面的承载力不足；填土质量不好，容易发生沉降；土方碾压质量不合格；桥梁构造物的影响，碾压机械无法达到的部位出现死角。

2. 桥头跳车的防治措施

设计上考虑通过增加台后搭板的形式来避免或减轻桥头跳车的现象。

施工中，严格控制填土及碾压质量。可以通过长期观测，判断桥台台后及路基沉降是否稳定。若沉降相对稳定，可考虑将台后路面凿掉后重新铺装混凝土，但不能破坏或扰动原来的台后回填土。

第五节　涵洞的养护

一、涵洞的检查

使用中的涵洞不但要保证车辆安全通过，同时，还要使水流在任何情况下都能顺畅地通过洞孔，排泄到适当地点，保证涵洞洞身、涵底、进出水口、护坡和填土完好、清洁、不漏水。

应对涵洞进行经常检查和定期检查，特别是洪水和冰雪季节前要对所有涵洞全面检查一次。主要检查内容如下。

1. 涵洞的位置是否恰当，孔径是否足够；洞内有无淤塞、冲刷。
2. 涵洞有无开裂，填土有无坑陷；涵底涵墙有无漏水；八字翼墙是否完整。
3. 进水口是否堵塞；沉沙井有无淤积；洞口铺砌有无冲刷脱落。
4. 涵洞内有无积水；洞内有否冻裂。

二、涵洞的日常养护

1. 技术要求

涵洞洞身、涵底、进出水口、护坡和填土应保持完好、清洁、不漏水，保证水流在任何情况下都能顺畅地通过涵孔，排到适当地点。通道内应保持清洁，无积水。

2. 质量控制

涵洞的质量控制要点主要包括以下几个方面。

（1）涵洞洞口应保持清洁、干净，发现堆积杂物应立即清除；涵洞内应保持排水畅通，发现淤塞应及时疏通清除。

（2）洞口和涵洞内如有积雪应尽快清除，被清除的积雪应放在路基边沟以外。经常积雪或积雪很深地区的涵洞，入冬前可在洞口外加设栅栏，或用柴草捆封洞口；融雪时，应及时拆除。

（3）涵洞开挖维修时应维持通车，设立安全标志、护栏。

（4）洞底铺砌层、洞口上下游路基护坡、引水沟、汇水槽、窨井和沉沙井发生变形时，均应及时修理。未设置沉沙井而涵洞经常发生泥沙淤积时，可在进水口加设沉沙井，以沉淀泥沙、杂物。

（5）涵底铺砌出现冲刷损坏、下沉、缺口，应及时修复。路基填土出现渗水、缺口，应及时封塞填平。

（6）涵底和涵墙出现渗漏水，应及时查明原因，并分别采取下列方法处置。

①疏通水道，使洞口铺砌与上下游水槽坡道平齐、顺适。

②保持洞内底面平顺并有适当纵坡。

③用水泥砂浆铺底和涵墙重新勾缝。

（7）处于高填土的涵洞，其出水口的跌水设施必须与洞口紧密结合成整体。若有裂缝应立即填塞。

除日常养护外，涵洞汛期前后应加强养护，全面检查、疏通、清扫，及时清除涵洞内及涵洞口淤积及杂物，对有隐患和损坏的部分及时维修。

涵底和涵墙出现渗水，对涵洞本身和路基的危害都很大，应立即查明原因，分别采取上述（6）的方法处置。

（8）涵洞进水口周围的路堤应保持坚固。每次洪水过后，应检查有无渗漏、掏空、缺口或冲刷现象。如有此类现象发生，应及时修补。

（9）倒虹吸管在长期流水压力作用下容易破裂、漏水，造成路基软化，应注意检查。

（10）涵洞挖开修复时应维持通车，并设立安全标志。

（11）涵洞进出水口处如被水流冲刷严重，可用浆砌块石铺底，并用水泥砂浆勾缝。

（12）涵洞两端锥坡、挡墙应经常检查，遇有倒塌、孔洞、开裂、砂浆剥落等现象必须及时修补，修补质量不得低于原构造物质量。

三、涵洞的养护加固

涵洞的养护加固应根据不同的结构形式和病害成因采取不同的方法。

1. 砖石涵洞

砖石涵洞的表面如发生局部风化、轻微裂缝及砖灰缝剥落等现象，应用水泥砂浆勾缝或修补封面。洞顶漏水必须挖开填土，用水泥砂浆或石灰砂浆修理其损坏部分，并衬砌胶泥防水层。

2. 混凝土涵洞

混凝土管涵的接头处和有铰涵管的铰点接缝处发生填缝脱落时，应用干燥麻絮浸透沥青后填实，不宜用灰浆抹缝，以免再次碎裂脱落。

压力式管涵进水口周围的路堤应保持坚固。每次水淹以后，要检查有无洞穴、缺口或冲刷现象，并及时修补。

倒虹吸管在长期流水压力作用下容易破裂漏水，造成路基软化。应注意检查，如虹顶路面出现湿斑，应及时修理。

洞底铺砌层、洞口上下游路基护坡、引水沟、泄水槽、窨井和沉沙井发生变形或沉陷时，均需及时修理。

砖石、混凝土及钢筋混凝土端墙和翼墙，如有离开路堤向外倾斜或鼓肚现象，应查明原因，加以处理。如属填土未夯实而沉落挤压，或填土中水分过多，土压力增大而形成的，应挖开填土更换并仔细夯实。如属基础不均匀沉陷而发生倾斜，则需修理或加固基础。

管涵的管节因基础沉陷而发生严重错裂时，应挖开填土加固基础并重做砂垫层。

3. 波纹管涵

波纹管涵发生沉陷变形，必须拆除修理。管底应按土质情况做好垫层，铁管上面要加铺一层 10~15 cm 厚的胶泥防水层，并注意回填较好的土分层夯实，涵洞排水如经常出现混浊或杂物等，可在进水口加设沉沙井以沉淀泥土、杂物，并注意定期清除。处于山谷高填土的涵洞，其出水口的跌水设施须与洞口紧密结合，尤其在湿陷性黄土地区，应采用"远接远送"的方法设置排水沟。

洞口和洞内如有积雪应及时清除。经常积雪和雪很深的地区，应在入冬前在洞口外加设栅栏，或用柴排、草捆封闭洞口，融雪时及时拆除。

第六章 隧道养护

第一节 隧道养护的内容及要求

一、隧道养护的内容

隧道养护工作必须贯彻"预防为主,防治结合"的工作方针,采取预防性、经常性的养护和维修措施,使公路隧道始终处于良好的技术状况。

1. 土建结构的养护

土建结构的检查分为四类,即日常检查、定期检查、特殊检查及专项检查。

(1) 日常检查。日常检查主要是及早发现早期破损、显著病害,或其他异常情况,并采取处置措施。检查部位为洞口、洞门、衬砌、路面、检修道、排水设施、吊顶、内装、交通标志。

检查内容及养护要点如下。

①洞口上方边(仰)坡:是否存在落石、积冰、积水,圬工体是否有损坏。

②洞门圬工体:是否存在起层、灰缝脱落、渗漏水,是否已妨碍交通。

③水泥混凝土路面:是否有滞水结冰现象,伸缩缝内灌缝胶是否有效果,有无断板、错台等病害。

④排水设施:有无堵塞、积水漫流现象。

⑤吊顶及内装:是否清洁,伸缩缝处有无内装起层、脱落现象。

⑥交通标志:突起标志是否有损坏,表面有无脏污影响其使用功能,能否有效传递交通信息。

(2) 定期检查。定期检查要求对土建结构的基本技术状况进行全面检查。检查内容及养护要点如下。

①洞口:仰坡上方山体是否有滑坡,岩石是否有岩崩征兆;挡土墙、截水沟等圬工体是否有裂缝、鼓肚、表面风化、下沉等现象。

②洞门:墙身有无开裂、块石松动现象;衬砌是否有起层、剥落现象;结构是否有沉陷、断裂现象。

③衬砌：是否有起层、剥落现象；洞顶是否有渗漏水；墙身施工缝是否有异常。

对于起层、剥落，及时清除可能影响交通安全的剥落层，并在现场用红油漆做好标记，注明检查日期，以便下次检查时进行对比，并采取行之有效的措施，消除行车安全隐患。

④洞内路面：路面伸缩缝内灌缝胶功效是否正常，路面是否有拱起、错台、断板现象。

⑤排水设施：排水沟内是否有沉沙、淤堵现象，地漏等各部件完好情况。

⑥吊顶及内装：吊顶有无漏水，内装表面脏污程度。

⑦交通标志、标线：检修道内衬墙上的突起路标，有无锈蚀、老化失效、缺损的标志；隧道内的标线是否有脏污、破损或脱落现象，要及时更换或补充、维修或重新施画。

（3）特殊检查。特殊检查是在隧道受到自然灾害、墙体受到外力碰撞事故、火灾等异常事件后，对受影响的结构立即进行检查，及时掌握结构受损情况。检查内容参照定期检查内容。检查结束后，针对受损部位及结构要有专门的检测报告，制定合理的改进措施。

（4）专项检查。专项检查是根据定期检查和特殊检查的结果，在进一步查明破损或病害的详细情况下进行的更深入的专门检测。

检查内容如下。

①由于外载荷作用造成结构性破坏，如衬砌变形、沉降、起层、剥落、突发性坍塌等。

②材料劣化导致结构破损，如衬砌断面强度降低，衬砌起层、剥落，钢筋腐蚀等。

③由于渗漏水导致结构破损，如从衬砌裂缝处渗水，渗漏水导致结冰，沙土伴随流出。

2. 机电设施的养护

机电设施的养护重点为供配电设施、照明设施、消防设施、监控设施等的养护。

（1）供配电设施的养护，由持有电工证的专业人员，配备专门的电工检修工具，针对变压器、高低压配电柜、变电室内相关设备的外观，观察有无异常、异响、发热、火花、气味等现象，及时消除设备故障。

（2）照明设施的养护

①隧道管理人员要每天通过步行或养护巡查车对照明设施的外观进行一般性检查。

②经常性检查要求对机电设备的运转或损伤情况进行检查，发现破损零部件及时维修或更换。

（3）消防设施的养护

①对消防器材柜的使用功能进行检查：锁具有无异常、柜体是否锈蚀，柜内灭火器有无失盗现象。

②检查灭火器有无锈蚀、软管是否损伤，是否过期。

③洞口防火沙是否码放整齐，有无妨碍行车现象。

（4）监控设施的养护。监控设施是指烟雾浓度探测仪、CO检测仪、交通量检测仪、车高仪、电视监控设施、波音设施、可变信息板、限速标识设施、信息处理设施以及控制软件等。定期对监控设施的使用功能进行一般的外观巡检，发现异常应立即处理。

二、隧道养护的要求

根据《公路隧道养护技术规范》（JTG H12—2015）规定，公路隧道养护工作应满足以下技术要求。

1. 公路隧道养护的范围应包括土建结构、机电设施以及其他工程设施。
2. 公路隧道养护工作应划分隧道养护等级，并按照等级实施养护。
3. 应对公路隧道进行定期检查，根据检查结果对隧道技术状况进行评定，并根据隧道交通运营状况、结构和设施技术状况以及病害程度、围岩地质条件等，制订相应的养护计划和方案。
4. 隧道内养护作业不中断交通时应采取措施，保障安全并减少对交通的干扰。
5. 公路隧道接养时应建立隧道养护技术档案，并宜纳入公路信息化养护管理系统。
6. 公路隧道养护应贯彻"预防为主，防治结合"的方针，加强预防性养护，保持公路隧道正常的使用状态。
7. 应积极而慎重地采用新技术、新材料、新设备与新工艺，使养护维修达到安全实用、质量可靠、经济合理、技术先进的要求。
8. 公路隧道养护除应符合《公路隧道养护技术规范》（JTG H12—2015）的规定外，还应符合国家和行业现行的有关标准。

第二节 隧道的技术状况评定及养护对策

一、隧道的技术状况评定

公路隧道技术状况评定包括隧道土建结构、机电设施、其他工程设施和总体技术状况评定。公路隧道技术状况评定采用分层综合评定与隧道单项控制指标相结合的方法，先对隧道各检测项目进行评定，然后对隧道土建结构、机电设施和其他设施分别进行评定，最后进行隧道总体技术状况评定。

二、隧道的养护对策

公路隧道总体技术状况评定应分为1类、2类、3类、4类和5类，评定类别描述及养护对策见表6-1。

表 6-1 公路隧道总体技术状况评定类别

技术状况评定类别	评定类别描述		养护对策
	土建结构	机电设施	正常养护
1 类	完好状态。无异常情况，或异常情况轻微，对交通安全无影响	机电设施完好率较高，运行正常	应对结构破损部位进行监测或检查，必要时实施保养维修；机电设施进行正常养护，应对关键设备及时修复
2 类	轻微破损。存在轻微破损，现阶段趋于稳定，对交通安全不会有影响	机电设施完好率较高，运行基本正常，部分易耗部件或损耗部件需要更换	应对结构破损部位重点监测，并对局部实施保养维修；机电设施需进行专项工程
3 类	中等破损。存在破坏，发展缓慢，可能会影响行人、行车安全	机电设施尚能运行，部分设备、部件和软件需要更换或改造	应尽快实施结构病害处治措施，对机电设施应进行专项工程，并应及时实施交通管制，应及时关闭隧道，实施病害处置，特殊情况需进行局部重建或改建
4 类	严重破损。存在较严重破坏，发展较快，已影响行人、行车安全	机电设施完好率较低，相关设施需要全面改造	养护对策
5 类	危险状态。存在严重破坏，发展迅速，已危及行人、行车安全		正常养护

三、隧道分项结构的技术状况评定

1. 土建结构技术状况评定

土建结构技术状况评定应根据定期检查资料，综合考虑洞门、结构、路面和附属设施等各方面的影响，确定隧道的技术状况等级。进行专项检查时，宜按照《公路隧道养护技术规范》（JTG H12—2015）的规定，对所检查项目进行技术状况评定。

土建结构技术状况评定应先逐洞、逐段对隧道土建结构各分项技术状况进行状况值评定，在此基础上确定各分项技术状况，再进行土建结构技术状况评定。

土建结构技术状况评定方法应符合下列规定：

（1）土建结构技术状况评分应按下式计算：

$$JGCI = 100 \times \left[1 - \frac{1}{4} \sum_{i=1}^{n} \left[JGCI_i \times \frac{\omega_i}{\sum_{i=1}^{n} \omega_i} \right] \right]$$

式中 w_i——分项权重；

$JGCI_i$——分项状况值，值域为 0~4。

（2）分项状况值应按下式计算：

$$JGCI_i = \max(JGCI_j)$$

式中 $JGCI_{ij}$——分各分项检查段落状况值；

J——检查段落号，按实际分段数量取值。

（3）土建结构技术状况评定分类界限宜按表 6-2 取值。

表 6-2 土建结构技术状况评定分类界限

技术状况评分	土建结构技术状况评定分类				
	1 类	2 类	3 类	4 类	5 类
JGCI	≥85	≥70，<85	≥55，<70	≥40，<55	<40

2. 土建结构的养护对策

对评定划定的各类隧道土建结构，应分别采取不同的养护措施。

（1）1 类隧道应进行正常养护。

（2）2 类隧道或存在评定状况值为 1 的分项时，应按需进行保养维修。

（3）3 类隧道或存在评定状况值为 2 的分项时，应对局部实施病害处置。

（4）4 类隧道应进行交通管制，尽快实施病害处置。

（5）5 类隧道应及时关闭，然后实施病害处置或加固。

3. 机电设施技术状况评定

（1）机电设施技术状况评定应根据日常巡查、经常检修和定期检修资料，结合设备完好率统计，确定机电设施的技术状况等级。

（2）机电设施技术状况评定宜考虑机电设施各项目权重的评定方法。

（3）机电设施技术状况应采用设备完好率进行评定。

设备完好率应按下式计算，各种机电设施可分系统并按对运营安全的重要度建立设备完好率考核指标。

$$设备完好率 = (1 - \frac{设备故障台数 \times 故障天数}{设备总台数 \times 日历天数}) \times 100\%$$

（4）机电设施各分项技术状况的评定方法应符合下列规定。

①机电设施各分项技术状况评定值分为 0、1、2、3。机电设施各分项技术状况评定应按表 6-3 执行。

表 6-3 机电设施分项技术状况评定

分项	状况值			
	0	1	2	3
供配电设施	设备完好率≥98%	93%≤设备完好率<98%	85%≤设备完好率<93%	设备完好率≤85%
照明设施	设备完好率≥95%	86%≤设备完好率<95%	74%≤设备完好率<86%	设备完好率<74%
通风设施	设备完好率≥98%	91%≤设备完好率<98%	82%≤设备完好率<91%	设备完好率<82%
消防设施	消防设备完好率100%	95%≤设备完好率<100%	89%≤设备完好率<95%	设备完好率<89%
监控与通信设施	设备完好率≥98%	91%≤设备完好率<98%	81%≤设备完好率<91%	设备完好率<81%

②当机电设施各分项中任一关键设备的设备完好率为该分项各类设备完好率最低时，该分项技术状况按该关键设备的设备完好率评定。

（5）机电设施技术的状况评定方法应符合下列规定。

①机电设施技术状况评分应按下式计算：

$$JDCI = 100 \times \left[\frac{\sum_{i=1}^{n} E_i \omega_i}{\sum_{i=1}^{n} \omega_i} \right]$$

式中：E_i——按规范对各分项判定的设备完好率取值，0~100%；

w_i——各分项权重；

$\sum w_i$——各分项权重之和；

$JDCI$——机电设施技术状况评分，值域为0~100。

②机电设施各分项权重宜按表6-4取值。

表 6-4 机电设施各分项权重

分项	分项权重 w_i	分项	分项权重 w_i
供配电设施	23	消防设施	21
照明设施	18	监控与通信设施	19
通风设施	19		

③机电设施技术状况评定分类界限值宜按表 6-5 取值。

表 6-5　机电设施技术状况评定分类界限值

技术状况评分	隧道机电设施技术状况评定分类			
	1 类	2 类	3 类	4 类
JDCI	≥97	≥92，< 97	≥84，< 92	< 84

4.机电设施养护对策

对评定划定的各类机电设施，宜分别采取不同的养护措施。

（1）1 类机电设施应进行正常养护。

（2）2 类机电设施或存在评定状况值为 1 的分项，应进行正常养护，并对损坏设备及时修复。

（3）3 类机电设施或存在评定状况值为 2 的分项，宜实施专项工程，并应加强日常巡查。

第三节　隧道土建结构的养护

一、隧道土建结构的清洁维护

土建结构主要是指隧道的各类土木建筑工程结构物，如洞门、衬砌、路面、防排水设施、斜（竖）井、检修道、风道等结构物，以及与隧道安全关系紧密的围岩、洞口边仰坡等。

土建结构清洁维护的工作内容主要包括扫除隧道内垃圾、清除结构物脏污、清理（疏通）排水设施，以经常保持结构物外观的干净、整洁。

1.隧道内路面清洁

（1）应保持干净、整洁，无垃圾和杂物，两侧边沟不应有残留垃圾等物品。

（2）高速公路和一级公路应以机械清扫为主，其他等级公路可以机械和人工相结合进行清扫。清扫时，应防止产生扬尘。

（3）在日常巡查过程中，发现隧道路面上有较大散落物应予以清捡。

（4）当发现路面被油类物质或其他化学品污染时，应采取必要的措施清除。

2.隧道的顶板、内装饰和侧墙的清洁维护

（1）应保持干净、整洁，无污垢、污染、油污和痕迹，交通事故造成的墙面痕迹应予以清除。

（2）顶板、内装饰和侧墙的清洁宜以机械作业为主，以人工作业为辅。

（3）采用湿法清洁时，应注意保护隧道内机电设施的安全，防止水渗入设施内，腐蚀设备，防止路面积水和结冰。清洗用的清洁剂，可根据实际效果选择确定，应尽可能选用中性清洁剂，清洁剂应冲洗干净。

（4）采用干法清洁时，应避免损伤顶板、内装饰和侧墙，以及隧道内机电设施。清扫时应采取必要的降尘措施。对清扫不能去除的污垢，可用清洁剂进行局部特别处理。

（5）洞门墙的清洁按照侧墙要求执行。

3.隧道排水设施的清洁维护

（1）在汛前、汛中和汛后以及极端降雨天气后，应对排水设施进行检查和清理疏通工作。在冰冻季节，应提高对排水沟的清理频率。

（2）对纵坡较小的隧道或隧道的洞口区段，应提高清理和疏通工作的频率；对于窨井和沉沙池，应将其底部沉积物清除干净。

4.隧道的标志、标线、诱导灯和轮廓标的清洁维护

（1）应保持清晰、醒目。当标志牌面、路面标线或诱导灯表面有污秽，影响其辨认性能时，应及时清洗。清洗标志、标线和诱导灯时，应避免损伤其表面覆膜或涂层。

（2）隧道轮廓标应保持完整、清洁、醒目，及时清洗脏污的轮廓标等。

二、隧道土建结构的检查

土建结构的检查工作分为经常检查、定期检查、应急检查和专项检查四类。

（1）经常检查是对土建结构的外观技术状况进行的定性检查。

（2）定期检查是按规定频率对土建结构的技术状况进行的全面检查。

（3）应急检查是在隧道遭遇自然灾害、发生交通事故或出现其他异常事件后，为了查明缺损状况、采取应急措施，而对遭受影响的结构进行的详细检查。

（4）专项检查是根据经常检查、定期检查和特别检查的结果，或者通过其他途径，对需要进一步查明缺损或病害详细情况的隧道而进行的更深入的专门检测、分析等工作。

1.经常检查

按照公路隧道养护等级进行管理时，土建结构经常检查频率应不低于表6-6规定的频率，且在雨季、冰冻季节或极端天气情况下，或发现严重异常情况时，应提高异常检查频率。

表6-6 公路隧道结构经常检查频率

检查分类	养护等级		
	一级	二级	三级
经常检查	1次/月	1次/2月	1次/季度

经常检查宜采用人工与信息化手段相结合的方式，配以简单的检查工具进行，以定性判断为主。经常检查破损状况判定分三种情况：情况正常、一般异常、严重异常。

在经常检查中发现隧道存在异常情况时，应进行监视、观测或做应急检查；在经常检查中发现隧道存在严重异常情况时，应直接采取措施进行处置，若对其产生原因及详细情况不明，还应做专项检查。

2. 定期检查

定期检查的周期宜根据隧道技术状况确定，宜每年 1 次，最长不得超过三年 1 次。在经常检查中发现重要结构分项技术状况评定状况值为 3 或 4 时，应立即开展一次定期检查。定期检查宜安排在春季或秋季进行。新建隧道应在交付使用 1 年后进行首次定期检查。

定期检查需要配备必要的检查工具或设备，进行目测或量测检查。检查时，应尽量靠近结构，依次检查各个结构部位，注意发现异常情况和原有异常情况的发展变化；对有异常情况的结构，应在其适当位置做出标记；另外，检查结果宜量化。当定期检查中出现状况值为 3 或 4 的项目，且其产生原因及详细情况不明时，应做专项检查。

3. 应急检查

应急检查的内容和方法原则上与定期检查相同，但主要针对发生异常情况或者受异常事件影响的结构或结构部位做重点检查，以掌握其受损情况。通过应急检查，应及时掌握结构受损情况，为采取对策、措施提供依据。

4. 专项检查

专项检查的项目、内容及其要求，应根据经常检查、定期检查或应急检查的结果有针对性地确定。检查人员应对有关的技术资料、档案进行调查，并对隧道周围的地质及地表环境等展开实地调查，以充分掌握相关的技术信息，寻找土建结构发展变化的原因，探索其规律，确保专项检查结果的准确性。对严重不良地质地段、重大结构病害或隐患处，宜开展运营期长期监测，对其结构变形、受力和地下水状态进行长期观测。

检查完成后，应编制专项检查报告，报告的内容应包括以下几个方面：

（1）检查的主要经过，包括检查的组织实施、时间和主要工作过程等；

（2）检查结构的技术状况，包括检查方法、试验与检测项目及内容、检测数据与结果分析以及对缺损状态评价等；

（3）对缺损或病害的成因、范围、程度等情况的分析，以及其维修处治对策、技术以及所需工程量和费用等建议。

通过专项检查，应完整掌握缺损或病害的详细资料，为其是否实施处治以及采取何种处治措施等提供技术依据。

三、隧道土建结构的保养

土建结构的保养维修工作主要包括经常性或预防性的保养和轻微缺损部分的维修等内容，以恢复和保持结构的良好使用状况。

1. 应对土建结构经常检查和定期检查发现的一般性异常和技术状况值为 2 以下的状况，进行保养维修。

2. 及时清除洞口边（仰）坡上的危石、浮土，冬季还应清除积雪和挂冰，保持洞口边沟和边（仰）坡上截（排）水沟的完好、畅通；修复洞口挡土墙、洞门墙、护坡、排水设施和减光设施等结构物的轻微损坏、开裂、变形；维护洞口花草树木的完好。

3. 当明洞上边坡出现危石或有崩塌可能时，应及时清除或加固，也可以进行保护性开挖或采取打抗滑桩等抗滑措施。明洞顶的填土厚度和地表线，应保持原设计状态，当遇边坡塌方形成局部堆积，或遇暴雨、洪水原填土大量流失时，应及时采取措施调整到原有状态，以免产生严重偏压导致明洞结构变形、损坏。明洞的防水层失效或损坏时，应及时修复。

4. 对飘落到半山洞内的雨雪、泥草杂物以及洞顶坠落的石块，应及时清除，并保持边沟畅通。应及时修复、添补缺损的护栏、护墙。适时检查半山洞周围山体、洞顶围岩及外侧挡墙、边坡的稳定性。半山洞围岩破碎和危石等病害，应本着"少清除、多稳固"的原则进行处治。

5. 洞身分为无衬砌隧道洞身和有衬砌隧道洞身。

（1）无衬砌隧道出现的碎裂、松动岩石和危石，应本着"少清除、多稳固"的原则加以处理；围岩的渗漏水，应开设泄水孔接引水管，将水导入边沟排出；冬季应及时清除洞顶挂冰。

（2）有衬砌隧道出现的衬砌起层、剥离或错台，应及时加以清除或加固；对衬砌裂缝应及时加以修补，并设立观测标记进行跟踪观测；对衬砌的渗漏水，可采取封堵或引排的方法进行处治；冬季应及时清除洞顶挂冰等。

6. 隧道路面要求无坑洞、无鼓包、无开裂。及时清除隧道内外路面及边沟、中心排水沟上的塌（散）落物和堆积物；及时修复、更换损坏的窨井盖或其他设施盖板。当路面出现渗漏水时，应及时处理，将水引入边沟排出，防止路面积水或结冰。

横通道内严禁存放任何非救援用物品；应及时清除散落杂物，修复轻微破损结构；定期保养横通道门，及时修复横通道内照明设备，确保横通道清洁、畅通。

7. 及时清除斜（竖）井内可能损伤通风设施或影响通风效果的异物；保持井内排水设施的完好，保持水沟（管）的畅通；对井内的检查通道或设施进行保养，防止其锈蚀或损坏。

8. 清理送（排）风口的网罩，清除堵塞网眼的杂物；定期保养风道板吊杆，防止其锈蚀或损坏；及时修复风口或风道的破损，更换损坏的风道板。

9. 保持隧道内外排水设施的完好，发现破损或缺失应及时修复；排水管堵塞时，可用高压水或压缩空气疏通。及时清理排水边沟、中心排水沟、沉沙池等排水设施中的堆积物，不定期检查排水沟盖板和沟墙，及时修复破损、翘曲的盖板。寒冷地区应及时清除排水沟内结冰，以免堵塞。排水的金属管道应定期做好防腐处理。

10. 吊顶和内装饰应保持完好和整洁、美观，如有破损、缺失，应及时修补恢复，不能修复的应及时更新。

11. 保持人行道或检修道的平整、完好和畅通，人行道或检修道不得积水，道板如有破损、翘曲或缺失，应及时进行修复和补充；定期保养人行道或检修道护栏，防止其锈蚀、损坏。栏杆和护栏应保持完好、清洁、坚固，立柱正直、无摇动现象，横杆连接牢固，如有缺损应及时恢复。

12. 寒冷地区隧道还应进行如下保养维护：

（1）寒冷地区隧道的防冻保温设施应做好保养维护，如有损坏及时维修，确保其正常使用功能。

（2）洞口设有防雪设施的隧道，应做好防雪设施的保养维护，并在大雪降临前完成设施的维修加固；冬季应及时清除洞口处积雪。

13. 隧道的交通标志应保持外观完整，信息清晰、准确，保持位置、高度和角度适当，确保交通信息传递无误。

（1）及时清洗标志牌面的脏污，清除遮挡标志的障碍。

（2）及时修补变形、破损的标牌，修复弯曲、倾斜的支柱，紧固松动的连接构件。

（3）对损坏的限高及限速设施应及时维修。

14. 隧道的交通标线应保持完整、清洁和醒目。

（1）及时清洗脏污的标线，对破损严重和脱落的标线应及时补画。

（2）清除凸起路标的脏污和杂物，及时紧固松动的路标，发现损坏或丢失的，应及时修复或补换。

15. 隧道的诱导灯、轮廓标应保持完整、清洁和醒目。

四、隧道常见病害的原因及处治

隧道病害的类型主要有水害、衬砌裂损和衬砌侵蚀、支护结构脱空等。

隧道病害发生较多的地段，从地质情况看，一般发生在断层破碎带、风化变质岩地带、裂隙发育的岩体、岩溶地层、软弱围岩地层等；从地形情况看，多发生在斜坡与滑坡构造地带、岩堆崩坍地带。隧道内各种病害一般不是单独存在的，而是互相影响、互相作用的。其中，最常见的病害形式是水害，调查中发现流传着"十隧九漏"的说法，反映了水害发生的频繁。隧道水害不仅增加隧道内湿度，造成电路短路等事故，危及运输安全，而且还易引发其他病害。隧道由于渗漏水、积水，将会造成衬砌开裂或使原有裂缝发展变大，加重衬砌裂损；当地下水有侵蚀性时，会使衬砌混凝土产生侵蚀，并随着渗漏水的不断发展，使混凝土侵蚀日益严重。在寒冷地区，水是影响隧道围岩冻胀的重要因素，衬砌水害严重，必然导致冻害严重。衬砌裂损病害主要表现为衬砌的变形、开裂和错台。而衬砌一旦开裂，将会给地下水打开一条外渗的通道，引发隧道严重水害，进而就会产生衬砌混凝土的侵蚀。

1. 隧道渗漏水

隧道水害是指在隧道的修建或运营过程中遇到水的干扰和危害。水害是隧道中常见的一种病害。调查资料表明，水害不仅本身对隧道结构产生危害，降低衬砌结构的可靠性，导致衬砌失稳破坏，而且还会引发其他病害，对隧道整体结构的稳定影响很大。

（1）水害的种类

①隧道漏水和涌水。隧道漏水和涌水主要是指运营隧道中围岩的地下水和地表水直接

和间接地以渗漏或涌出的形式进入隧道内造成的危害，它受漏水、涌水规模以及隧道结构、地质条件等的影响。

其产生的危害主要有以下几种：

A. 使电绝缘失效，发生短路、跳闸等事故，危及行车安全。

B. 洞内空气潮湿，影响养护人员身体健康，使洞内设备（通信、照明、钢轨等）锈蚀。

C. 混凝土衬砌风化、腐蚀、剥落，造成衬砌结构破坏。

D. 涌水病害造成衬砌破坏，道床翻浆冒泥，中断行车。

②衬砌周围积水。主要是指运营隧道中地表水或地下水向隧道周围渗流汇集，如果不能迅速排走而引起的危害。

其产生的危害主要有以下几种：

A. 水压较大时会导致衬砌破裂。

B. 使原先完好的围岩及围岩的结构面软弱，夹层因浸水而软化或泥化，失去承载力，使衬砌压力增大而导致衬砌破裂。

C. 使膨胀性围岩体积膨胀，导致衬砌破坏。

D. 在寒冷地区发生冰胀和围岩冻胀，加速导致衬砌破坏。

③潜流冲刷。主要是指由于地下水渗流和流动而产生的冲刷和溶蚀作用。

其危害有以下几种：

A. 使衬砌基础下沉，边墙开裂或者仰拱、整体道床下沉开裂。

B. 围岩滑移错动，导致衬砌变形开裂。

C. 使超挖回填不密实或未全部回填引起围岩坍塌，从而导致衬砌破坏。

（2）水害产生的原因。水害产生的原因很多，归纳起来可分为以下几种：

①勘测与设计。设计人员在设计时往往只重视建筑和结构上的要求，而忽视了防排水的设计要求。在防水设计前，对其工程地质及水文地质情况了解得不够仔细，对衬砌周围地下水源、水量、流向及水质勘察不全，有时还缺乏反映防水材料性能的室内试验数据，对结构抗渗、抗腐蚀未做具体要求。

②施工。施工中的许多隧道和地下工程由于其光面爆破效果不佳，喷射混凝土面难以吻合，加上防水板接缝采用电烙铁，焊缝不均匀、不牢固，使防水板很容易产生空鼓、开裂。又因局部超挖过量，回填不实，使塑料防水板的防水效能无法发挥。有的施工单位一味追求施工速度，忽视二次衬砌质量，造成混凝土内部空隙、衬砌表面粗糙不光滑。另外，对施工中排水设施不按规范要求操作等，使地下水丰富地区的隧道造成严重的渗漏水。

③材料。目前国内许多生产防水材料的厂家设备陈旧、原材料选择不当、工艺落后，产品质量较差，达不到国家质量标准，如果选用这样的防水材料也是导致隧道渗漏水的原因之一。

④监理。隧道及地下工程的施工监理是近几年才开始的，缺乏防水施工工艺等方面的监理规程。以前只是由施工单位把关，防水概预算定额较低，对防水材料的选择和使用过

问较少。因此，要做到确保速度及地下工程的防水质量，施工监理不可忽视。

⑤验收。工程竣工后，从衬砌表面往往看不出问题。管理单位缺乏检验手段，有时又因接近运营期限，对交验前渗水情况缺少进一步查验，只好按竣工报告及施工总结，勉强验收，导致运营后渗漏水逐渐严重。

⑥匹配。防水技术的匹配是指防水设计、防水材料和防水施工工艺与防水工程相适应的问题。从工程实例来看，不少工程渗漏水是由于防水材料与基面粘结不良或不适应造成的，因而搞好防水技术的匹配近年来引起了人们的广泛关注。

防水施工的方法有喷射、涂刷、抹压、注浆、粘贴等。防水材料可分为沥青、橡胶、塑料、水泥及聚合物等，不论采用何种施工工艺和何种材料，都会产生与建筑物基面的接触问题。所以，从这一角度考虑，防水效果的关键是防水层与基面的粘结和适应问题。

2. 衬砌侵蚀

衬砌侵蚀的种类及危害。隧道内金属构件的锈蚀、混凝土衬砌的侵蚀破坏，都属于腐蚀病害。一般混凝土具有较好的耐久性、耐腐蚀性和较高的强度。但是，一旦地下水侵入，衬砌受到侵蚀介质经常作用，就会出现起毛、酥松、蜂窝、麻面、起鼓、剥落、孔洞露石、集料分离等材质破坏的现象，导致材料强度降低、衬砌厚度变薄、渗漏水严重，降低其使用寿命。隧道内混凝土衬砌的腐蚀按其种类不同，可分为水蚀、冻蚀及集料溶胀等。

①水蚀。水蚀是指衬砌受到地下水的作用而产生的腐蚀。一般发生在隧道的拱部、边墙、仰拱、排水沟和电缆槽等各部位。

A. 溶出型侵蚀。溶出型侵蚀主要是指水泥石中的生成物被水分解溶失造成的侵蚀，表现为外观尚完善，常有白色沉淀物，内呈多孔状，强度降低。

B. 硫酸盐侵蚀。硫酸盐侵蚀主要是指环境水中含有硫酸根离子对混凝土的侵蚀。

C. 镁盐和氨化物的侵蚀。

②冻蚀。冻蚀是指在严寒地区的隧道，混凝土衬砌由于冻融交替产生的侵蚀。

③集料溶胀。集料溶胀是指衬砌混凝土中的粗、细集料中含有遇水溶解和膨胀的材料而造成的对衬砌的侵蚀。

3. 病害处治方案的技术要求

（1）一般情况下不应降低隧道原有技术标准。

（2）应按照安全、经济、快速、合理的原则，进行多方案技术、经济比选确定。

（3）处治设计应体现信息化设计和动态施工的思想，制订监控量测方案。

（4）应尽量减少施工对隧道正常运营的影响，不能中断交通时应制订保通方案。

（5）应采取相应措施减小处治施工对既有结构、排水设施、机电设施及附属设施的影响。

（6）处治施工应遵守国家和行业的安全生产、生态保护、环境保护法律法规，制定切实可行的安全制度和保障措施。

第四节　隧道机电设施的养护

1. 隧道机电设施的清洁维护

机电设施应根据隧道规模、交通量大小、组成及污染对机电设施功能影响程度、清洁方式和环境条件等因素进行清洁维护。

（1）机电设施采用湿法清洁时，应注意保护人员安全和机电设施内部电气元件安全，防止污水渗入设施内腐蚀设备。采用干法清洁时，应采取必要的降尘措施。对于清扫不能去除的污垢，经判别可用湿法清洁时，就用清洁剂进行局部特别处理。

（2）机电设施清洁维护应保持设备外观干净、整洁、无污垢，并保证机电设施完好。

2. 隧道通风设施的养护

通风设施主要包括轴流风机、离心风机、射流风机及其配套设施等。

（1）通风设施的日常检查内容为观察设备运转有无异常，确定设备是否存在隐患。通风设施应按各种设备的操作规程和养护要求进行，并使主要性能指标，如风速、推力、功率、噪声及防护等级等符合产品说明书的要求。

（2）通风设施养护应配备专用电工工具和机修工具，必要时配备风压计、风速计、声级计等相关设备。

（3）进行通风设施养护时，应根据隧道交通流量和通风能力，对交通进行必要的组织和限制。

（4）在进行定期检修和专项工程后，应对隧道通风设施的效率进行全面的测试，通风设施经检修后应使其通风能力满足设计要求。

3. 隧道其他机电设施的养护

供配电设施包括高压负荷开关、电力变压器、高低压熔断器、高低压电力电容器柜、低压开关柜、信号屏电力电缆、控制电缆、各种金属构件、自备发电机等各种为隧道用电设施服务的供配电及辅助设施。供配电设施养护应严格执行相关设备的检修规程和国家的有关规定。

供配电设施日常检查内容为观察变压器、高低压配电柜及变配电室内相关设备的外观及一般运行状态，判断是否有外观破损、声响、发热、气味、放电等异常现象。供配电设施养护人员应持有特殊工种上岗证书，并配备专门的电工检修工具。

监控与通信设施主要包括光强检测器、能见度检测器、CO 检测器、风速风向检测器、车辆检测器、闭路电视监控设施、紧急电话及有线广播、车道控制标志、信息处理设施及监控软件等监视隧道运营状态、设备运转情况和控制相关设备运转的各种设施。

监控与通信设施的日常检查内容为巡检隧道内各种监测控制设备、情报板及信号标志、监控室的各类监视设备外观和主要功能，并判断有无异常。

高速公路长、特长隧道监控系统的软件维护应不少于每年 2 次，其余公路隧道监控系统的软件系统维护应不少于每年 1 次。维护时应注意软件的修改完善，并保证联动运行功能的实现和软件可靠性各项技术措施的落实，严格按操作规程或使用说明进行。

消防设施是指用于预防隧道火灾和进行必要救援的设施，包括火灾报警装置、灭火设施、电光标志等。消防设施的标志应保持完好、醒目。消防设施日常检查内容为巡视消防设备、报警设备、洞外消防设施的外观并判断有无异常。

第七章 工程项目合同管理

第一节 概述

合同管理是现代化项目管理的核心,完备的合同体系是合同管理的形成基础。对于工程项目而言,项目标的大、履行时间长、涉及主体多,依靠合同来规范和确定彼此的权利义务关系就显得尤为重要。任何一个建设项目的实施,都是通过签订一系列承包合同来实现的。通过对承包内容、范围、价款、工期和质量标准等合同条款的制定和履行,业主和承包商可以在合同环境下调控建设项目的运行状态。通过对合同管理目标责任的分解,可以规范项目管理机构的内部职能,紧密围绕合同条款开展项目管理工作。因此,无论是对承包商的管理,还是对项目业主本身的内部管理,合同始终是工程项目管理的核心。合同管理是工程承包项目管理最重要的一环,它涉及工程技术、经济造价、法律法规、风险预测等多方面知识和技能。自我国加入 WTO 以来,为了应对世界贸易组织规则给建筑市场带来的前所未有的机遇与挑战,顺应国际工程合同条件和惯例的需要,推行建设领域的合同管理制,有关部门做了大量工作,从立法到实际操作都日趋完善,基本形成了包括国家立法、政府立规、行业立制在内的层次分明、体制完备的合同法律体系以及相关配套制度。

一、工程项目合同管理的基本原则

1. 符合法律法规的原则

合法原则的含义主要是要求当事人在订约和履行中必须遵守全国性的法律和行政法规。合同法主要是任意性规范,但在特殊情况下为维护社会公共利益和交易秩序,合同法也对合同当事人的自由进行了必要干预。如对标准合同及免责条款生效的限制性规定,旨在对标准合同和免责条款的使用做出合理限制,这对于维护广大消费者利益、实现合同正义是十分必要的。同时,对于国家根据需要下达的指令性任务或者国家订货任务,有关法人和其他组织应当依照有关法律、行政法规规定的权利和义务订立合同,而不得拒绝依据指令性计划和订货任务的要求订立合同。

2. 平等原则

所谓平等,是指在合同法律关系中,当事人之间在合同的订立、履行和承担违约责任等方面都处于平等的法律地位,彼此的权利和义务对等。这是市场经济的内在要求,市场经济的存在和发展要求公平、公正的交易,而市场主体地位平等是实现公平、公正交易的法律前提。这一原则的含义如下:合同当事人,无论是法人和其他经济组织,还是自然人,只要他们以合同主体的身份参加到合同关系当中来,他们之间就处于平等的法律地位,法律给予他们一视同仁的保护。

3. 自愿原则

确立合同自愿原则是鼓励交易、发展市场经济的必然要求。合同关系越发达、越普遍,则意味着交易越活跃,市场经济越具有活力,社会财富才能在不断增长的交易中得到增长。然而,这一切都取决于合同当事人依法享有充分的合同自由。可以说,合同自愿是市场经济条件下交易关系发展的基础和必备条件,而以调整交易关系为主要内容的合同法当然应以此为最基本的原则。

4. 诚实信用原则

诚实信用原则主要体现在以下方面:

(1) 当事人与他人订立、履行民事合同时,均应诚实,不作假,不欺诈,不损害他人利益和社会利益。

(2) 当事人应恪守信用,履行义务;不履行义务使他人受到损害时,应自觉承担责任。

合同法中确认诚实信用原则,有利于保持和弘扬恪守信用、一诺千金的传统商业道德,有利于强化当事人的合同意识,维护社会交易秩序,并为司法实践中处理合同纠纷提供准绳。

5. 等价有偿的原则

民法规定的民事主体在从事民事活动时必须按照价值规律的要求进行等价交换,在实现自己的经济利益时也必须满足对方当事人的经济利益要求的准则。只有遵循等价有偿原则,才能实现价值规律的要求,保障商品交换的正常进行。这也是订立合同的一项基本原则。

二、工程项目合同的特点

1. 合同标的的特殊性

工程项目合同的标的是建筑产品,而建筑产品和其他产品相比具有固定性、形体庞大、生产的流动性、单件性、生产周期长等特点。这些特点决定了工程项目合同标的的特殊性。

2. 合同内容繁杂

由于工程项目合同标的的特殊性,合同涉及的方面多,涉及多种主体以及它们之间的法律、经济关系,这些方面和关系都要求工程合同内容尽量详细,导致了工程合同内容的繁杂。例如,工程合同除了应当具备合同的一般内容外,还应对安全施工、专利技术使用、发现地下障碍和文物、工程分包、不可抗力、工程变更以及材料设备的供应、运输、验收等内容做出规定。

3. 合同履行期限长

由于工程建设的工期一般较长，再加上必要的施工准备时间和办理竣工结算及保修期的时间，决定了工程项目合同的履行期限具有长期性。

4. 合同监督的严格性

由于工程项目合同的履行对国家的经济发展、人民的工作和生活都有重大影响，国家对工程项目合同实施非常严格。在合同的订立、履行、变更、终止全过程中，除了要求合同当事人对合同进行严格管理外，合同的主管机关（工商行政管理机构）、建设行政主管机关、金融机构等都要对合同进行严格监督。

第二节 工程项目合同体系

一、公路工程项目的合同体系

公路工程（特别是大型项目）建设是一个复杂的过程，需要涉及许多不同行业的单位，投入许多不同专业的人力以及大量的资金设备。它们之间通过合同形成了不同的经济关系，从而形成了复杂的合同体系，如图7-1所示。其中，业主和承包人依法签订的施工合同是"核心合同"，业主又处于合同体系中的"核心位置"。

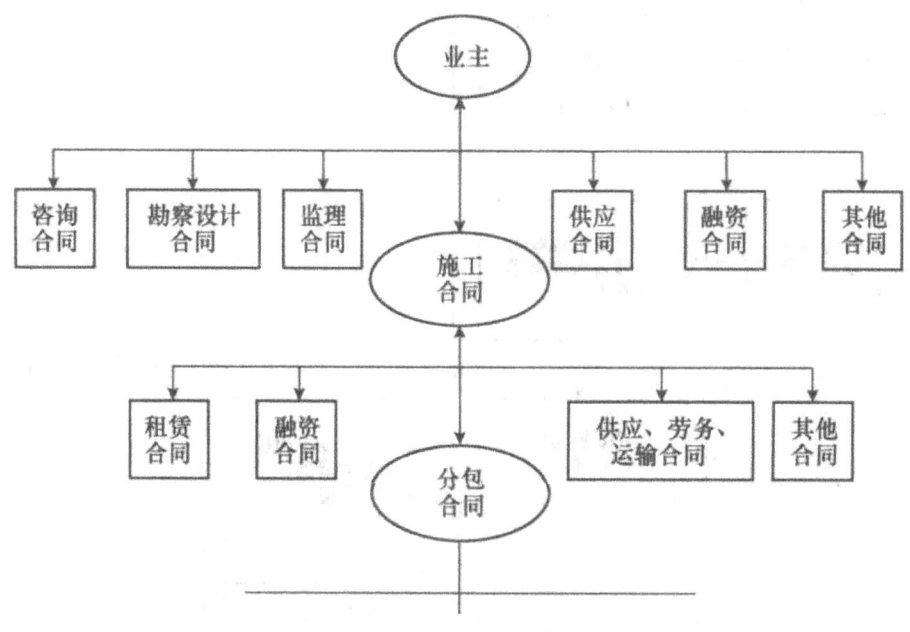

图7-1 公路工程合同体系

二、承包商的主要合同关系

承包商是工程施工的具体实施者，是工程承包合同的履行者。承包商通过投标接受业主的委托，签订工程承包合同。承包商要完成承包合同中约定的责任，包括由工程量清单中所确定工程范围的施工、竣工和缺陷责任及保修，并为完成这些工程提供劳动力、施工设备、材料，有时也包括技术设计。任何承包商都不可能，也不必具备所有的专业工程的施工能力、材料和设备的生产和供应能力。因此，其必须将一些专业施工（或工作）委托出去。这样，除了与业主签订的承包合同之外，还形成了承包商复杂的合同关系。

1. 分包合同

对于一些大型工程项目的施工，承包商通常需要与其他承包商合作才能完成总承包合同责任。承包商把从业主那里承接到的工程中的某些分项工程或工作分包给另一承包商来完成，则要与其他承包商（分包人）签订分包合同。承包商在总承包合同下可能订立许多分包合同，而分包人仅完成总承包商分包给自己的工程，向总承包商负责，与业主无合同关系。总承包商仍向业主担负全部工程责任，负责工程的管理和所属各分包人工作之间的协调，以及各分包人之间合同责任界面的划分，同时承担协调失误造成损失的责任，向业主承担工程风险。

在投标书中，承包商必须附上拟订的分包人的名单和工程规模，供业主审查；未列入投标文件的专项工程，承包人不得分包。如果在工程施工中重新委托分包人，必须经过监理工程师（或业主代表）的批准。

2. 采购合同

承包商为采购和供应工程所必要的材料、设备，与材料、设备供应商所签订的材料、设备采购合同。

3. 运输合同

运输合同是承包商为解决材料、物资、设备的运输问题而与运输单位签订的合同。

4. 加工合同

加工合同是承包商将建筑构配件、特殊构件的加工任务委托给加工承揽单位而签订的合同。

5. 租赁合同

在公路工程施工中，承包商需要许多施工设备、运输设备、周转材料。当有些设备、周转材料在现场使用率较低，或自己购置需要大量资金投入，而自己又不具备这个经济实力时，可以采用租赁的方式与租赁单位签订租赁合同。

6. 劳务采购（或分包）合同

劳务采购（或分包）合同即由劳务供应商（或劳务分包人）向工程施工提供劳务，承包人与劳务供应商（或劳务分包人）之间签订的合同。

7. 保险合同

保险合同即承包商按施工合同要求对工程进行保险，与保险公司签订保险合同。

8. 检测合同

检测合同即承包商与具有相应资质检测单位签订的合同。

上述承包商的主要合同关系如图 7-2 所示。承包商的这些合同都与工程承包合同相关，都是为了完成承包合同而签订的。

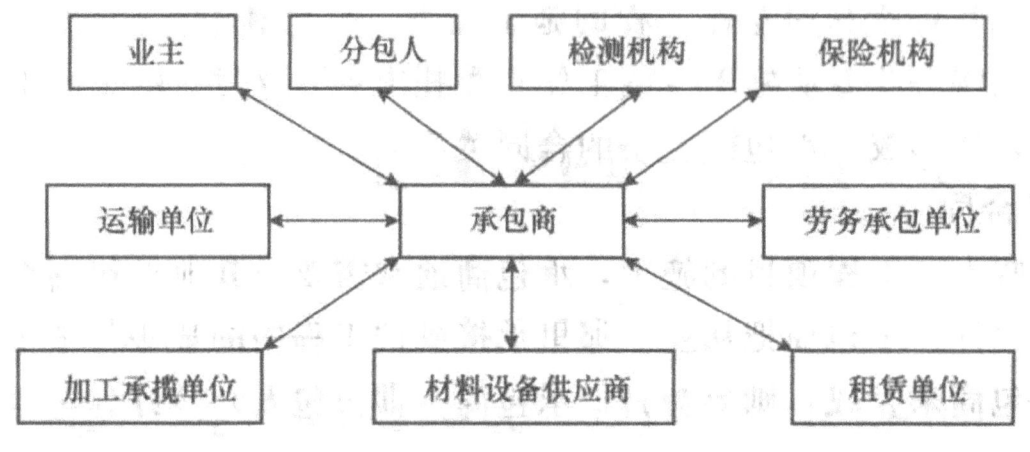

图 7-2　承包商的主要合同关系

第三节　工程项目的招标与投标

一、公路工程施工招标条件与程序

（一）公路工程施工招标的条件

1. 公路工程施工招标的项目应具备的条件

公路工程施工招标的项目应当具备下列条件：

（1）初步设计文件已被批准。

（2）建设资金已经落实。

（3）项目法人已经确定，并符合项目法人资格标准要求。

2. 初步设计文件的内容和批准

（1）初步设计文件的内容。

初步设计的概算以及招标所需的设计图纸及技术资料等。

（2）初步设计文件的批准。

初步设计文件应当履行审批手续的，已经获得批准。招标范围、招标方式和招标组织形式等应当履行核准手续的，已经核准。

3. 建设资金已经落实的具体要求

根据《建筑工程施工许可管理办法》的规定，建设资金已经落实，是指建设工期不足1年的，到位资金原则上不得少于工程合同价的50%；建设工期超过1年的，到位资金原则上不得少于工程合同价的30%。建设单位应当提供银行出具的到位资金证明，有条件的可以实行银行付款保函或者其他第三方担保。

4. 项目法人的确定与资格要求

《公路建设市场管理办法》第十一条和十二条对于项目法人的规定如下：公路建设项目依法实行项目法人责任制。项目法人可自行管理公路建设项目，也可委托具备法人资格的项目建设管理单位进行项目管理。收费公路建设项目法人和项目建设管理单位进入公路建设市场实行备案制度。

5. 招标条件的公告格式。

本招标项目（项目名称）已由（项目审批、核准或备案机关名称）以（批文名称及编号）批准建设，项目业主为（项目法人），建设资金来自（资金来源），项目出资比例为（填入数字），招标人为（项目法人、代建单位）。项目已具备招标条件，现进行公开招标，特邀请有兴趣的潜在投标人（以下简称申请人）提出资格预审申请。

6. 施工招标的法定方式

公路工程施工招标分为公开招标和邀请招标。

（二）公路工程施工招标的程序

1. 公路工程施工招标的法定程序

公路工程施工招标应当按下列程序进行：

（1）确定招标方式，采用邀请招标的，应当按照国家规定报有关主管部门审批。

（2）编制投标资格预审文件和招标文件，招标文件按照本办法规定备案（国道主干线和国家高速公路网建设项目的工程施工招标文件应当报交通运输部备案，其他公路建设项目的工程施工招标文件应当按照项目管理权限报县级以上地方人民政府交通主管部门备案）。

（3）发布招标公告，发售投标资格预审文件；采用邀请招标的，可直接发出投标邀请书，发售招标文件。

（4）对潜在投标人进行资格审查。

（5）向资格预审合格的潜在投标人发出投标邀请书和发售招标文件。

（6）组织潜在投标人考察（或踏勘）招标项目工程现场，召开标前会（投标预备会）。

（7）接受投标人的投标文件，公开开标。

（8）组建评标委员会评标，推荐中标候选人。

（9）确定中标人，评标报告和评标结果按照本办法规定备案并公示。

（10）发出中标通知书。

（11）与中标人订立公路工程施工合同。

2. 接受投标人的投标文件并公开开标

招标人对投标人按时送达并符合密封要求的投标文件，应当签收，并妥善保存。招标人不得接受未按照要求密封的投标文件及投标截止时间后送达的投标文件。

3. 评标并推荐中标人

评标办法有三种，分别是综合评估法、合理低标价法、经评审的最低投标价法。公路工程施工招标评标，一般应当使用合理低标价法。使用世界银行、亚洲开发银行等国际金融组织贷款的项目和规模较小、技术含量较低的工程，可使用经评审的最低投标价法。不同的评标方法其分值构成和评分标准不同，但是三种方法都是由评标办法前附表和评标办法正文组成。

除"投标人须知"前附表授权直接确定中标人外，评标委员会按照得分由高到低的顺序推荐中标候选人。

4. 定标

除"投标人须知"前附表规定评标委员会直接确定中标人外，招标人依据评标委员会推荐的中标候选人确定中标人，评标委员会推荐中标候选人的人数依照"投标人须知"前附表的规定人数一般不超过3人。

二、公路工程施工投标条件与程序

（一）公路工程施工投标的条件

1. 投标人应具备的条件

（1）投标人资质要求

①企业资质

投标人基本情况表应附企业法人营业执照副本（全本）的复印件（并加盖单位章）、施工资质证书副本（全本）的复印件（并加盖单位章）、安全生产许可证副本（全本）的复印件（并加盖单位章）、基本账户开户许可证的复印件（并加盖单位章）。

②人员资质

拟委任的项目经理和项目总工资历表应附项目经理（以及备选人）和项目总工（以及备选人）的身份证、职称资格证书以及资格审查条件所要求的其他相关证书（如建造师注册证书、安全生产考核合格证书等）的复印件，应提供其担任类似项目的项目经理和项目总工的相关业绩证明材料复印件，并应附投标人所属社保机构出具的拟委任的项目经理和项目总工参加社保的有效证明材料（并加盖社保机构单位章）。投标人在投标文件中填报的项目经理（以及备选人）和项目总工（以及备选人）不允许更换。

（2）财务状况要求

近年财务状况表应附经会计师事务所或审计机构审计的财务会计报表，包括资产负债表、现金流量表、利润表和财务情况说明书的复印件，具体年份要求见投标人须知前附表。

（3）工程业绩

近年完成的类似项目情况表应附中标通知书和（或）合同协议书、工程接收证书（工程竣工验收证书）的复印件，具体年份要求见投标人须知前附表。每张表格只填写一个项目，并标明序号。

工程接受证书（工程竣工验收证书）可以是发包人出具的公路工程（标段）交工验收证书，或竣工验收委员会出具的公路工程竣工验收鉴定书，或质量监督机构对各参建单位签发的工作综合评价等级证书。

正在施工和新承接的项目情况表应附中标通知书和（或）合同协议书复印件。每张表格只填写一个项目，并标明序号。

2.投标要求

投标人应当按照招标文件的要求，按时参加招标人主持召开的标前会并勘察现场。投标人应当按照招标文件的要求编制投标文件，并对招标文件提出的实质性要求和条件做出响应。

投标文件中投标函及投标函附录、投标报价部分应当由投标人的法定代表人或其授权的代理人签字，并加盖投标人印章，其他部分应当按照招标文件的要求签署。

投标文件按照要求送达后，在招标文件规定的投标截止时间前，投标人如需撤回或者修改投标文件，应当以正式函件提出并做出说明。修改投标文件的函件是投标文件的组成部分，其形式要求、密封方式、送达时间，适用对投标文件的规定。

投标人未按照要求密封的投标文件以及投标截止时间后送达的投标文件。招标人不得接受。

（二）公路工程施工投标的程序

1.公路工程施工投标的程序

公路工程施工投标的程序，如图7-3所示。

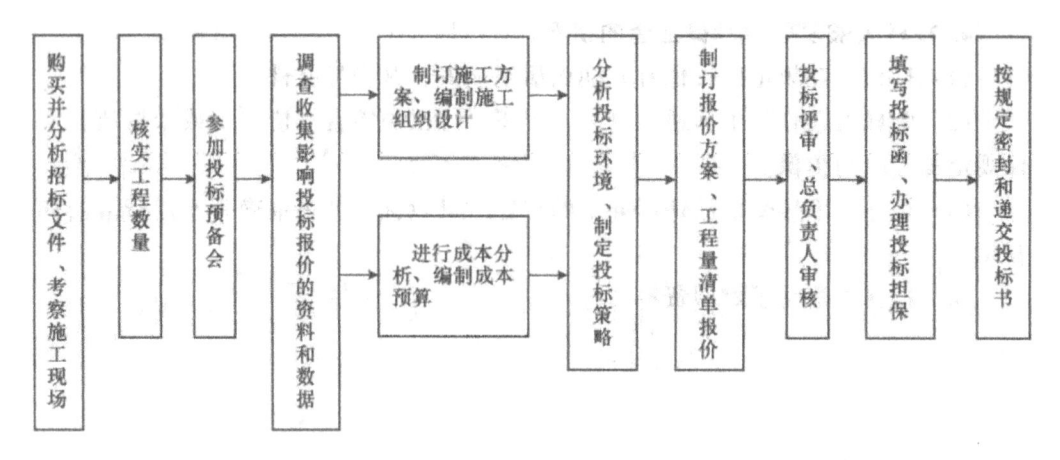

图 7-3　公路工程施工投标的程序

2. 承诺函的格式

（招标人名称）：

我方参加了（项目名称）标段施工投标，若我方中标，我方在此承诺：

若本项目资格预审文件或招标文件未要求我方在资格预审申请文件或投标文件中填报派驻本标段的其他主要管理人员和技术人员及主要机械设备和试验检测设备，在招标人向我方发出中标通知书之前，我方将按照合同附件提出的最低要求填报派驻本标段的其他主要管理人员和技术人员及主要机械设备和试验检测设备，在经招标人审批后作为派驻本标段的项目管理机构主要人员和主要设备且不进行更换。

若我方已按本项目资格预审文件或招标文件要求在资格预审申请文件或投标文件中填报派驻本标段的其他主要管理人员和技术人员及主要机械设备和试验检测设备，我方将严格按照在资格预审申请文件或投标文件中填报的其他主要管理人员和技术人员及主要机械设备和试验检测设备组织进场施工，且不进行更换。

如我方违背了上述承诺，本项目招标人有权取消我方的中标资格，并由招标人将我方的违约行为上报省级交通主管部门，作为不良记录纳入公路建设市场信息管理系统。

投标人：（盖单位章）

法定代表人或其委托代理人：（签字）

年月日

3. 签订合同

招标人和中标人应当自中标通知书发出之日起 30 日内，根据招标文件和中标人的投标文件订立书面合同。中标人无正当理由拒签合同的，招标人取消其中标资格，其投标保证金不予退还；给招标人造成的损失超过投标保证金数额的，中标人还应当对超过部分予以赔偿。

4. 投标人被没收投标保证金的情况

（1）投标人在规定的投标有效期内撤销或修改其投标文件。

（2）中标人在收到中标通知书后，无正当理由拒签合同协议书或未按招标文件规定提交履约担保。

（3）投标人不接受依据评标办法的规定对其投标文件中细微偏差进行澄清和补正。

（4）投标人提交了虚假资料。

第四节　工程项目合同管理

一、工程变更

（一）工程变更概念

工程变更是指经监理工程师审查批准并下达变更令后，对工程合同文件的任何部分或工程项目的任何部门所采用的形式上的改变、质量要求上的改变或工程数量上的改变。工程变更涉及的内容比较广泛。

工程施工过程中，工程变更通常是不可预见的。但工程变更一般均会对工程费用、工期产生影响，涉及业主和承包人的利益，因而监理工程师应谨慎地按合同条款实施工程变更管理。

（二）工程变更的规定与范围

1. 工程变更的规定

（1）合同文件是管理和实施工程的依据，总监理工程师在事先获得业主同意的情况下能就工程形式、质量、数量发布变更令以对合同文件做出变更、增加及省略的唯一权威。

（2）发布变更令基本上遵循的一些原则，如节约资金、土地或保证工程进度和质量。

（3）进行变更设计，事先应周密调查，备有图文资料，设计深度应符合技术规范要求，并填写《工程变更申请单》，详细申述变更设计理由（包括与原设计技术经济比较），按照审批程序及权限，报请审批，未经正式批准的，不得按变更设计施工。

（4）任何工程的形式、数量、质量和内容上的变动，必须由监理工程师签发《工程变更令》，并由监理工程师监督承包人实施。

（5）监理工程师认为有必要根据合同有关规定变更工程时，应经业主同意。

（6）业主提出变更时，监理工程师应根据合同有关规定办理。

（7）承包人请求变更时，经监理工程师审查，必要时报业主同意后，根据合同有关规定办理。

（8）监理工程师应就颁布工程变更令引起的费用增减，与业主和承包人进行协商，以确定费用。

2. 工程变更的范围

如果监理工程师认为有必要对工程或其中任何部分的形式、质量或数量做出任何变更，包括以下方面：

（1）增加或减少合同中包括的任何工程的数量；

（2）取消合同中任何部分的工程细目的工作（若被取消的工作是由业主或其他承包人实施的除外）；

（3）改变合同中任何工作的性质、质量或种类；

（4）改变工程任何部分的线型、标高、位置和尺寸；

（5）完成工程所必需的任何种类的附加工作；

（6）改变工程任何部分施工的顺序或时间。

（三）变更程序

1. 变更通知

监理工程师经批准决定根据有关规定对工程进行变更时，向承包人发出变更通知。其内容主要包括以下几个方面：

（1）变更的工程项目、部位或合同某文件内容；

（2）变更的原因、依据及有关的文件、图纸、资料；

（3）要求承包人据此安排变更工程的施工或合同文件修订的事宜；

（4）要求承包人向监理工程师提交他认为此项变更给其费用带来的影响的估价报告。

2. 资料收集

监理工程师将指定专人受理变更，较大的工程变更，必要时邀请设计代表参加。变更通知发出的同时，着手收集与该变更有关的资料。包括变更前后的图纸（或合同、文件）；技术变更洽商记录；技术研讨会记录；来自业主、承包人、监理部和监理工程师方面的文件与会谈记录；行业部门涉及该变更方面的规定与文件；上级主管部门的指令性文件等。

3. 费用评估

监理工程师根据掌握的文件资料和实际情况，按照合同的有关条款，考虑综合影响，完成下列工作之后对变更费用做出评估：

（1）审核变更工程数量或拟修改的合同文件；

（2）确定变更工程单价及费率或拟修改合同文件引起的费用；

（3）以上评估结果将报监理部审批。

4. 协商价格

监理工程师应根据承包人提交此项变更的费用估价报告，会同承包人和业主就工程变更费用评审及确定支付单价进行协商，对协商一致的单价可确定为工程支付单价。在意见难以统一时，监理工程师根据情况在报业主同意后，定出认为合理的单价或总额价，并通知承包人，抄送业主。为不延误工程进展，变更工程支付单价或总额价一时不能议定，监理工程师可以确定暂时的单价或总额价作为暂时付款依据,先向承包人发布工程变更指令,使承包人继续施工,在施工的同时,与承包人进一步协商变更涉及的费率和价格。

5. 颁布工程变更令

变更资料齐全、变更价格确定并获监理部及业主批准后,监理工程师向承包人发出工程变更令。

(四)工程变更的估价

1. 对于所有按监理工程师指示的工程变更,若属于原合同中的工程量清单上增加或减少的工作项目的费用及单价,一般应以合同中工程量清单所列的单价或价格而定或参考工程量清单所列的单价或价格而定。

2. 如果合同的工程量清单中没有包括适用此项变更工作的单价或价格,则应在合同的范围内使用合同中的费率和价格作为估价的基础。若做不到这一点,合适的价格要由监理工程师与业主和承包商三方共同协商解决而定。如协商不成,不能达成协议,则应由监理工程师在其认为是合理和恰当的前提下,决定此项变更工程的费率和价格,并通知业主和承包商。

3. 监理工程师需做出决定的单项造价及费率,是相对于整个工程或分项工程中工程性质和数量有较大的变更,一般用工程量清单中的价格已是不合理的或是不合适的。监理工程师应协调各方调整价格。

二、工程延期

(一)工程延期的概念

工程延期是指按合同有关规定,由于非承包人自身原因造成的,经监理工程师书面批准的合理竣工期限的延长。工程延期不包括由于承包人自身原因造成的工期延误。延期的原因主要有额外的或附加的工程;恶劣的气候条件;由业主造成的延误或阻碍;不是承包人的过失、违约或由其负责的其他特殊情况;合同中所规定的任何延误原因。

如果上述任何一种情况发生,使承包商有理由延期完成工程或其任何区段或部分,则监理工程师应与业主和承包商适当协商后做出公平的延期决定。

(二)工程延期申请程序

如果由于非承包人的责任,工程不能按原定工期完工,则承包人有权根据合同约定按以下程序申请延期:

1. 承包人应在知道或应当知道索赔事件发生后 28 天内,向监理工程师递交索赔意向通知书,并说明发生索赔事件的事由。承包人未在前述 28 天内发出索赔意向通知书的,丧失要求追加付款和(或)延长工期的权利。

2. 承包人应在发出索赔意向通知书后 28 天内，向监理工程师正式递交索赔通知书。索赔通知书应详细说明索赔理由以及要求追加的付款金额和（或）延长的工期，并附必要的记录和证明材料。

3. 索赔事件具有连续影响的，承包人应按合理时间间隔继续递交延续索赔通知，说明连续影响的实际情况和记录，列出累计的追加付款金额和（或）工期延长天数。

4. 在索赔事件影响结束后的 28 天内，承包人应向监理工程师递交最终索赔通知书，说明最终要求索赔的追加付款金额和延长的工期，并附必要的记录和证明材料。

如果承包人未履行上述程序，则监理工程师可以不做出任何延期的决定。如果承包人的延期要求是合理的，而由于监理工程师未能在合理的时间内做出延期的决定，致使承包人的工程进度受到影响，将可能导致更多的索赔。

（三）工程延期审批依据

监理工程师审批工程延期的依据主要有以下几个方面：

1. 延期事件是否属实。
2. 是否符合合同规定。
3. 延期事件是否发生在施工进度网络计划图的关键线路上。
4. 延期天数的计算是否正确，证据资料是否充足。

（四）工程延期审批程序

1. 收集资料，做好记录

监理工程师应在收到承包人延期意向后，做好工地实际情况的调查和日常记录，收集来自现场以外的各种文件资料与信息。

2. 审查承包人的延期申请

监理工程师收到承包人正式的延期申请后，应主要从以下两方面进行审查：

（1）延期申请的格式满足监理工程师的要求。

（2）延期申请应列明延期的细目及编号；阐明延期发生、发展的原因及申请所依据的合同条款；附有延期测算方法及测算细节和延期涉及的有关证明、文件、资料、图纸等。审查通过后，可开始下一步的评估。否则，监理工程师应将申请退回承包人。

3. 延期评估

延期评估主要从以下四个方面进行：

（1）承包人提交的申请资料必须真实、齐全，满足评审需要。

（2）申请延期的合同依据必须准确。

（3）申请延期的理由必须正确与充分。

（4）申请延期天数的计算原则与方法应恰当。

监理工程师应根据现场记录和有关资料，进行修订并就修订的结果与业主和承包人进行协商。

4. 审查报告

审查报告主要由以下文件组成：

（1）正文：受理承包人延期申请的工作日期、工程简况；确认的延期理由及合同依据；经调查、讨论、协商、确认的延期测算方法及由此确认的延期天数、结论等。

（2）附件：监理人员对该延期的评论。承包人的延期申请，包括涉及的文件、资料、证明等。

5. 确定延期

监理工程师应在确认其结论之后，签发《索赔时间金额审批表》。

三、工期延误

（一）工程延误的分类

工程延误是指各种原因造成的工程施工不能按原定时间要求进行，而使总工期延长。引发工程延误的原因有两种：一是承包商自身原因造成的工程延误；二是承包商以外其他原因造成的工程延误。

通常把延误分为可原谅延误与不可原谅延误（又分为可补偿延误与不可补偿延误）、共同延误与非共同延误、关键延误与非关键延误等。

1. 可原谅延误与不可原谅延误

可原谅延误是指允许延长工期的延误。非承包人过错所引起的工程施工延误，虽然不一定能获得经济补偿，但还是可以原谅的。不可原谅延误是指因可预见的条件或在承包人控制之内的情况，或由承包人自己的问题与过错而引起的延误。

（1）可原谅延误的种类主要有以下几种：

①不可抗力引起的延误，不可抗力是当事人所无法控制的。

②不利自然条件或客观障碍引起的延误。

③特别恶劣的气候条件引起的延误。

④特殊风险引起的延误。

⑤罢工及其他经济风险引起的延误。

⑥业主或业主代表原因引起的延误。

（2）可原谅延误又分为可补偿延误与不可补偿延误。

①可补偿延误是指承包人有权同时要求延长工期和经济补偿的延误。一般因业主或其代理人的错误疏忽而引起的施工延误都是可补偿的。

②不可补偿延误是指可给予延长工期，但不能对相应经济损失给予补偿的可原谅延误。这种延误一般不是因双方当事人有错误或疏忽，而是由双方都无法控制的原因造成的。

2.共同延误与非共同延误

共同延误是指两条或两条以上的单独延误同时发生。主要有两种情况：在同一种工作上同时发生两条或两条以上延误；在不同的工作种同时发生两条或两条以上延误。

第一种情况比较简单，只要每一项延误的时间相同，它们对整个工程所产生的影响就是相同的。共同延误主要有以下几种基本组合。

（1）可补偿延误与不可原谅延误同时存在：在这种情况下，承包商不能要求工期延长及经济补偿，因为即使是没有可补偿延误，不可原谅延误也已造成工程延误。

（2）不可补偿延误与不可原谅延误同时存在：在这种情况下，承包商无权要求延长工期，因为即使是没有不可补偿延误，不可原谅延误也已导致工程延误。

（3）不可补偿延误与可补偿延误同时存在：在这种情况下，承包商可以获得工期延长，但不能得到经济补偿，因为即使是没有可补偿延误，不可补偿延误也已造成工程延误。

（4）两种可补偿延误同时存在：在这种情况下，承包商只能得到一项工期延长或经济补偿。

非共同延误是指单一的只发生一种延误，而没有其他延误同时发生的延误。

3.关键延误与非关键延误

关键延误是指在施工网络计划关键线路上发生的延误。非关键延误是指非关键线路上发生的延误。关键延误肯定会导致整个工程的延误，如果是可原谅的，则承包人可以获得工期延长。非关键延误，由于非关键线路上的活动都有一定的机动时间可以利用，具有一定的灵活性，所以，在该机动时间范围内的非关键延误不会导致整个工程的延误，承包人不能获得工期延长。当然，一旦机动时间用完，则原来的非关键延误也就变成了关键延误。

（二）工期延误处理

1.非承包人的原因或责任延误工期处理

监理工程师在进度监理过程中，若发现有较大的延误事件，应认真处理好这些延误事件。首先，可对进度进行检查，判断其延误是否影响到后续工作的进行及是否影响到总工期，工期将拖延多少。对无误期影响的延误事件一般无须处理，但要极为关注。如经过判断可能会对总工期造成影响，应督促承包商调整工程进度计划，采取措施加快工程进度。

其次，应通过现场记录和有关文件或资料分析这些延误事件的原因或责任。

如果由于非承包人原因造成了承包商延误，且这种延误会造成误期，承包商必须提出延期申请，并在规定的时间内，提出延期具体细节，以供监理工程师审查处理。延期获得批准必须同时符合以下条件：

（1）符合合同的规定。

（2）事件发生在关键线路上，或发生在非关键线路上，但延误时间超过总时长会造成进度计划的拖延。

（3）符合实际情况。符合以上条件时监理工程师应按规定批准承包人的延期申请。

2. 承包人的原因或责任延误工期处理

工期拖延影响不大的处理。承包人自身原因的延误引起工期拖延不大、没有超过一定百分比时，承包人一般可通过加强内部管理来自身消化。作为监理工程师应及时提醒或告诫承包人延误工期将受到的处罚，以提高承包人如期完成工程的自觉性，促使承包人自觉加强内部管理、优化资源调配，在后续的施工中抢回失去的时间。

工期影响较大的处理。从进度计划的检查，反映出承包人自身原因的延误所引起工期拖延的影响较大，达到或超过危险的百分比时，监理工程师可根据合同规定的程序和权利处理。

在承包人无权取得任何延期的情况下，监理工程师认为实际工程进度过于缓慢，将不能按照进度计划预定的竣工期完成工程时，应指示或通知承包人采取加快措施，以赶上工程进度中的阶段目标和总体目标。承包人提出和采取的加快工程进度的措施必须经过监理工程师批准。监理工程师应从工地掌握第一手资料，以便对承包人提供的加快进度措施的审批。批准时应注意以下事项：

（1）只要承包人提出的加快工程进度的措施符合施工程序并能确保工程质量，监理工程师应予以批准。

（2）因采取加快工程进度措施而增加的施工费用应由承包人自负。

（3）因增加夜间施工或法定节假日施工而涉及业主的附加监督管理（包括监理）费用，应由承包人负担，费用数额及支付方式由业主、监理工程师及承包人协商确定。

监理工程师控制进度对承包人的手段有误期赔偿和终止合同两种。如果由于承包人自身原因引起的误期，则监理工程师不能批准其延期。对承包商原因造成的延误处理有停止付款、对承包商收取一定金额的拖期违约损失赔偿金、终止雇用等。在施工中，施工进度拖后，承包商不听监理工程师的警告，又不采取积极措施，可停止付款予以制约，这是一般的制约手段。当承包商未能按合同规定的工期和条件竣工，承包商应向业主支付投标书附件规定的拖期损失赔偿金。如承包人的进度太慢而又无视监理工程师的警告，不采取加快进度的措施或根本无力按期完工，业主有权终止或解除对承包商的雇用。

四、费用索赔与反索赔

（一）费用索赔

1. 费用索赔的概念

费用索赔是指在工程实施过程中，非承包人自身原因造成的费用损失或增加，根据合同有关规定，承包人通过合法的途径和程序，正式向业主提出认为应该得到额外费用的一种手段。施工索赔具有以下基本特征：

（1）索赔是双向的，不仅承包人可以向发包人索赔，发包人同样也可以向承包人索赔。

（2）只有实际发生了经济损失或权利损害，一方才能向另一方索赔。

（3）索赔是一种未经对方确认的单方行为，必须通过双方确认（如双方协商、谈判、调解或仲裁、诉讼）后才能实现。

2. 索赔产生的原因

（1）合同文件内容出错。

（2）图纸延迟提交。

（3）不可预见的外界障碍或自然条件。

（4）监理工程师提供的水准点、基线等测量资料不准确。

（5）监理工程师指令进行的额外工作量。

（6）由业主风险所造成的损害的补救和修复。

（7）因施工中承包人开挖到化石、文物、矿产等珍贵物品，需停工处理。

（8）由于业主雇用其他承包人的影响，并为其他承包人提供服务。

（9）额外样品与试验。

（10）对隐蔽工程质量的揭露或开孔检查。

（11）工程全部中断或部分暂停。

（12）业主延迟提供用地。

（13）非承包人原因造成的工程缺陷需要修复。

（14）要求承包人调查和检查缺陷。

（15）工程变更。

（16）工程变更使合同总价格超过有效合同价的15%。

（17）特殊风险引起的工程被破坏和其他条款支付。

（18）特殊风险使合同终止。

（19）合同解除。

（20）业主违约引起工程终止。

（21）物价变动引起工程成本增减。

（22）后继法规的变化等。

3. 索赔的处理程序

（1）承包商应按合同的有关规定，定期向监理工程师提交一份尽可能详细的索赔清单，对没有列入清单的索赔一般不予考虑。

（2）监理工程师依据索赔清单，建立索赔档案。

（3）对索赔项目进行监督，特别是对提出索赔项目的施工方法、劳务和设备的使用情况进行详细了解并做好记录，以便核查。

（4）承包商提交正式的索赔文件，内容包括索赔的基本事实和合同依据，索赔费用（或时间）的计算方法及依据、结果，以及附件（包括监理工程师指令、来往函件、记录、进度计划、进度的延误和所受的干扰以及照片等）。

（5）监理工程师审核索赔文件。

（6）如果需要，可要求承包商进一步提交更详尽的资料。

（7）监理工程师提出索赔的初步审核意见。

（8）与承包商谈判，澄清事实和解决索赔。

（9）如果监理工程师与承包商取得一致意见，则形成最终的处理意见。如果有分歧的话，则监理工程师可单方面提出最终的处理意见。若承包商对监理工程师的决定不服，可提出上诉，监理工程师应准备上诉材料。

（10）根据业主授权，对于重大索赔经业主审批同意后，向承包商下达变更指令；对于一般索赔，监理工程师直接签发变更指令。

（二）反索赔

反索赔是相对索赔而言的，是对要求索赔者的反措施，也是变被动为主动的一种策略性行动。

1. 反索赔的目的

（1）预防对方提出索赔：在合同实施中，积极防御，使自己处于不被索赔的地位，是合同管理的重要任务。

①严格履行合同规定的义务，防止自身违约发生，使对方找不到索赔的理由和根据。

②对于不可预见和防范的风险发生时，一方面应积极采取措施，减少风险损失；另一方面应做好记录、收集证据，着手分析研究，为反索赔做准备。

（2）对索赔者的索赔要求进行评议和批评，指出其不符合合同条款的地方，或计算错误的地方，使其索赔要求被全部或部分否定，或去除索赔计价中不合理的部分，从而大大地压低索赔款额。

（3）利用合同赋予自己的权利，对索赔者的违约之处提出索赔要求，以维护自身利益。最终可能在索赔处理中双方都做出一定的让步，达到互不支付或减少支付索赔款额的目的。

2. 反索赔的种类

（1）工程拖期反索赔：工程施工的原定计划进度及完工日期拖后，可能影响到业主对该工程的投产计划，给业主带来经济损失时，按照国际工程标准合同条款的规定，业主有权对承包商进行索赔，即FIDIC合同条件中所述的"拖期损失赔偿费"。至于拖期损失赔偿的计价方法，在各个工程项目的合同文件中均有具体规定。一般规定，每拖期完工一天，应赔偿一定款额的损失赔偿费；拖期损失赔偿费的总额，一般不能超过该工程项目合同价格的一定比例（通常为10%）。

（2）施工缺陷反索赔：承包施工合同条件一般规定，如果承包商施工质量不符合施工技术规程的规定，或使用的设备和材料不符合合同规定，或者在缺陷责任期满以前未完成应进行修补的工程时，业主有权向承包商追究责任，要求补偿业主所受的经济损失。如果承包商在规定的期限内仍未完成修补缺陷工作，业主有权向承包商提出反索赔。

（3）承包商不履行的保险费用索赔：如果承包商未能按照合同条款为指定的项目投保并保证保险有效，业主可以投保并保证保险有效，业主所支付的必要的保险费可在应付给承包商的款项中扣回。

（4）对指定分包商的付款索赔：在工程承包商未能提供已向指定分包商付款的合理证明时，业主可以直接按照监理工程师的证明书，将承包商未付给指定分包商的所有款项（扣除保留金）付给这个分包商，并从应付给承包商的任何款项中如数扣回。

（5）业主合理终止合同或承包商不正当地放弃工程的索赔：如果业主合理地终止承包商的承包，或者承包商不合理地放弃工程，则业主有权从承包商手中收回由新的承包商完成工程所需的工程款与原合同未付部分的差额。

（6）其他损失反索赔：其他方面损失反索赔，因工程具体条件而变化，常见的有以下几种：

①承包商运送自己的施工设备和材料时，损坏了沿途的公路或桥梁；

②承包商的建筑材料或设备不符合合同要求而要重复检验所带来的费用开支；

③由于承包商的原因造成工程拖期时，在超出计划工期的拖期时段内的监理工程师服务费用，业主要求由承包商承担。

五、工程分包

在 FIDIC 条款中，将分包分成一般分包与指定分包两种，无论哪种形式的分包，都不能解除承包商对分包工程的责任和义务，承包商仍然对分包工程承担合同义务和违约责任，要对分包商的施工进行协商、督促和照管整个工程。

（一）一般分包

一般分包合同是指在合同履行中，承包人出于某种原因，将其所承担工程的某些特定部分，经监理工程师同意后，分包给另外的承包人施工，而与承包人签订的分包合同。通常将从承包人那里分包一部分工程，并与承包人签订工程分包合同的人和实体，称为一般分包人。一般分包具有如下特点：

1. 分包合同是由承包人指定的，承包人有权选择分包人，分包合同需由承包人与分包人签订。

2. 分包合同必须事先征得监理工程师和业主的同意和书面批准。

3. 承包人不能将全部工程或主体工程分包出去。

4. 承包人对分包出去的那部分工程仍然不解除合同规定的任何责任和义务。

5. 分包工程价款由承包人与分包人估算。

6. 业主和监理工程师均不与分包人直接联系，也不直接向分包人付款。

(二) 指定分包

指定分包合同是指业主或监理工程师指定、选定或批准的分包工程或提供货物、材料、设备及劳务人员，并经承包人同意后，与承包人签订的分包合同。

1. 指定分包的审批

指定分包合同一般应在业主同承包商签订承包合同后进行。最好在指定分包合同招标之前，受邀请投标的公司能得到业主和承包商的共同批准。指定分包合同的标书通常由监理工程师或业主拟订，并负责招标和接收中标事宜，接着由中标者与承包商签订指定分包合同。

2. 监理工程师对指定分包工程的管理

指定分包的工程，通常有其特殊性，而且指定分包多是由业主决定的。为了利于工程顺利进行及确保指定分包工程的质量和业主的利益，现行《公路工程施工监理规范》（JTGG10）中对监理工程师的工作做了如下规定：

（1）监理工程师宜设专人对指定分包工程进行管理。

（2）监理工程师应要求指定分包商提交一份证明其资格情况的资料，并要求指定分包商保护和保障承包商免予承担由于指定分包商的疏忽、违约造成的一切损失。

（3）监理工程师应明确指定分包工程所使用的技术规范与验收标准。

（4）监理工程师应审查承包商反对指定分包商的理由。确认反对合理时，建议业主对承包商的反对予以考虑；反之，则应帮助说服承包商接受指定分包商。

（5）监理工程师对指定分包商的支付应按下述规定办理：

①监理工程师应通过承包商对指定分包商进行支付；

②监理工程师可要求承包商出示指定分包商得到承包商付款的证明；

③承包商无正当理由拒绝向指定分包商付款的，监理工程师必须帮助业主从中期支付证书中扣留指定分包商应得的款项，直接向指定分包商支付。

六、工程暂停及复工

（一）工程暂停

在工程施工过程中，监理工程师为了保证工程质量、施工安全、合同能够有效实施，按照合同的规定有权要求承包人暂停施工。例如，当发生以下情况时，监理工程师在对暂停工程的影响范围和影响程度的初步评估后，有权根据合同的规定签发工程暂停令。

1. 业主要求暂停施工，且工程确有暂停施工必要时。

2. 工程施工中出现以下质量状态时：

（1）未经监理工程师检验或检验合格而进行下一道工序施工的。

（2）擅自采用未经监理工程师验收或不合格的材料、构配件和设备的。

（3）未经监理工程师批准，擅自变更设计图纸的。

（4）未经监理工程师批准，擅自将工程分包给其他单位的。

（5）工程出现质量缺陷、质量隐患及质量事故的。

（6）没有可靠质量保证措施导致出现施工质量问题，经监理工程师指出，未采取有效整改措施，仍继续施工的。

（7）违反国家及交通运输部有关规范、标准、规程而强行施工的。

3. 施工中出现安全隐患，监理工程师认为必须停工消除隐患时。

4. 施工中出现违反环保规定、未按合同要求落实环保措施，监理工程师认为必须停工整改时。

5. 由于承包人一方违约或过错而导致工程施工无法正常进行时。

6. 由于现场天气条件导致工程施工无法正常进行时。

7. 施工现场发生了诸如地震、海啸、洪水等不可抗力而导致工程施工无法正常进行时。

8. 工程开挖遇到地下文物、古迹等需要保护处理时。

9. 施工现场发生质量、安全、环境污染事故必须停工保护现场或采取防止事态进一步扩大措施时。

10. 监理工程师认定发生了必须暂停施工的紧急事件或其他情况时。

监理工程师签发的工程暂停令，应明确工程暂停范围、期限及工程暂停期间承包人应做的工作，并报业主同意。

（二）工程复工

在监理工程师签发工程暂停令后，承包人应当按照工程师的要求停止施工，妥善保护已完工工程，并采取措施消除隐患。监理工程师应当在提出暂停施工要求后，在规定的时间内提出书面处理意见。承包人实施监理工程师做出的处理意见后，出现的问题得到处理和解决，可提出书面复工要求。监理工程师应当在规定的时间内给予答复。若批准工程复工，要指示承包人做好进度计划调整，并报业主。

由于承包人原因导致施工暂停，在具备复工条件需要复工时，监理工程师应审查承包人报送的复工申请以及有关资料，并检查施工现场整改的实际情况，符合要求后，方可签发工程复工指令。

由于非承包人原因而导致工程暂停时，监理工程师应如实记录所发生的实际情况。在施工暂停原因消失后具备复工条件时，监理工程师应及时签发工程复工指令。

七、合同争端

（一）合同争端的概念

合同争端（议）也称合同纠纷，是指合同当事人对合同规定的权利和义务产生不同的理解。

（二）合同争端的类型

1. 工程价款支付主体争端

施工企业被拖欠巨额工程款已成为整个建设领域屡见不鲜的"正常事"。往往出现工程的发包人并非工程真正的建设单位，也并非工程权利人的情况。这种情况下，发包人通常不具备工程价款的支付能力，施工单位该向谁主张权利以维护其合法权益，成为争议的焦点。在此情况下，施工企业应理顺关系，寻找突破口，向真正的发包方主张权利，以保证合法权益不受侵害。

2. 工程进度款支付、竣工结算及审价争端

尽管合同中已列出了工程量，约定了合同价款，但实际施工中会有很多变化，包括设计变更、现场工程师签发的变更指令、现场条件变化如地质、地形等，以及计量方法等引起的工程数量的增减。这种工程量的变化几乎每月或每天都会发生，而且承包商通常在其每月申请工程进度付款报表中列出，希望得到额外付款，但常因与现场监理工程师有不同意见而遭到拒绝或者拖延不决。这些实际已完的工程未获得付款的金额，由于日积月累，在后期可能增大到一个很大的数字，业主更加不愿支付，因而造成更大的分歧和争端。承包商会认为由于未得到足够的应付工程款而不得不将工程进度放慢下来，而业主则会认为在工程进度拖延的情况下更不能多支付给承包商任何款项，这就会形成恶性循环而使争端越演越烈。更主要的是，大量的业主在资金尚未落实的情况下就开始工程建设，致使业主千方百计地要求承包商垫资施工、不支付预付款、尽量拖延支付进度款、拖延工程结算及工程审价进程，致使承包商的权益得不到保障，最终引起争端。

3. 工程工期拖延争端

一项工程的工期延误，往往是由于错综复杂的原因造成的。在许多合同条件中都约定了竣工逾期违约金。由于工期延误的原因可能是多方面的，要分清各方的责任往往十分困难。人们经常可以看到，业主要求承包商承担工程竣工逾期的违约责任，而承包商则提出因诸多业主方的原因及不可抗力等工期应相应顺延，有时承包商还就工期的延长要求业主承担停工、窝工的费用。

4. 安全损害赔偿争议

安全损害赔偿争议包括相邻关系纠纷引发的损害赔偿、设备安全、施工人员安全、施工导致第三方安全、工程本身发生安全事故等方面的争议。其中，建筑工程相邻关系是双

方十分关心的问题。施工企业应对可能造成损害的毗邻施工现场的建筑物、构筑物和特殊作业环境采取安全防护措施。

5. 合同终止及终止争端

终止合同造成的争端有承包商因这种终止造成的损失严重而得不到足够的补偿；业主对承包商提出的就终止合同的补偿费用计算持有异议；承包商因设计错误或业主拖欠应支付的工程款而造成困难提出终止合同；业主不承认承包商提出的终止合同的理由，也不同意承包商的责难及其补偿要求等。

除不可抗力外，任何终止合同的争端往往都是难以调和的矛盾造成的。终止合同一般都会给某一方或者双方造成严重的损害。如何合理处置终止合同后双方的权利和义务，往往是这类争端的焦点。

6. 工程质量及保修争端

工程质量方面的争议包括工程中所用材料不符合合同约定的技术标准要求，提供的设备性能和规格不符，或者不能生产出合同规定的合格产品，或者是通过性能试验不能达到规定的质量要求，施工和安全有严重缺陷等。这类质量争议在施工过程中主要表现为，工程师或业主要求拆除和移走不合格材料，或者返工重做，或者修理后予以降价处置。对于设备质量问题，则常在调试和性能试验后，业主不同意验收移交，要求更换设备或部件，甚至退货并赔偿经济损失。而承包商则认为缺陷是可以改正的，或者已改正；对生产设备质量则认为是性能测试方法错误，或者制造产品初投入的原料不合格或者是操作方面的问题等，质量争议往往变成责任问题。

此外，在保修期的缺陷修复问题往往是业主和承包商争议的焦点，特别是业主要求承包商修复工程缺陷而承包商拖延修复，或业主未经通知承包商就自行委托第三方对工程缺陷进行修复。在此情况下，业主要在预留的保修金中扣除相应的修复费用，承包商则主张产生缺陷的原因不在承包商或业主未履行通知义务而其修复费用未经其确认而不予同意。

（三）合同争端的解决方式

1. 协商

协商是指合同争议的双方当事人在自愿友好、互谅互让的基础上，经过谈判和磋商，自愿达成协议从而解决纠纷的一种方式。

2. 调解

调解是指合同争议的双方当事人在第三方主持下通过对双方当事人进行说服劝导，促使双方当事人自愿达成协议从而解决纠纷的活动。实践中主要有行政调解、法院调解或仲裁调解、民间调解四种方式。

3. 争端（议）评审

争端评审是指争议双方通过事前的协商，选定独立公正的第三方对其争议做出决定，并约定双方都愿意接受该约定的约束的一种非正式的解决争议的方式。

4. 仲裁

仲裁也称公断，是双方当事人通过协议自愿将争议提交第三者（仲裁机构）做出裁决，并负有履行裁决义务的一种解决争议的方式。仲裁需经双方同意并约定具体的仲裁委员会。仲裁可以不公开审理从而保守当事人的商业秘密，节省费用，一般不会影响双方日后的正常交往。

八、违约处理

（一）违约的概念

违约行为，也称违反合约，简称违约，是指一方当事人不合理拒绝或者不履行合法和强制性的合同义务，即完全不履行根据合同应负有的任何义务，通常表现为拒绝履行、不履行、延迟履行或者不当履行等形式。

（二）承包人的违约及处理措施

1. 承包人的违约

在合同签订以后或在合同执行中，如果承包人已无力偿还他的债务或陷入破产，或承包人同意转让合同，或其财产的主要部分被接管，或对承包人的任何重要部分强制抵押，或监理工程师向业主证明承包人有下述情况之一：

（1）无正当理由拒不执行通用条件规定的开工，或承包人在接到通用条件关于承包人施工进度过慢的通知28天后未进行施工或未进行任何部分的施工。

（2）在接到监理工程师根据通用条件规定需重做某些被拒收的材料或设备检验的通知，或根据通用条件规定拆运出不合格的工程材料或设备的指令28天后，仍不遵守该通知或指令。

（3）无视监理工程师的书面警告，一贯公然忽视履行合同规定的义务。

（4）已经违反了通用条件关于合同分包的规定。

则业主在收到监理工程师的上述关于承包人破产或任一条违约的书面证明后，应向承包人发出通知，并在通知发出14天后进驻施工现场和该工程，终止对承包人的雇用。但这并不解除合同规定的承包人的任何义务和责任，也不影响合同授予业主和监理工程师的各种权利和权限。

2. 承包人违约的处理措施

当监理工程师确认承包人违约时，应采取如下措施：指示承包人将其为履行合同而签订的任何协议的利益（如材料和货物的供应、服务的提供等）转让给业主；认真调查并充分考虑业主受到的直接和间接的费用影响后，办理并签发部分或全部终止合同的支付证明。

(三)业主的违约及处理措施

1. 业主的违约

业主有下列事实时,监理工程师应确认为其违约:

(1)没有在合同规定的时间内根据监理工程师签发的支付证书向承包人付款,也未向承包人说明理由。

(2)无理阻挠或拒绝监理工程师签发支付证书所需的批准。

2. 业主违约的处理措施

当监理工程师收到承包人因业主违约而提出的部分或全部终止合同的通知后,应尽快深入调查,收集掌握有关情况,澄清事实。在调查、了解的基础上,根据合同文件要求,同业主、承包人协商后,办理部分或全部终止合同的支付。

按照合同规定,因业主未能按时向承包人支付应得款项而违约时,承包人有权按合同有关规定暂停工程或延缓工程进度,由此产生的费用增加和工期延长,经监理工程师与业主、承包人协商后,将有关费用加到合同价中,并应给予承包人适宜的工期延长。如果业主收到承包人暂停工程或延缓工程进度的通知后,在合同规定的时间内恢复了向承包人应付款的支付以及支付了延期付款利息,承包人应尽快恢复正常施工。

九、工程保险

工程施工阶段的保险,是指通过专门机构——保险公司——以收取保险费的方式建立保险基金,一旦发生自然灾害或意外事故,造成参加保险者的财务损失或人身伤亡时,即用保险金给予补偿额的一种制度。

(一)检查保险

监理工程师应根据合同有关规定,从以下几个方面对承包人的保险进行检查:

1. 保险种类

合同规定的投保险种类有工程一切险、第三方责任险、施工装备和施工人员人身意外险。

2. 保险的数额

保险的数额应与实际价值相符或应符合合同的规定。

3. 保险的有效期

保险的有效期应不少于合同工期或修订的合同工期。

4. 保险单及保险费收据

确认承包人已在合同规定的时间内提交给业主,并保留复印件备查。

（二）落实保险

当监理工程师确认承包人未在合同规定的时间内，按合同规定的内容，向业主提交合格的保险单时，应采取如下措施：

1. 指定承包人尽快补充办理保险。

2. 承包人拒绝办理时，通知建议业主补充办理保险。

3. 保险最终由业主补充办理的监理工程师签发扣除承包人相应费用的证明。

4. 如果业主也未补办，监理工程师应书面通知承包人和业主由此带来的危害。根据合同有关规定，未来发生与此有关的一切责任和费用都将由责任方承担和赔偿，并督促其尽快办理保险。

第八章 工程项目进度管理

第一节 网络计划技术概述

20世纪50年代后期,社会化生产的进步、科学技术的发展以及电子计算机的应用,引起了计划管理方法的变革。为适应大规模生产的发展和关系复杂的现代科学研究的需要,而发展起来的一种以网络图为基础的计划管理方法,称为网络计划技术,我国著名数学家华罗庚先生概括地称之为统筹方法。

一、网络计划技术的起源与发展

世界上许多发达国家为了适应现代化生产发展和科学研究工作的需要,先后研究出了许多计划管理的新方法,并在近几十年中得到推广应用和发展。自1957年美国杜邦公司和1958年美国海军武器局分别研究应用了两种面向计算机描述工程项目的合理安排进度计划的方法:关键线路法(CPW)和计划评审技术(PERT),将网络计划技术成功地应用于若干工程的计划和管理工作中,取得了良好的效果。自此,网络计划技术风靡全球。在随后几十年的应用和发展中,为适应各种计划管理需要,以CPW方法为基础,世界各国相继应用开发了一些新型的网络计划方法,较有代表性的如搭接网络计划技术(DIN)、图形评审技术(GERT)、决策网络计划法(DN)、风险评审技术(VERT)、仿真网络计划法和流水作业网络计划法等。至此,网络计划技术作为一种现代计划管理方法,正在逐步替代传统的计划管理方法,被广泛应用于工业、农业、建筑业、国防和科学研究各种领域,已成为发达国家盛行的一种现代生产管理的科学方法。我国对网络计划技术的研究与应用起步较早,1965年,著名数学家华罗庚首先在我国的生产管理中推广和应用这些新的计划管理方法,并根据网络计划统筹兼顾、全面规划的特点,将其称为统筹法。30多年来,网络计划技术作为一门现代管理技术已逐渐被各级领导和广大科技人员重视。改革开放以后,网络计划技术在我国的工程建设领域也得到迅速推广和应用,尤其是在大中型工程项目的建设中;对其资源的合理安排、进度计划的编制、优化和控制等应用效果显著。目前,在我国工程建设领域中正在推行的项目法施工、工程建设监理、工程项目管理和工程造价管理等方面，网络计划技术成为必不可少的现代化管理方法。

1992年，国家技术监督局和国家建设部先后颁布了中华人民共和国国家标准《网络计划技术》（GB/T13400-1、13400-2、13400.3-92）三个标准，和中华人民共和国行业标准《工程网络计划技术规程》（JGJ/T-121-99），使工程网络计划技术在计划的编制与控制管理的实际应用中有了一个可遵循的、统一的技术标准，保证了计划的科学性，对提高工程项目的管理水平发挥了重大作用。

二、网络计划技术的分类

网络计划种类繁多，可以从不同的角度进行分类。

（一）按代号的不同划分

按代号的不同可以分为双代号网络计划和单代号网络计划。美国较多使用双代号网络计划，欧洲则较多使用单代号搭接网络计划，我国公路工程较常用的是双代号网络计划。

（二）按有无时间坐标的限制划分

按有无时间坐标的限制可以分为标注时间网络计划和时间坐标网络计划。

（三）按目标的多少划分

按目标的多少可以分为单目标网络计划和多目标网络计划。

（四）按编制对象划分

按编制对象可以分为局部网络计划、单位工程网络计划和综合网络计划（又称总网络计划）。局部网络计划，是以一个分部工程或一个施工段为对象编制的网络计划；单位工程网络计划，是以一个单位工程或单体工程为对象编制的网络计划；综合网络计划，是以一个建设项目为对象编制的网络计划。

在公路工程施工中，局部网络计划是指按公路的某一组成部分或某一施工阶段编制的分部工程或分项工程网络计划，每一道工序在网络图中都有一条相应的箭线，因而可以用于现场施工，如可以按照桥涵、路基、路面、沿线工程等不同专业分别编制；单位工程网络计划是按合同段分别编制的施工网络计划；综合网络计划是对一个公路工程项目的全部施工内容编制的网络计划，是具体指导工程全局的，它是工程从开工到竣工为止，各个主要环节总的进度安排，起着控制构成工程总体的各个单位工程或各个施工阶段工期的作用。

（五）按计划平面划分

按计划平面可以分为单平面网络计划和多平面网络计划。

（六）按工作和事件在网络图中的表示方法划分

按工作和事件在网络图中的表示方法可以分为事件网络计划和工作网络计划。事件网络计划，是以节点表示事件的网络计划；工作网络计划中以箭线及其两端节点的编号表示工作的网络计划为双代号网络计划，以节点及其编号表示工作的网络计划称为单代号网络计划。

（七）按工作之间逻辑关系和持续时间的肯定程度划分

按工作之间逻辑关系和持续时间的肯定程度可以分为肯定型网络计划和非肯定型网络计划。肯定型网络计划，即工作之间的逻辑关系及各工作的持续时间都是肯定的（如关键线路法 CPM）。非肯定型网络计划，即工作之间的逻辑关系和各工作的持续时间之中有一项以上是不肯定的（如计划评审技术 PERT、图示评审技术 GERT 等）。本章只讨论肯定型网络计划。

三、网络计划技术的特点

网络计划技术的基本模型是网络图。网络图是用箭线和节点组成的，用来表示工作流程的有向、有序的网状图形。所谓网络计划，是用网络图表达任务构成、工作、顺序，并加注时间参数的进度计划。与横道计划相比，网络计划具有如下优点：

1. 网络图把工程实施过程中的各有关工作组成了一个有机整体，能全面明确地反映出各项工作之间的相互制约和相互依赖的关系。

2. 能进行各种时间参数的计算。

3. 能在名目繁多、错综复杂的计划中找出决定工程进度的关键工作和关键线路，便于计划管理者集中力量抓主要矛盾，确保进度目标的实现。

4. 能从许多可行方案中，比较、优选出最佳方案。

5. 利用网络计划中反映出的各项工作的时间储备，可以合理地进行资源调整和配置，达到降低成本的目的。

6. 在计划执行过程中，某一工作由于某种原因推迟或提前完成时，可以预见到它对整个计划的影响程度，而且能根据变化的情况迅速进行调整，保证自始至终对计划进行有效的控制与监督。

7. 能够利用电子计算机进行时间参数计算和优化、调整，可以编程上机。它的出现与发展，使现代化的计算工作——计算机在建筑施工计划管理中得以更广泛的应用。网络计划技术既是一种计划方法，又是一种科学的管理方法，它可以为项目管理者提供许多信息，有利于管理人员全面了解、重点掌握、灵活安排、合理组织，取得好、快、省的全面效果，不断提高管理水平。网络计划的缺点是它不像横道图那么直观明了，但是带有时间坐标的网络计划图可以弥补其不足。

第二节 常用网络计划技术

网络计划技术是以网络计划对任务的工作进度进行安排和控制,以保证实现预定目标的科学的计划管理技术。网络计划由两部分构成,即网络图和网络时间参数。由于网络计划技术能清楚而明确地表达了各工作内容之间的逻辑关系,易于发现项目实施中经常出现的时间冲突、资源冲突;同时网络图的编制可粗可细,可以随着项目进展的深入而不断细化;可以根据需要编制多级网络计划系统;随着技术的进步,已有相关的应用软件替代人工绘制网络计划图,因此在现代项目管理中得到了广泛而深入的应用。我国的《工程网络计划技术规程》(JGJ/T-99)推荐的常用的网络计划类型主要有双代号网络计划、双代号时标网络计划、单代号网络计划、单代号搭接网络计划。

一、双代号网络计划

双代号网络计划是以箭线及其两端节点的编号表示工作的网络计划,由箭线、节点、线路三个基本要素组成。工作之间的逻辑关系可包括工艺关系和组织关系。其具体表现形式是双代号网络图,是由若干表示施工过程(工序)的箭线和表示事件的节点(圆圈)以及从开始节点至结束节点连通的有向路组成,其中每一个工序均应用一根箭线和两个节点来表示,每个节点都编以号码,箭线前后两个节点的号码即代表该箭线所表示的工序,如图 8-1 所示。

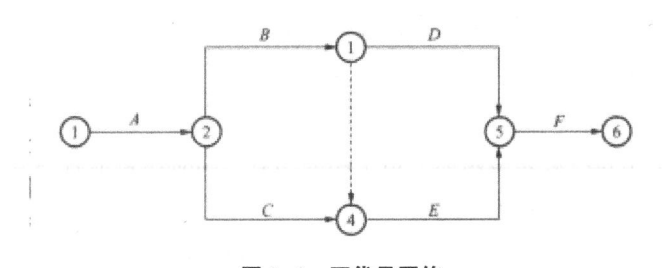

图 8-1 双代号网络

(一)双代号网络计划基本要素

1. 箭线(工作)

在双代号网络图中,每一条箭线表示一项工作(有时称工序、作业或活动),如支立模板、绑扎钢筋、浇筑混凝土、沙砾垫层等。箭线的箭尾节点表示该工作的开始,箭头节点表示该工作的结束。工作的名称标注在箭线的上方,完成该项工作所需要的持续时间标注在箭线的下方。由于一项工作需用一条箭线和其箭尾和箭头处两个圆圈中的号码来表示,故称为双代号表示法。在双代号网络图中，任意一条实箭线都要占用时间、消耗资源（有时只占时间，不消耗资源，如混凝土的养护）。在公路工程中，一条箭线表示项目中的一个施工过程，它可以是一道工序、一个分项工程、一个分部工程或一个单位工程，其粗细程度、大小范围的划分根据计划任务的需要来确定。

在双代号网络图中，为了正确表达图中工作之间的逻辑关系，往往需要应用虚箭线。虚箭线是实际工作中并不存在的一项虚拟工作，故它们没有工序名称，既不占用时间，也不消耗资源，一般起着工作之间的联系、区分和断路三种作用。联系作用是指应用虚箭线正确表达工作之间相互依存的关系；区分作用是指双代号网络图中每一项工作都必须用一条箭线和两个代号表示，若两项工作的代号相同时，应使用虚工作加以区分；断路作用是用虚箭线断掉多余联系（在网络图中把无联系的工作连接上时，应加上虚工作将其断开）。

在无时间坐标限制的网络图中，箭线的长度原则上可以任意改变，其占用的时间以下方标注的时间参数为准。箭线可以为直线、曲线、折线或斜线，但其行进方向均应从左向右。在有时间坐标限制的网络图中，箭线的长度必须根据完成该工作所需持续时间的大小按比例绘制。在同一张网络图上为了整齐美观，箭线的画法要统一，一般都画成水平直线或带水平直线的折线。箭线所指的方向表示工序前进的方向，箭线的箭尾表示该工序的开始，箭头表示该工序的结束，一条箭线表示工序的全部内容。工序名称应标注在箭线水平部分的上面，工序持续时间（也称作业时间）则注在下面，有时为了方便起见，工序名称可用A、B、C等代号表示。两个工序前后连续施工时，表示两个工序的箭线也应前后连续画下去。施工时还往往出现平行工序，平行工序的箭线也应平行绘制。

在双代号网络图中，各项工作之间的关系是相互联系的。通常将被研究的对象称为本工作，用i-j工作表示，紧排在本工作之前的工作称为紧前工作，紧排在本工作之后的工作称为紧后工作，与之平行进行的工作称为平行工作。

2.节点（又称事件）

节点是网络图中箭线之间的连接点，用圆圈表示，有的书上也把节点称为"事件"。双代号网络图中的节点一般是表示前一道工序的结束，同时还表示后一道工序的开始。节点既不占用时间，也不消耗资源，是个瞬时值，即它只表示工作的开始或结束的瞬间，起着承上启下的衔接作用。在网络图中，对一个节点来讲，可能有许多箭线指向该节点，这些箭线就称为"内向工序"（或内向箭线）。同样也可能有许多箭线由同一节点出发，这些箭线就称为"外向工序"（或外向箭线）。网络图中有三种类型的节点。

（1）起点节点：网络图的第一个节点叫"起点节点"，它只有外向箭线，一般表示一项任务或一个项目的开始。

（2）终点节点：网络图的最后一个节点叫"终点节点"，它只有内向箭线，一般表示一项任务或一个项目的完成。

（3）中间节点：网络图中既有内向箭线，又有外向箭线的节点称为中间节点。它意味着前道工序的结束和后续工序的开始。

在双代号网络图中，节点应用圆圈表示，并在圆圈内编号。一项工作应当只有唯一的一条箭线和相应的一对节点，且要求箭尾节点的编号小于其箭头节点的编号，应有：i<j<h。网络图节点的编号顺序应从小到大，可不连续，但不允许重复。

3. 线路

网络图中从起点节点开始，沿箭头方向顺序通过一系列箭线与节点，最后达到终点节点的通路称为线路。线路上各项工作持续时间的总和称为该线路的计算工期。一般网络图有多条线路，可依次用该线路上的节点代号来记述，其中持续最长的一条线路被称为关键线路，位于关键线路上的工作称为关键工作，是指网络图中总时差（总时差概念，详见后面叙述）最小的工作。当计划工期等于计算工期时总时差为零的工作就是关键工作。当计算工期不能满足计划工期时，可设法通过压缩关键工作的持续时间，以满足计划工期要求。在选择缩短持续时间的关键工作时，常常考虑如下因素：

（1）缩短持续时间而不影响质量和安全的工作。

（2）有充足备用资源的工作。

（3）缩短持续时间所需增加的费用相对较少的工作等。

4. 逻辑关系

网络图中工作之间相互制约或相互依赖的关系称为逻辑关系，它包括工艺关系和组织关系，在网络中均应表现为工作之间的先后顺序。

（1）工艺关系。生产性工作之间由工艺过程决定的、非生产性工作之间由工作程序决定的先后顺序关系叫工艺关系。

（2）组织关系。工作之间由于组织安排需要或资源（人力、材料、机械设备和资金等）调配需要而规定的先后顺序关系叫组织关系。

5. 绘图规则

网络图必须正确地表达整个工程或任务的工艺流程和各工作开展的先后顺序及它们之间相互依赖、相互制约的逻辑关系，因此，绘制网络图时必须遵循一定的基本规则和要求。

（1）双代号网络图必须正确表达已定的逻辑关系。

绘制网络图之前，要正确确定施工顺序及工序之间的衔接关系，根据施工的先后次序逐步把代表各道工序的箭线连接起来，绘制成网络图。

（2）双代号网络图中，严禁出现循环回路。

所谓循环回路是指从网络图中的某一个节点出发，顺着箭线方向又回到了原来出发点的线路。

（3）双代号网络图中，在节点之间严禁出现带双向箭头或无箭头的连线。

用于表示公路工程施工组织计划的网络图是一种有向图，是沿着箭头指引的方向前进的。因此，一条箭线只能有一个箭头，不允许出现有双向箭头的箭线，也不允许出现无箭头的连线。

（4）双代号网络图中，严禁出现代号相同的箭线，也不允许出现没有箭头节点或没有箭尾节点的箭线。

网络图中每一条箭线都各有一箭尾节点和箭头节点的代号，代号不得重复，一道工序只能有唯一的代号。

（5）当双代号网络图的某些节点有多条外向箭线或多条内向箭线时，为使图形简洁，可使用母线法绘制（但应一项工作用一条箭线和相应的一对节点表示）。

（6）绘制网络图时，箭线不宜交叉；当交叉不可避免时，可用过桥法或指向法，两条箭线不可以直接交叉。

（7）双代号网络图中应只有一个起点节点和一个终点节点（多目标网络计划除外），而其他所有节点均应是中间节点。

（8）在网络图中，应尽量避免使用反向箭线。

由于反向箭线容易发生错误或视觉误差，可能造成循环线路，在时标网络图中更不允许出现。

（二）双代号网络计划时间参数的计算

1. 作业时间的计算。

作业时间是指完成一项活动（工序）所需的时间，也就是在一定生产技术条件下，完成该项活动所需的延续时间，用符号 i 来表示。$t(i, j)$ 表示 (i, j) 这道工序的作业时间。确定作业时间是编制网络计划的主要依据。通常主要有以下几种方法：

①定额计算法，也叫单一时间法。一般情况下，可按工序的工程量，并根据投入资源的多少及该工序的定额计算出作业时间。若该工序无定额可查，则可采用经验估计法或参照相近行业相似定额确定单一作业时间值。

②加权平均值法，也叫三种时间估算法。这种方法是先估计三种时间（最短、最长和最可能完成时间），然后再求出其加权平均值 $t(i, j)$ 作为作业时间，其值可按下式：

$$t(i, j) = (a+4m+b)/6$$

式中 $t(i, j)$——活动 i-j 的作业时间；

A——最短估计时间，称为最乐观时间；

B——最长估计时间，称为最保守时间；

M——介于 a、b 二者之间的估计时间，称为最可能完成时间。

用此法计算的作业时间 $t(i, j)$ 值具有随机性，所以还必须进行概率计算，以确定工程在规定期限完成任务的可能性。如果不是主要工序，对总工期影响不大时，也可直接采用。

③利用本企业过去作业时间的历史资料法。这种方法是企业利用自身长期生产实践中积累和总结的作业时间数据、资料或企业内部定额，来确定作业时间值的方法。此法常在工程投标中应用。

除上述方法外，还有其他一些方法，请参阅有关书籍。

2. 关键线路的确定

计算节点时差和工序时差的目的是确定关键线路和进行网络计划的优化调整。关键线路是指把关键节点和关键工序连接起来所形成的总持续时间最长的线路。在网络图中，关键线路用粗箭线或双箭线标出。

（1）关键线路确定的方法。

利用关键节点、关键工序的方法：当网络图编成以后，经过计算各节点时差和工序时差，就可知道哪些节点时差为零的关键节点以及哪些工序总时差为零的关键工序，把这些关键节点和关键工序连接起来的线路，就是关键线路。它是进行工程进度管理的重点。破圈法是确定关键线路的一种简便方法：只要绘出网络图，并确定每项工序（活动）的作业时间之后，应用破圈法规定的法则可以不用计算网络时间，即可找出关键线路。具体方法可参见有关资料和书籍。

（2）关键线路的性质

①关键线路上工序的各类时差（TF、FF、IF、DF）均等于零。

②关键线路是网络图中从开始节点到结束终点之间总工期持续最长的线路。

（3）关键线路的特点

①关键线路总工期的长短决定着工程项目的总工期，必须抓住关键线路，从缩短关键工序的作业时间着手。

②掌握关键线路对于组织和指挥生产具有重要意义，它可以使管理者心中有数，把主要力量集中在关键工序上，避免盲目地抢进度，还可合理地使用人、财、物等资源，保证工期，降低成本。

③关键线路不是固定不变的，它是在一定条件下形成的，当条件变化时，关键线路也随之而变。如果关键线路以外的非关键线路的工序把总时差都用完后，非关键的就转化为关键的了，所以要用发展的、动态的观点来看待关键线路。

④在网络图中，关键线路不一定只有一条，有时可能存在多条关键线路，这表明各关键线路工期都很紧，必须加强管理、严格控制，以保证任务按期完成。

二、双代号时标网络计划

（一）双代号时标网络图的绘制方法

它们可以按最早时间也可以按最迟时间要求绘制。

1. 按最早开始时间和最早结束时间绘制的双代号时标网络图。绘制这种时标网络图，一般要先计算时间参数，其具体步骤如下：

（1）计算网络图各工序的时间参数，作为画图的依据。

（2）在有横向时间标度的表格上确定每道工序最早开始时间的节点位置。

（3）按各工序的持续时间长短绘制相应工序的实线部分。工序箭线一般沿着水平方向画，箭线在时间标度上的水平投影长度，就表示该工序的持续时间。

（4）用水平波形线把实线部分与其紧后工序的最早开始节点连接起来。两线连接处要加一圆点标明。波形线部分的水平投影长度就是工序的自由时差。

（5）两工序之间的关系，如需要加虚工序连接时，用不占用时间的垂直虚线连接。占用时间的部分（如自然过程等）可用波形线来表示。

（6）把时差为零的工序连成由起点至终点的线路，就是关键路线。终点节点的时间就是施工竣工的时间。

2. 按最迟开始时间和最迟结束时间绘制的双代号时标网络图。绘制步骤如下：

①计算网络图中每道工序的时间参数作为画图的依据。

②在有时间标度的表格上确定每道工序最迟开始时间的节点位置。如果节点处只有一条外向箭线，那么此道工序的最迟开始时间就是该节点的位置。若某节点处有若干条外向箭线，那么各道工序最迟开始时间中的最小值就是该节点的位置。

③按各工序的作业时间长短沿水平方向绘制相应工序的实线部分，其箭头必须与该道工序的结束节点相连。

④用波形线把实线部分（箭尾）与该工序的开始节点连接起来，两线连接处要加圆点标明。

⑤虚工序的连接与关键路线的找法同按最早开始时间的时标网络图相同。这里要注意的是，按最迟开始时间的时标网络图，波形线所示的长度不是工序的自由时差。比较按最早开始时间画的和按最迟开始时间画的两种网络图的相同工序，其波形线长度的较大值就是该工序的总时差。

（二）双代号时标网络图的检查与调整

时标网络图也是基层单位常用的一种网络计划表达形式，检查时，以某天的纵向点画线为界（垂直于时间坐标），实际进度在界线右侧表示提前，在界线左侧表示拖后。时标网络计划的调整比较麻烦，当情况发生变化时，如资源的变动或工期拖后需对时标网络计划修改时，因为改变工作持续时间就需要改变箭线的长度和节点的位置，这样往往会因移动局部几项工作而牵动整个网络计划。

三、单代号网络计划

单代号网络计划是以节点及其编号表示工作，以箭线表示工作之间逻辑关系的网络计划，工作之间的逻辑关系和双代号网络计划一样，应正确反映工艺关系和组织关系。

（一）单代号网络图的构成

单代号网络图与双代号网络图相似，也是由许多节点和箭线组成的，但是构成单代号网络图的基本符号含义与双代号网络图却不完全相同。单代号网络图的节点表示工序，而箭线仅表示各道工序之间的逻辑关系。由于用节点来表示工序，因而，单代号网络图又称节点网络图。单代号网络图与双代号网络图相比，具有一些优点，工序之间的逻辑关系容易表示；不用虚箭线；网络图便于检查、修改，所以单代号网络图也有广泛应用。现将单代号网络图的基本概念叙述如下：

1. 节点。节点是单代号网络图的主要符号，它可以用圆圈"〇"或方框"□"表示。一个节点代表一道工序（工作、作业、活动或施工过程）。节点所表示的工序名称、作业时间和代号一般都标注在圆圈或方框内，有的甚至将时间参数也标注在节点内。

2. 箭线。箭线在单代号网络图中仅用以表示工序之间的逻辑关系，既不占用时间，也不消耗资源。单代号网络图中不用虚箭线。箭线的箭头方向表示工作的前进方向，箭尾节点表示的工序为箭头节点的紧前工序。

3. 代号。在单代号网络图中，一道工序只能有一个代号，不得重号。代号仍用数码表示，箭头节点的号数要大于箭尾节点的号数，一个节点（表示一道工序）只有一个号数，故此称"单代号"。

（二）单代号网络图的绘制方法

1. 单代号网络图各种逻辑关系的表示方法。

单代号网络图中，各工序之间的逻辑关系仍然是根据施工工艺和组织上的客观顺序来确定，逻辑关系的表示方法也比较简单。

2. 绘制单代号网络图的基本规则。

绘制单代号网络图必须遵循一定的逻辑规则，当违背了这些规则时，就可能出现逻辑上的混乱，无法判别工序之间的关系逻辑或无法进行时间参数的计算，这些基本规则和双代号网络图的要求基本相同：

（1）不允许出现循环路线；

（2）工序代号不允许重复，任何一个代号只能表示唯一的工序；

（3）网络图中不得出现双向箭线或无箭头的线段；

（4）如果单代号网络图在开始（或结束）时为多目标，不是单个起点节点（或终点节点）时，此时必须在开始（或结束）处增加虚拟的起点节点（或终点节点），除了开始的起点节点和最后的终点节点外，其他所有节点其前面必须至少有一个紧前工序节点，后面必须至少有一个紧后工序节点，并以箭线相联系。

第三节 工程项目进度计划

一、工程项目进度计划的种类

进度计划指工程项目建设活动开展前,根据各活动的先后关系、技术经济特点、组织措施、资源消耗、约束条件等,对具备建设活动在开始与完成时间上进行的规划。进度计划是工程进度控制的科学依据,科学合理的进度计划是完成进度控制的前提。进度计划根据使用者、编制范围、对象等不同,可分为如下几种:

(一)业主(建设单位)的进度计划

为使工程建设符合国家宏观投资计划的要求,必须遵循基本建设程序,按合理工期建成投入使用。进度计划实现项目目标,就要编制各种计划,作为进度控制的基础。一般来说,业主的进度计划属于宏观进度计划范畴。按照我国的计划体制,应当编制下列各种计划:

1. 工程项目前期工作计划。工程项目前期工作计划是指对可行性研究、设计任务书及初步设计的工作进度安排。该计划由业主在预测的基础上进行编制。

2. 工程项目建设总进度计划。工程项目建设总进度计划,是指初步设计被批准后,编制上报年度计划之前,根据初步设计对工程项目从开始建设(设计、施工准备)至竣工投入使用全过程的统一部署,以安排各单位和单位工程的建设进度,合理分配年度投资,组织各方面的协作,保证初步设计确定的各项建设任务的完成。它对于保证项目建设的连续性、增强建设工作的预见性、确保项目按期使用具有重要作用。工程项目建设总进度计划是编制、上报年度计划的依据,由以下几个部分组成。

(1)文字部分:工程项目的概况和特点;安排建设总进度的原则和依据;投资资金来源和年度安排情况;技术设计、施工图设计、设备交付和施工力量进场时间的安排;道路、供电、供水等方面的协作配合及进度的衔接;计划中存在的主要问题及采取的措施;需要上级及有关部门解决的重大问题等。

(2)工程项目一览表:该表把初步设计中确定的建设内容,按照单项工程、单位工程归类并编号明确其建设内容和投资额,以便各部门按统一的口径确定工程项目控制投资和进行管理。

(3)工程项目总进度计划:根据初步设计中确定的建设工程和工艺流程,具体安排单项工程和单位工程的进度,一般用横道图编制。

(4)投资计划年度分配表:该表根据工程项目总进度计划,安排各个年度的投资,以便预测各个年度的投资规模,筹集建设资金或与银行签订贷款合同,规定分年用款计划。

（5）工程项目进度平衡表：明确各种设计文件交付日期，主要设备交货日期，承包人进场日期和竣工日期，水、电、道路接通日期等，以保证建设中各个环节相互衔接，确保工程项目按期投入使用。在此基础上，分别编制综合进度控制计划、设计工作进度计划、采购工作进度计划、施工进度计划、验收和投产进度计划等。

3. 工程项目年度计划。工程项目年度计划依据工程项目总进度计划由业主进行编制，该计划既要满足工程项目总进度计划的要求，又要与当年可能获得的资金、设备、材料、施工力量相适应。根据各合同路段或交付使用的要求，合理安排年度建设的工程项目。工程项目年度计划的内容如下：

（1）文字部分：说明编制年度计划的依据和原则；建设进度；本年度计划投资额；本年度计划建设规模；施工图、设备、材料、施工力量等建设条件的落实情况，动用资源情况；对外部协作配合项目建设进度的安排或要求；需要上级主管部门协助解决的问题；计划中存在的其他问题。

（2）年度计划项目表：该计划对年度施工的项目确定投资额、年度形象进度，阐明建设条件（图纸、设备、材料、施工力量）的落实情况。

（3）年度竣工交付使用计划表：该计划阐明单项工程的建设内容、投资额、新增固定资产、新增路网交通通过能力等的总规模及本年度计划完成数，并阐明竣工日期。

（4）年度建设资金平衡表和年度设备平衡表。

（二）监理（咨询）单位的进度计划

1. 总进度计划：阐明工程项目前期准备、设计、施工、动用前准备及项目动用等几个阶段的控制进度，一般用横道图编制。

2. 总进度分解计划：年度进度计划、季度进度计划、月度进度计划、设计准备阶段进度计划、设计阶段进度计划、施工阶段进度计划及动用前准备阶段进度计划。

3. 各个项目进度计划。

4. 进度控制工作制度：工作流程图与进度控制措施（组织措施、技术措施、经济措施、合同措施）。

5. 进度目标实现风险分析。

6. 进度控制方法规划。

（三）设计单位的进度计划

设计单位的进度计划包括设计准备阶段工作计划、设计总进度计划和设计工作分专业进度计划等。

（四）施工单位的进度计划

从编制的范围与对象看，施工单位的进度计划分为施工准备阶段工作计划、施工总进度计划、单位工程进度计划、分包工程进度计划、分部分项工程进度计划和施工项目年度（季度、月度）进度计划等。

二、工程项目进度计划的编制方法

编制进度计划就是确定工程建设项目工作的起始和结束日期。在确定项目的进度之前，编制项目进度计划的过程常常需要反复进行。

（一）进度计划编制程序

1. 确定进度计划编制的依据，明确进度计划的用途和目的。
2. 确定工程项目建设总工期。
3. 确定工程建设活动及可用资源，根据需要对公路项目进行分解，设计各活动的逻辑关系，确定其延续时间。
4. 选择工程进度计划表达方式，如选择使用表格、横道图、网络图、垂直图等。
5. 编制工程进度计划。
6. 优化调整。
7. 编制说明及相应图表等。

（二）工程项目施工总进度计划的编制方法

工程项目施工总进度计划是各项工作在时间上的体现。编制施工总进度计划就是根据施工部署中的施工方案和工程项目的开展程序，对公路建设项目的所有工程内容做出时间上的安排。其作用在于确定各个施工项目及其主要工程、准备工作和项目各个子项的施工期限及其开工和竣工日期，从而确定施工现场上劳动力、材料、成品、半成品、施工机械的需要数量和调配情况，以及现场临时设施的数量、水电供应数量和能源、交通的需求数量等。因此，正确地编制施工总进度计划是保证各个项目以及整个建设工程按期交付使用、充分发挥投资效益、降低工程建设成本的重要条件。编制施工总进度计划的基本要求是保证拟建工程在规定的期限内完成、迅速发挥投资效益，保证工程施工的连续性和均衡性及节约施工成本费用。施工总进度计划编制的步骤如下：

1. 列出工程项目一览表并计算工程量。公路项目施工总进度计划主要起控制总工期的作用，因此项目划分不宜过细。通常按照合同路段、节点工程（如大桥、互通立交、长隧道等）投入使用的顺序和工程作业面开展程序列出，并突出每个交工系统中的主要工程项目，一些附属项目及小型工程，临时设施可以合并列出工程项目一览表。在工程项目一览表的基础上，按工程的开展顺序，以单位工程计算主要实物工程量。此时计算工程量的目的是选择施工方案和主要的施工、运输机械；初步规划主要施工过程的流水施工；估算各项目的完成时间；计算劳动力和技术物资的需要量。因此，工程量只需粗略计算即可。计算工程量可按初步设计图纸并根据各种定额手册进行计算。

2.确定每个施工区段的施工期限。由于各承包人的施工技术与管理水平、机械化程度、劳动力和材料供应情况等有很大差别,因此应根据各承包人的具体条件,并考虑施工项目的各合同段的技术特点、工程结构类型、体积大小和现场地形、工程与水文地质、施工条件等因素加以确定。此外,也可参考有关相似项目的工期来确定各施工区段的施工期限。

3.确定各单位工程的开竣工时间和相互搭接关系。在施工部署中已经确定了总的施工期限、施工程序和各系统的控制期限及搭接时间,但对每个单位工程的开、竣工时间尚未具体确定。通过对各合同段或建筑物的工期进行分析,确定了每个合同段或构筑物的施工期限后,就可以进一步安排各合同段或构筑物的搭接施工时间。在安排搭接施工时,通常应考虑以下各主要因素:

(1)保证重点,兼顾一般。在安排进度时,要分清主次、抓住重点,同时期进行的项目不宜过多,以免分散有限的人力、物力。主要工程项目指工程量大、工期长、质量要求高、施工难度大,对其他工程施工影响大、对整个建设项目的顺利完成起关键性作用的工程子项。这些项目在各系统的控制期限内应优先安排。

(2)满足连续、均衡施工要求。在安排施工进度时,应尽量使各工种施工人员、施工机械在整个工地范围内连续施工,同时尽量使劳动力、施工机具和物资消耗量在整个工地上达到均衡,避免出现突出的高峰和低谷,以利于劳动力的调度、原材料供应和充分利用临时设施。为达到这种要求,应考虑在工程项目之间组织大流水施工,即在相同结构特征的建筑物或主要工种工程之间组织流水施工,从而实现人力、材料和施工机械的综合平衡。另外,为实现连续均衡施工,还要留出一些后备项目作为调节项目,穿插在主要项目的流水中,如附属工程、小型工程、线外工程或临时设施等。

(3)满足项目的施工工艺要求。合理安排各个单位工程或分部分项工程的施工顺序,使之满足工程施工的技术要求是保证进度计划可行性的前提。

(4)认真考虑施工总进度计划对施工总平面空间布置的影响。由于施工现场的限制,使场内运输、材料构件堆放、设备组装和施工机械布置等产生困难。为减少这方面的困难,除采取一定的技术措施外,对相邻各路段或标段的开工时间和施工顺序予以调控,以避免或减少相互影响是保证进度的重要措施之一。

(5)全面考虑各种条件限制。在确定各合同段施工顺序时,还应考虑各种客观条件限制。比如施工企业的施工力量,各种原材料、机械设备的供应情况,设计单位提供图纸的时间,各年度建设投资数量等,对各项建筑物的开工时间和先后顺序予以调整。同时,由于公路施工受季节、环境影响较大,因此,经常会对某些项目的施工时间提出具体要求,从而对施工的时间和顺序安排产生影响。

4.安排施工进度。施工总进度计划可以用横道图表达,也可以用网络图表达。由于施工总进度计划只是起控制性作用,因此不必搞得过细。当用横道图表达总进度计划时,项目的排列可按施工总体方案所确定的工程展开程序排列。横道图上表达出各施工项目的开竣工时间及其延续时间。

近几年，随着网络计划技术的推广和普及，采用网络图表达施工总进度计划已经在实践中得到广泛应用。用时间坐标网络图表达总进度计划比横道图直观、明了，还可以表达出各项目之间的逻辑关系。同时，由于可以应用电子计算机计算和输出，更便于对进度计划进行调整、优化、统计资源需求，甚至输出图表等。

5.总进度计划的优化调整。施工总进度计划图表绘制完后，将同一时期各项工程的资源量分别相加，用一定的比例绘在施工总进度计划的底部，即可得出建设项目资源需要量动态曲线。若曲线上存在较大的高峰或低谷，则表明在该时间里各种资源的需求量变化较大，需要调整一些单位工程的施工速度或开、竣工时间，以便消除高峰或低谷，或使用资源优化技术进行各种需求的优化，以达到资源需求量均衡或最短的工期。

（三）单位工程进度计划的编制方法

单位工程进度计划的目的和作用是控制单位工程的施工进度，保证在规定工期内完成满足质量要求的工程任务；确定单位工程的各个施工过程的施工顺序、施工持续时间及相互衔接科学合理；为编制季度、月度生产作业计划提供依据，是确定劳动力和各种资源需要量计划和编制施工准备工作计划的依据。

1.编制依据。编制单位工程施工进度计划，主要依据下列资料：

（1）经过审批的单位工程施工图设计文件以及地质、设备及其基础图、各种采用的标准图等图纸及技术资料。

（2）施工组织总设计对本单位工程的有关规定。

（3）单位工程施工组织设计。

（4）施工工期要求及开工、竣工日期；地形图、施工工艺设计图。

（5）施工条件、劳动力、材料、构件及施工机械的供应条件、分包单位的情况等。

（6）确定的重要分部分项工程的施工方案，包括施工顺序、施工段划分、施工起讫点、流向、施工方法、质量要求及安全措施等。

（7）劳动定额及机械台班定额。

（8）其他有关要求和资料，如工程合同等。

2.编制内容和步骤。

（1）划分施工过程：编制进度计划时，首先应按照图纸和施工顺序将拟建单位工程的各个施工过程列出，并结合施工方法、施工条件、劳动组织等因素，加以适当调整，使其成为编制施工进度计划所需的施工过程，通常施工进度计划表中只列出直接在建筑物上进行施工的建筑安装类施工过程，而不列出构件制作和运输类施工过程。但当某些构件采用现场就地预制方案，单独占有工期且对其他分部分项工程的施工有影响或某运输工作需与其他分部分项工程的施工密切配合时，也需将这些设备和运输类施工过程列入。在确定施工过程时，应注意以下几个问题：施工过程划分的粗细程度，主要根据单位工程施工进度计划的客观作用确定。对控制性施工进度计划、项目划分得粗一些，通常只列出分部工程名称。比如公路工程的控制性施工进度计划,只列出路基土石方工程、防护工程、排水工程、路面工程、桥梁工程、涵洞工程、隧道工程、互通立交工程、交通工程及沿线设施等施工过程。而对于实施性的施工进度计划,项目划分得要细一些,通常要列到分项工程。如路面工程要划分为底基层、基层、面层、路肩、中央分隔带等分项工程。施工过程的划分要结合所选择的施工方案,如结构安装工程,若采用分件吊装法,则施工过程的名称、数量和内容及其安装顺序应按照构件来确定,若采用综合吊装法,则施工过程应按施工单元(节间、区段)来确定。注意适当简化施工进度计划内容,避免工程项目划分过细、重点不突出。因此,可考虑将某些穿插性分项工程合并到主要分项工程中去。对于次要的分项工程,可合并为"其他工程"一项列入。某些项目只要反映出与土建工程如何配合即可,不必细分。如公路项目中沿线设施、标志等,不一定需要在进度计划中分立项目。所有施工过程应大致按施工顺序先后排列。所采用的施工项目名称应与现行定额上的项目名称尽量一致,划分施工过程要粗细得当。根据所划分的施工过程列出施工过程(分部分项工程)一览表。

(2)计算工程量:计算工程量时,一般可以直接采用施工图预算的数据,但应注意有些项目的工程量应按实际情况做适当调整。如计算桩基土方工程量时,应根据土壤的级别和采用的施工方法(单独基坑开挖,基槽开挖还是大开挖,放边坡还是加支撑)等实际情况进行计算。工程量计算时应注意以下几个问题:各分部分项工程的工程量计算单位应与现行定额手册所规定的单位一致,以避免计算劳动力、材料和机械数量时进行换算产生错误。结合选定的施工方法和安全技术要求计算工程量。结合施工组织要求,按分区、分项、分段、分层计算工程量。直接采用预算文件中的工程量时,应按施工过程的划分情况将预算文件中有关项目的工程量汇总。如"路面工程"一项要将预算中按各种路面结构的不同厚度、不同结构计算的工程量进行汇总。

(3)确定劳动量和机械台班数量:劳动量和机械台班数量应当根据各分部分项工程的工程量、施工方法和现行的施工定额,并结合当时当地的具体情况加以确定,一般应按下式计算:

$$P = Q/S$$

$$P = Q/H$$

式中 P——完成某施工过程所需的劳动量(工日)或机械台班数量(台班);

Q——完成某施工过程所需的工程量;

S——某施工过程所采用的产量定额;

H——某施工过程所采用的时间定额。

(4)确定各施工过程的延续时间:计算各分部分项工程延续时间的方法有两种。根据工程项目经理部计划配备在该分部分项工程上的施工机械数量和各专业工人数量确定。

在安排每班工人数量和机械数量时，应综合考虑各分项工程工人班组的每个工人都应有足够的工作面（不能少于最小工作面），以发挥高效率并保证施工安全；各分项工程在进行正常施工时所必需的最低限度的工人队组人数及其合理组合不能小于最小劳动组合，以达到最高的劳动生产率；根据工期要求倒排进度：首先根据规定总工期和施工经验，确定各分部分项工程的施工时间，然后再按各分部分项工程需要的劳动量或机械台班数量，确定每一分部分项工程每个工作班所需要的工人数量或机械数量。

（5）编制施工进度计划的初始方案：编制施工进度计划时，必须考虑各分部分项工程的合理施工顺序，尽可能组织流水施工，力求主要工种的工作队连续施工。其编制方法如下：划分主要施工阶段（分部工程），组织流水施工：首先安排其中主导施工过程的施工进度，使其尽可能连续施工，其他穿插施工过程尽可能与它配合、穿插、搭接或平行作业。配合主要施工阶段，安排其他施工阶段（分部工程）的施工进度。按照工艺的合理性和工序间尽量穿插、搭接或平行作业方法，将各施工阶段（分部分项工程）的流水作业图表最大限度地搭接起来，即得到单位工程施工进度计划的初始方案。

（6）施工进度计划的检查与调整：检查与调整的目的在于使初始方案满足规定的目标，一般从以下几方面进行检查与调整：各施工过程的施工顺序、平行搭接和技术间歇是否合理。工期方面：初始方案的总工期是否满足规定的工期。劳动力方面是主要工种工人是否满足连续、均衡施工。资源方面是主要机械、设备、材料等的利用是否均衡、施工机械是否充分利用。

三、工程项目进度计划系统

建设工程项目进度计划系统是由多个相互关联的进度计划组成的系统，它是项目进度控制的依据。由于各种进度计划编制所需要的必要资料是在项目进展过程中逐步形成的，因此项目进度计划系统的建立和完善也有一个过程，它是逐步形成的。

四、工程项目总进度目标的论证

（一）建设工程项目总进度目标论证的工作内容

1.建设工程项目的总进度目标指的是整个项目的进度目标，它是在项目决策阶段确定的，项目管理的主要任务是在项目的实施阶段对项目的目标进行控制。建设工程项目总进度目标的控制是业主方项目管理的任务（若采用建设项目总承包的模式，协助业主进行项目总进度目标的控制也是总承包方项目管理的任务）。在进行建设工程项目总进度目标控制前，首先应分析和论证目标实现的可能性。若项目总进度目标不可能实现，则项目管理者应提出调整项目总进度目标的建议，提请项目决策者审议。

2. 在项目的实施阶段，项目总进度如下：
（1）设计前准备阶段的工作进度；
（2）设计工作进度；
（3）招标工作进度；
（4）施工前准备工作进度；
（5）工程施工和设备安装进度；
（6）工程物资采购工作进度；
（7）项目动用前的准备工作进度等。

建设工程项目总进度目标论证应分析和论证上述各项工作的进度，以及上述各项工作进展的相互关系。

3. 在建设工程项目总进度目标论证时，往往还未掌握比较详细的设计资料，也缺乏比较全面的有关工程发包的组织、施工组织和施工技术方面的资料，以及其他有关项目实施条件的资料。因此，总进度目标论证并不是单纯的总进度规划的编制工作，它涉及许多工程实施的条件分析和工程实施策划方面的问题。

4. 大型建设工程项目总进度目标论证的核心工作是通过编制总进度纲要论证总进度目标实现的可能性。总进度纲要的主要内容如下：
（1）项目实施的总体部署；
（2）总进度规划；
（3）各子系统进度规划；
（4）确定里程碑或关键节点事件的计划进度目标；
（5）总进度目标实现的条件和应采取的措施等。

（二）建设工程项目总进度目标论证的工作步骤

1. 建设工程项目总进度目标论证的工作步骤如下：
（1）调查研究和收集资料。
（2）项目结构分析。
（3）进度计划系统的结构分析。
（4）项目的工作编码。
（5）编制各层进度计划。
（6）协调各层进度计划的关系，编制总进度计划。
（7）若所编制的总进度计划不符合项目的进度目标，则设法调整。
（8）若经过多次调整，进度目标无法实现，则报告项目决策者。

2. 调查研究和收集资料包括如下工作：
（1）了解和收集项目决策阶段有关项目进度目标确定的情况和资料。
（2）收集与进度有关的该项目组织、管理、经济和技术资料。

（3）收集类似项目的进度资料。

（4）了解和调查该项目的总体部署。

（5）了解和调查该项目实施的主客观条件等。

3. 大型建设工程项目的结构分析是根据编制总进度纲要的需要，将整个项目进行逐层分解，并确立相应的工作目录：

（1）一级工作任务目录，将整个项目划分成若干个子系统；

（2）二级工作任务目录，将每一个子系统分解为若干个子项目；

（3）三级工作任务目录，将每一个子项目分解为若干个工作项。

整个项目划分成多少结构层，应根据项目的规模和特点而定。

4. 大型建设工程项目的计划系统一般由多层计划构成，整个项目划分成多少计划层，应根据项目的规模和特点而定：

（1）第一层进度计划，将整个项目划分成若干个进度计划子系统；

（2）第二层进度计划，将每一个进度计划系统分解为若干个子项目进度计划；

（3）第三层进度计划，将每一个子项目进度计划分解为若干个工作项。

第四节　项目进度计划的检查与调整

一、进度计划的检查

进度计划的检查，是计划管理工作中的一项经常性工作，宜采取定期检查或不定期检查相结合的办法。一般说来，进度控制的效果与收集数据资料的时间间隔有关。

（一）进度计划检查的内容

施工进度检查的目的是要弄清工程项目施工进行到了什么程度，是超前，还是落后。其检查的内容一般比较广泛，主要包括以下方面：

1. 施工形象进度检查。检查施工现场的实际进度情况，并和计划进度比较，这是施工进度检查的重点。

2. 设计图纸及设计文件编制工作进展情况检查，检查各设计单元供图进度，确定或估计是否满足施工进度计划的要求。

3. 设备采购进展情况检查，检查设备在采购、运输过程中的进展情况，确定或估计是否满足计划的到货日期或能否适应土建和安装进度的安排。

4. 材料供应或成品、半成品加工情况检查，有些材料（如水泥）是直接供应的，主要检查其订货、运输和贮存情况。有些材料需经工厂加工成成品或半成品，然后运到工地，如钢构件和钢制管段等，应检查其原料订货、加工、运输等情况。

（二）实际进度数据的加工处理

跟踪检查的主要工作是定期收集反映工程实际进度的有关数据，收集的数据应当全面、真实、可靠，不完整或不正确的进度数据将导致判断不准确或决策失误。为了进行实际进度与计划进度的比较，必须对收集到的实际进度数据进行加工处理，形成与计划进度具有可比性的数据。例如，对检查时段实际完成工作量的进度数据进行整理、统计和分析，确定本期累计完成的工作量、本期已完成的工作量占阶段计划工作量的百分比及占计划总工作量的百分比等。

（三）实际进度与计划进度的对比分析

将实际进度数据与计划进度数据进行比较，可以确定建设工程实际执行状况与计划目标之间的差距。为了直观反映实际进度偏差，通常采用表格或图形进行实际进度与计划进度的对比分析，从而得出实际进度比计划进度超前、滞后还是一致的结论。实际进度与计划进度的比较是建设工程进度检查的主要环节。常用的进度比较方法有横道图比较法、S形曲线比较法、"香蕉"曲线比较法、前锋线比较法、列表比较法等。

二、进度计划的调整

（一）总工期与施工主要资源的审查和调整

进度计划的时间计算完毕以后，首先就要审查计划总工期，看它是否符合建设部门或国家的要求，即是否在规定的工期范围之内。如果计划工期不超过规定的工期，那么这个计划在工期这一点上就是可行的、符合要求的。如果计划工期超过了工期规定，那就要调整计划工期，将它压缩到规定的工期范围之内；如果做不到这一点，那就要提出充分的理由和根据，以便就工期问题与业主或业主代表做进一步商谈。其次，还要进一步估算施工主要资源的需要量，审查资源需要量与供应的可能性，看二者能否协调。如果资源供应能够满足施工高峰对资源的需求，则这个计划也就被认为是可行的了。如果在某一段时间内供应不能满足资源消耗高峰的需要，那就要对这段时间施工的工序加以调整，使它们错开时间，减少集中的资源消费，把它降到可能供应的水平之下。

（二）分析进度计划产生偏差的主要原因

进度拖延是工程项目建设过程中经常发生的现象。对进度拖延原因进行分析可采用因果关系分析图，影响因素分析表，工程量、劳动效率对比分析等方法，详细分析进度拖延的各种影响因素及各因素影响量的大小。进度拖延的原因是多方面的，常见的有以下几种。

1. 工程项目各相关单位之间的协调配合。工程项目是一个多专业、多方面协调合作的复杂过程，如果政府部门、业主、咨询单位、设计单位、物资供应单位、贷款单位、监理单位等各单位之间，以及土建、水电、通信、运输等各专业之间没有形成良好的协作，必然会影响工程建设的顺利实施。例如，工程设计通常是分阶段进行的，如果初步设计不能顺利得到批准，必然会影响后续详细设计中的施工图设计、施工方案设计进度。又如资金方面，如果业主在工程预付款或进度款的支付中有所延迟，则会对施工单位的施工进度造成影响。

2. 工程变更。外界条件的变化，如设计变更、设计错误、外界（如政府、上层机构）对项目提出新的要求或限制；当建设工程在已施工的部分发现一些问题或者由于业主提出了新的要求而必须进行工程变更时，会影响设计工作进度。例如，材料代用、设备选用的失误将会导致原有工程设计失效而重新进行设计。

3. 风险因素。风险因素包括政治、经济、技术及自然等方面的各种可预见或不可预见因素。政治方面有战争、内乱、罢工、拒付债务、制裁等；经济方面有延迟付款、汇率浮动、换汇控制、通货膨胀、分包单位违约等；技术方面有工程事故、试验失败、标准变化等；自然方面有地震、洪水等。

4. 工期及相关计划的失误和管理过程中的失误。计划工期及进度计划超出现实可能性；管理过程中的失误，如计划部门与实施者之间，总、分包商之间，业主和承包商之间缺少沟通、许多工作脱节等。

（三）分析进度偏差是否影响其后续工作和总工期

当某项工作发生实际进度偏差时，要分析该进度偏差是否影响其后续工作的进展以及是否影响了总工期，这在实际工作中需要借助网络计划进行判断。根据该项工作是否处于关键线路、其进度偏差是否超过该项工作的总时差和自由时差来判断对后续工作和总工期的影响。例如，由于业主方对即将投入施工的某工程材料的要求发生改变而需要重新进行采购时，如该工作不是关键工作（不在关键线路上），其材料的重新采购不一定会影响到总工期和后续工作；如再继续分析发现采购时间超过了该项工作的自由时差而未超过总时差，则此次变更只影响到了后续工作而未影响到总工期。通过进度偏差分析，进度控制人员可以根据进度偏差的影响程度，制定相应的纠偏措施进行调整，以获得符合实际进度情况和计划目标的新进度计划。

（四）采取进度调整措施，对项目进度计划的调整

1. 调整工作顺序，改变某些工作间的逻辑关系

当工程项目实施中产生的进度偏差影响到总工期，且有关工作的逻辑关系允许改变时，可以改变关键线路和超过计划工期的非关键线路上的有关工作之间的逻辑关系。在工作面及资源允许的情况下组织流水作业是其中的典型方法。例如，某现浇钢筋混凝土桥梁上部结构的施工项目中，其主体工程由支架搭设、模板、钢筋、浇筑混凝土等四个施工过程组

成，其中每个施工过程都需要 10 天时间完成，主体工程的总工期是 40 天。如现有缩短工期的需要，可在工作面和资源允许条件下把整个工作面划分为若干工作段，采取流水作业的方法以充分发挥生产效率，减少工作面的单一专业占用造成的时间间歇。

2.缩短某些工作的持续时间

这种方法通过采取增加资源投入、提高劳动效率等措施来缩短某些工作的持续时间，使工程进度加快，以保证按计划工期完成该项目。这些被压缩了持续时间的工作是位于关键线路和超过计划工期的非关键线路上的工作。如果某项工作进度拖延的时间超过其总时差，那么无论它是否处于关键线路，都将会对后续工作和总工期产生影响。在这种情况下，为了减少对总工期的延误，应采取措施缩短关键线路上后续工作的持续时间，并用工期优化的方法对原网络计划进行调整。其调整方法视限制条件及其对后续工作的影响程度的不同而有所区别，一般分为以下三种情况：

（1）网络计划中某项工作进度拖延的时间已超过其自由时差，但未超过其总时差。我们知道，当一项工作拖延的时间未超过其自由时差时，这种拖延对后续工作没有任何影响，该项工作仍可正常进行，不需为此再做什么调整；当一项工作拖延的时间已超过其自由时差时，这种拖延对其后续工作必有影响；然而，由于其拖延的时间尚未超过总时差，其后续工作还有相应的自由时差来弥补这个拖延，所以，它对进度计划总工期并无影响，但后续工作开始比较晚会带来一系列问题和损失，如设计工作拖延造成施工延迟，从而产生人力、机具的窝工浪费并由此引起合同纠纷和索赔。因此，寻求合理的调整方案，把进度拖延对后续工作的影响降到最低是计划工程师的一项重要工作。

（2）网络计划中某项工作进度拖延的时间超过其总时差。如果网络计划中某项工作进度拖延的时间超过其总时差，则无论该工作是否为关键工作，其实际进度都将对后续工作和总工期产生影响。此时，进度计划的调整方法又可分为以下三种情况。

第一种是项目总工期不允许拖延：如果工程项目必须按照原计划工期完成，则只能采取缩短关键线路上后续工作持续时间的方法来达到调整计划的目的。这种方法实质上就是工期优化方法。

第二种是项目总工期允许拖延：如果项目总工期允许拖延，则此时只需以实际数据取代原计划数据，并重新绘制实际进度检查日期之后的简化网络计划即可。

第三种是项目总工期允许拖延的时间有限：如果项目总工期允许拖延，但允许拖延的时间有限，则当实际进度拖延的时间超过此限制时，也需要对网络计划进行调整，以满足要求。具体的调整方法是以总工期的限制时间作为规定工期，对检查日期之后尚未实施的网络计划进行工期优化，即通过缩短关键线路上后续工作持续时间的方法来使总工期满足规定工期的要求。

（3）网络计划中某项工作进度超前。在建设工程设计阶段所确定的工期目标，往往是综合考虑了各方面因素而确定的合理工期。因此，时间上的任何变化，无论是进度拖延还是超前，都可能造成其他目标的失控。如果这项工作超前完成对后续工作的协调不会带来什么影响，这时对其无须进行调整。但当该工作提前完成，会打乱对人、材、物等资源的合理安排，造成协调工作的困难和项目实施费用的增加时，即应通过减少资源投入量或改变资源分配的方法对其进度进行调整，使其进度减慢，以使不利影响降到最低。

（五）编制可行的网络计划并计算技术经济指标

经过工期、资源及进度计划的初步调整之后，计划已能适应现有的施工条件与要求，因而计划是切实可行的。这时就可以绘成比较正规的网络图，如能绘成带时间坐标网络图并附以资源消耗曲线则更佳。可行的计划一般不可能是最优的计划，但在受到种种条件限制的情况下，进一步的优化往往是不容易的，而且在进行工期和资源的调整时，实际也是根据优化的原则进行工作的，更何况初始方案本身从一开始就是按最低成本的要求编制的。所以，可以认为，可行计划既是一个切合实际的计划，也已经是一个较优的计划，是可供执行的。可行计划既然常常就是供执行的计划，因此有必要计算一下它的技术经济指标。如与定额工期的比较、单位用工、劳动生产率（建筑安装工人）、节约率（与预算比较）、机械台班利用率等。通过这些指标可以与过去的或先进的计划进行比较，也可以逐步积累经验，对提高管理水平来说，也是一项有意义的工作。

（六）进度计划的优化

可行计划还不是最优的计划，是因为它还存在着加以改进的余地。所以，只要可能，对于可行计划还应逐步加以改进、优化，使之更臻完善，以便取得更好的经济效果。在工程实践中，要寻求最优计划实际上是不可能的，只能寻求的是在目前条件下更令人满意的计划。所以，进度计划的检查和调整是个持续改进的过程。

（七）整理变更资料、吸取教训

在采取上述措施调整进度以后，形成调整后的项目计划，作为继续实施的依据，同时整理变更资料，连同所选择的纠偏措施以及从进度控制中吸取的其他方面的教训等形成文字材料，作为本项目或者其他项目的历史资料，以供参考。

第五节 建设项目进度控制

一、进度控制的特点

由于建筑产品和工程施工自身的特点，如建筑产品固定、生产流动、露天作业，而且受外界自然条件影响大、施工周期长、技术间歇性强和综合性强等客观因素的制约，使得施工计划在执行过程中常出现以下特点。

1. 施工进度计划的多变性。由于建筑工程形式多样，结构复杂多变，受外界影响因素多和不可预见因素多的影响，使施工进度计划相对稳定性小。

2. 施工进度计划的被动性。施工进度的被动性是相对于项目总计划而言的，施工进度应服从项目总体进度的安排。

3. 施工进度的不均衡性。施工进度的不均衡性是指施工进度时间和空间上的不均衡性。

4. 对施工进度的控制是一项复杂的系统工程，使得对施工进度的控制成为动态控制过程。

二、施工进度控制的作用

1. 可以有效缩短项目建设周期。
2. 可以减少不同单位和部门之间的相互干扰。
3. 可以达到节省资源的目的。
4. 可以落实和建立各单位的施工计划、成本计划和质量计划。
5. 可以为防止或提出工程索赔提供依据。

三、影响进度的因素分析

项目实施过程中，就施工进度而言，首先必须合理确定项目的施工进度，但是，由于建设工程项目的施工特点，特别是大中型项目，其施工周期长，影响施工进度的因素纷繁复杂，如技术、组织协调、气候、政治、资金、人力、物资和地理环境等，使得施工进度计划在执行过程中呈现出可变性和不均衡性等特点。归纳起来，影响项目施工进度的主要因素有以下几个方面：

1. 相关单位进度的影响。工程施工涉及设计单位、材料物资供应单位、资金贷款以及与工程建设有关的运输、通信和供电等部门，任何一个部门工作的拖延都会影响施工进度。因此，控制施工进度仅考虑施工单位是不够的，还必须与有关工作部门的工作进度相协调才行。

2. 设计变更因素。设计变更因素是影响施工进度执行的最大因素，其中包括建设单位或政府部门在项目设计中的部分变更、设计图纸的错误或变更等。

3. 材料物资供应的影响。施工中需要的材料和机具不能按期供应或质量存在问题，都会对施工进度产生影响。

4. 不利的施工条件。在施工中遇到的情况比设计和合同文件所预计的施工条件更困难。

5. 新技术的应用。例如，低估项目施工在技术上的难度，没有考虑某些设计或合同施工问题的影响等。

四、进度控制的基本原理

工程项目的进度控制包括计划、实施、检查和调整等基本控制要素。

1. 项目进度计划。项目进度计划是项目进度控制的第一控制要素。项目进度计划有项目的前期准备、设计、施工和动用前准备等几个阶段的进度计划。

项目进度控制在项目进度计划阶段的实质性体现在以下方面：

一是制订分级控制进度计划，即将上述计划细化为项目总进度计划（总控制）、项目分阶段进度计划（中间控制）和项目分阶段的各子项进度计划（详细控制）。

二是需对这些计划进行优化，这样才能提高项目进度计划的有效控制程度。

2. 项目进度实施。项目进度实施是项目进度控制的第二控制要素。项目进度实施过程中，由于存在干扰因素，会使实际结果偏离进度计划。

项目进度控制在项目进度实施阶段的实质性体现：

一是预测干扰因素；

二是分析风险程度；

三是采取预控措施。

采用这些监控手段，可以避免或减少实际结果与进度计划的偏差。

3. 项目进度检查。项目进度检查是项目进度控制的第三控制要素。要了解和掌握项目进度计划在实施过程中的变化趋势和偏差程度，必须进行项目进度检查。

项目进度控制在项目进度检查阶段的实质性体现：

一是跟踪检查；

二是数据采集；

三是偏差分析（实际结果与进度计划的比较）。

这些偏差识别工作的快速、准确进行，可以提高项目进度控制的敏度和精度。

4. 项目进度调整。项目进度调整是项目进度控制的第四控制要素。项目进度计划在实施过程中，由于发生偏差而需要调整时，是个非常复杂的过程。

项目进度控制在项目进度调整阶段的实质性体现：

一是偏差分析，分析产生进度偏差的前因后果；

二是动态调整，寻求进度调整的约束条件和可行方案；

三是优化控制，决策使进度、费用变化最小，能达到或接近进度计划的优化控制目标。

偏差分析、动态调整和优化控制是项目进度控制中最困难、最关键的控制要素。工程项目进度控制是周期性进行的持续改进过程。

五、进度控制的程序

进度控制随着建设的进程而展开，因此进度控制的总程序与建设程序的阶段划分相一致。在具体操作上，每一建设阶段的进度控制又按计划、实施、检查及反复调整的科学程序进行着。进度控制的重点是建设准备和建设实施阶段的进度控制。因为这两个阶段时间最长、影响因素最多、分工协作关系最复杂，变化也最大，但前期工作阶段所进行的进度决策又是实施阶段进度控制的前提和依据，其预见性和科学性对整个进度控制的成败具有决定性的影响。进度控制总程序如下：

1. 在项目建议书阶段，通过机会研究和初步可行性研究，在项目建议书报批文件中提出项目进度总安排的建议。它体现了业主对项目建设时间方面的预期目标。

2. 在可行性研究阶段，对项目的实施进度进行较详细的研究。通过对项目动工时间要求和建设条件可能的相关分析，对不同进度安排的经济效果的比较，在可行性研究报告中提出最优的一个或两三个备选方案，该报告经评估、审批后确定的建设总进度和分期、分阶段控制进度，就成为实施阶段进度控制的决策目标。

3. 在设计阶段，除进行设计进度控制外，还要对施工进度做进一步预测。设计进度本身也必须与施工进度相协调。初步设计应根据批准的可行性报告和可靠的设计基础资料进行编制。初步设计和总概算批准后，便可作为确定建设项目投资额、编制固定资产投资计划、签订总包合同及贷款合同、实行投资包干、控制建设工程拨贷款、组织主要设备订货、进行施工准备及编制技术设计文件（或施工图设计）等的依据。初步设计和总概算应由投资者审批，特大型和特殊项目应由国家发展和改革委员会报请国务院批准。三阶段设计的技术设计根据初步设计文件编制，它和修正概算经批准后，是建设工程拨贷款和编制施工图设计文件的依据。施工图设计应根据批准的初步设计（或施工图设计）和主要设备订货情况进行编制，并据以指导施工。

4. 在建设准备阶段，要控制征地、拆迁、场地清理和平整的进度，抓紧水、电、道路等建设条件的准备，组织材料、设备的订货，组织施工招标，办理各种协议签订和有关主管部门的审批手续。这一阶段工作头绪繁多，上下左右间关系复杂。每一项疏漏或拖延都将留下建设条件的缺口，造成工程顺利开展的障碍或打乱进度的正常秩序。因此这一阶段工作及其进度控制极为重要，绝不能掉以轻心。在这一阶段还应通过编制与审批施工组织设计，确定施工总进度计划、首期或第一年工程的进度计划。

5. 建设实施阶段进度控制的重点是组织综合施工和进行偏差管理。项目管理者要全面做好进度的事前控制、事中控制和事后控制。除对进度的计划审批、施工条件提供等预控环节和进度实施过程的跟踪管理外，还要着重协调好总包不能解决的内外界关系问题。当没有总包单位，建筑安装的各项专业任务直接由业主分别发包时，计划的综合平衡和单位间协调配合的责任就更为重要；对进度的事后控制，就是要及早发现并尽快排除相互脱节、避免争执和外界干扰，使进度始终处于受控状态，确保进度目标的逐步实现。与此同时，还要抓好项目动工的准备工作，为按期或提早项目动工创造必要而充分的条件。

6. 在竣工验收阶段，项目管理者要督促和检查承包人的自验、试运转和预验收，要协助业主组织设计单位和承包人进行初验，在具备条件后协助业主组织正式验收。在本阶段，有关甲、乙方之间的竣工结算和技术资料核查归档移交、施工遗留问题的返修、处理等，都会有大量涉及双方利益的问题需要协调解决。此外还有验收过程中的大量准备工作，必须抓全、抓细、抓紧，才能加快验收的进度。

六、进度控制的内容

工程项目的进度控制是一个大系统，从目标上看，它是由进度控制总目标、分目标和阶段目标组成的目标系统；从进度控制所涉及的单位来看，它是由业主和承包人构成的庞大组织系统；从进度控制计划上看，它是由项目总进度控制计划、单位工程进度计划和相应的设计、资源供应、资金供应、投产动用等计划组成的计划系统。而所有这些控制，一般由业主委托监理工程师实施进度总控制。由于参与建设的各主体单位各自的进度控制目标不同，他们的进度控制的内容也不相同。

（一）监理单位的进度控制内容

1. 在设计前的准备阶段，向业主提供有关工期的信息和咨询，协助其进行工期目标和进度控制决策。

2. 进行环境和施工现场调查和分析，编制项目进度规划和总进度计划，编制设计前准备工作详细计划并控制其执行。

3. 发出开工通知书，对施工单位进行通知。

4. 审核总承包人、设计单位、分承包人及供应单位的进度控制计划，并在其实施过程中，通过履行监理职责，监督、检查、控制、协调各项进度计划的实施。

5. 通过核准、审批设计单位和承包人的进度付款，对其进度施行动态间接控制，妥善处理和核批承包人的进度索赔。

（二）设计单位的进度控制内容

1. 编制设计准备工作计划、设计总进度计划和各专业设计的出图计划，确定计划工作进度目标及其实施步骤。

2. 执行各类计划，在执行中加强检查，采取相应措施排除各种障碍，包括必要时对计划进行调整或修改，保证计划的实现。

3. 为承包人的进度控制提供设计保证，并协助承包人实现进度控制目标。

4. 接受监理单位的设计进度监理。

（三）承包人的进度控制内容

1. 根据合同工期目标，编制施工准备工作计划、施工方案、项目施工总进度计划和单位工程施工进度计划，以确定工作内容、工作顺序、起止时间和衔接关系，为实施进度控制提供依据。

2. 编制月（旬）作业计划和施工任务书，做好进度记录，以掌握施工实际情况，加强调度工作以促成进度的动态平衡，使进度计划的实施取得成效。

3. 采用实际进度与计划进度对比的方法，以定期检查为主、应急检查为辅，对进度实施跟踪控制。实行进度控制报告制度，在每次检查之后，写出进度控制报告，提供给业主、监理单位和企业领导做进度控制参考。

4. 监督并协助分包人实施其承包范围内的进度控制。

5. 对项目及阶段进度控制目标的完成情况、进度控制中的经验和问题做出总结分析，积累进度控制信息，使进度控制水平不断提高。

6. 接受监理单位的施工进度控制监理。

七、工程项目进度控制的含义和目的

工程项目管理有多种类型，代表不同利益方的项目管理（业主方和项目参与各方）都有不同的进度控制任务，其控制的目标和时间范畴也是不同的。工程项目进度控制是个动态的管理过程，包括进度控制目标的分析和论证，在收集资料和调查研究的基础上编制进度计划和进度计划的跟踪检查与调整等。工程项目是在动态条件下实施的，如果实施过程中只重视进度计划的编制，而不能够根据实际情况进行必要的调整，则进度将无法得到有效的控制。为实现进度目标，进度控制的过程也就是随着项目的进展，进度计划不断调整的过程。

1. 进度目标分析和论证的目的是论证进度目标的合理性，结合实际情况进度目标是否能够实现；如果经过科学的论证，目标不能实现，则必须对进度目标进行调整。

2. 进度计划的跟踪检查与调整包括定期跟踪检查所编制的进度计划执行情况，以及纠正执行过程中的偏差，并视实际情况对进度计划进行必要的调整。工程项目进度控制的目的是通过进度控制来实现工程项目的进度目标。

八、工程项目进度控制

（一）工程项目进度控制的任务

在项目实施过程中，代表不同利益的项目管理参与方有着不同的工程项目进度控制的任务，具体体现在以下几个方面：

1. 业主方进度控制的任务是控制整个项目实施阶段的进度，包括控制设计准备阶段的工作进度、设计工作进度、施工进度、物资采购工作进度，以及项目动工前准备阶段的工作进度。

2. 设计方进度控制的任务是依据设计任务委托合同对设计工作进度的要求控制设计工作进度，这是设计方履行合同的义务。另外，设计方应尽可能使设计工作的进度与招标施工和物资采购等工作进度相协调。在国际上，设计进度计划主要是各设计阶段的设计图纸（包括有关的说明）的出图计划，在出图计划中标明每张图纸的出图日期。

3.施工方进度控制的任务是依据施工任务委托合同对施工进度的要求控制施工进度，这是施工方履行合同的义务。在进度计划编制方面，施工方应视项目的特点和施工进度控制的需要，编制深度不同的控制性、指导性和实施性施工的进度计划，以及按不同计划周期（年度、季度、月度和每旬）的施工进度计划等。

4.供货方进度控制的任务是依据供货合同对供货的要求控制供货进度，这是供货方履行合同的义务，供货进度计划应包括供货的所有环节，如采购、加工制造、运输等。

（二）工程项目进度控制的依据

1.项目进度计划。批准的项目进度计划，称为进度基准计划。进度基准计划在技术和资源方面都必须是可行的。

2.进度报告。进度报告提供了有关进度绩效的信息，如哪些计划的日期已经达到、哪些还没有。进度报告还可以提醒项目团队注意将来有可能引起问题的事项。

3.变更申请。变更申请可以是直接的或间接的，可以从外部或内部提出。变更申请可能是请求延缓进度或加快进度。

4.进度调整计划。进度调整计划是指如何调整原订的计划，是进行项目进度调整的主要原则依据。

（三）工程项目进度控制的方法

1.工程项目进度控制的方法

进度控制的方法包括行政方法、经济方法、技术管理方法等。

（1）进度控制的行政方法。用行政方法控制进度，是指上级单位及上级领导人、本单位的领导层及领导人利用其行政地位和权力，通过发布进度指令进行指导、协调、考核，利用激励手段（奖、罚、表扬、批评）监督、督促等方式进行进度控制。使用行政方法进行进度控制，优点是直接、迅速、有效，但应当注意其科学性，防止武断、主观、片面地瞎指挥。行政方法应结合政府监督和社会监理开展工作，指令要少些，指导要多些。行政方法控制进度的重点应是进度控制目标的决策或指导，在实施中应尽量让实施者自己进行控制，尽量少进行行政干预。国家通过行政手段审批项目建设和可行性研究报告，对重大项目或大中型项目的工期进行决策，批准年度基本建设计划，制定工期定额并督促其贯彻、实施，招投标办公室批准标底文件中的开竣工日期及总工期等，都是行之有效的控制进度的行政方法。

（2）进度控制的经济方法。进度控制的经济方法，是指用经济类的手段对进度控制进行影响和控制。主要有银行通过对投资的投放速度控制工程项目的实施进度；承发包合同中写进有关工期和进度的条款；业主通过招标的进度优惠条件鼓励承包人加快进度；业主通过工期提前奖励和延期罚款实施进度控制；通过物资的供应数量和进度实施进行控制等。

用经济方法控制进度应在合同中明确，辅之以科学的核算，使进度控制产生的效果大于为此而增加的投入。

（3）进度控制的技术管理方法。进度控制的技术管理方法是指通过各种计划的编制、优化、实施、调整而实现进度控制的方法，包括流水作业方法、科学排序方法、网络计划方法、滚动计划方法、计算机辅助进度管理等。

2. 工程项目进度控制的措施

进度控制的措施包括组织措施、管理措施、经济措施和技术措施等。

（1）进度控制的组织措施

①组织是目标能否实现的决定性因素，为实现项目的进度目标，应充分重视健全项目管理的组织体系。例如，建立包括监理单位、业主、设计单位、承包人、供应单位、市政公用单位等进度控制体系。

②在项目组织结构中应有专门的工作部门和符合进度控制岗位资格的专人负责进度控制工作。例如，明确各方的人员配备、进度控制任务和相互关系。

③进度控制的主要工作环节包括进度目标的分析和论证、编制进度计划、定期跟踪进度计划的执行情况、采取纠偏措施以及调整进度计划。例如，建立进度报告制度和进度信息沟通网络；建立图纸审查、及时办理工程变更和设计变更手续的措施。这些工作任务和相应的管理职能应在项目管理组织设计的任务分工表和管理职能分工表中明确并认真落实。

④编制项目进度控制的工作流程，如确定项目进度计划系统的组成，各类进度计划的编制程序、审批程序和计划调整程序等。

⑤进度控制工作包含了大量的组织和协调工作，而会议是组织和协调的重要手段，应进行有关进度控制会议的组织设计，以明确会议的类型；各类会议的主持人及参加单位和人员；各类会议的召开时间；各类会议文件的整理、分发和确认等。例如，建立进度协调会制度；建立进度控制检查制度和调度制度；建立进度计划审核制度；建立进度控制分析制度等等。

（2）进度控制的管理措施

①建设工程项目进度控制的管理措施涉及管理的思想、管理的方法、管理的手段、承发包模式、合同管理和风险管理等。在理顺组织的前提下，科学和严谨的管理显得十分重要。例如，加强合同管理，加强组织、指挥、协调，以保证合同进度目标的实现；严格控制合同变更，对各方提出的工程变更和设计变更，监理工程师应严格审查后补进合同文件中。

②建设工程项目进度控制在管理观念方面存在的主要问题如下：缺乏进度计划系统的观念，分别编制各种独立而互不联系的计划，形成不了计划系统。缺乏动态控制的观念，只重视计划的编制，而不重视及时地进行计划的动态调整。缺乏进度计划多方案比较和选

优的观念，合理的进度计划应体现资源的合理使用、工作面的合理安排、有利于提高建设质量、有利于文明施工和有利于合理地缩短建设周期。

③用工程网络计划的方法编制进度计划必须严谨地分析和考虑工作之间的逻辑关系，通过工程网络的计算可发现关键工作和关键路线，也可知道非关键工作可使用的时差，运用工程网络计划的方法有利于实现进度控制的科学化。

④承发包模式的选择直接关系到工程实施的组织和协调。为了实现进度目标，应选择合理的合同结构，以避免过多的合同交界面而影响工程进展。工程物资的采购模式对进度也有直接的影响，对此应做比较分析。

⑤为实现进度目标，不但应进行进度控制，还应注意分析影响工程进度的风险，并在分析的基础上采取风险管理措施，以减少进度失控的风险量。常见的影响工程进度的风险有组织风险、管理风险、合同风险、资源（人力、物力和财力）风险、技术风险等。例如，加强风险管理，在合同中充分考虑风险因素及其对进度的影响、处理办法等。

⑥重视信息技术（包括相应的软件、局域网、互联网以及数据处理设备）在进度控制中的应用。虽然信息技术对进度控制而言只是一种管理手段，但它的应用有利于提高进度信息处理的效率、有利于提高进度信息的透明度、有利于促进进度信息的交流和项目各参与方的协同工作。

（3）进度控制的经济措施

①建设工程项目进度控制的经济措施涉及资金需求计划、资金供应的条件和经济激励措施等。例如：对工期缩短给予奖励；对拖延工期给予罚款、索赔等。

②为了确保进度目标的实现，应编制与进度计划相适应的资源需求计划（资源进度计划），包括资金需求计划和其他资源（人力和物力资源）需求计划，以反映工程实施的各时段所需要的资源。通过资源需求的分析，可发现所编制的进度计划实现的可能性，若资源条件不具备，则应调整进度计划。资金需求计划也是工程融资的重要依据。例如，提供资金、设备、材料、加工订货等供应时间保证措施。

③资金供应条件包括可能的资金总供应量、资金来源（自有资金和外来资金）以及资金供应的时间。例如，业主方及时办理预付款及工程进度款支付手续等。

④在工程预算中应考虑加快工程进度所需要的资金，其中包括为实现进度目标将要采取的经济激励措施所需要的费用。例如，对应急赶工给予优厚的赶工费；加强索赔管理等。

（4）进度控制的技术措施

①建设工程项目进度控制的技术措施涉及对实现进度目标有利的设计技术和施工技术的选用。例如，采用多级网络计划技术和其他先进适用的计划技术等。

②不同的设计理念、设计技术路线、设计方案会对工程进度产生不同的影响。在设计工作的前期，特别是在设计方案评审和选用时，应对设计技术与工程进度的关系做分析比较。在工程进度受阻时，应分析是否存在设计技术的影响因素，为实现进度目标有无设计变更的可能性，如采用电子计算机控制进度的措施等。

③施工方案对工程进度有直接的影响。在决策选用时，不仅应分析技术的先进性和经济合理性，还应考虑其对进度的影响。在工程进度受阻时，应分析是否存在施工技术的影响因素，为实现进度目标有无改变施工技术、施工方法和施工机械的可能性。例如，组织流水作业，保证作业连续、均衡、有节奏；缩短作业时间、减少技术间歇的技术措施；采用先进高效的技术和设备。

（四）计算机辅助工程项目进度控制

国外有很多用于进度计划编制的商品软件，自20世纪70年代末期和80年代初期开始，我国也开始研制进度计划编制的软件，这些软件都是在工程网络计划原理的基础上编制的。应用这些软件可以实现计算机辅助建设工程项目进度计划的编制和调整，以确定工程网络计划的时间参数。

进度控制是一个动态编制和调整计划的过程，初始的进度计划和在项目实施过程中不断调整的计划，以及与进度控制有关的信息应尽可能对项目各参与方透明，以便各方为实现项目的进度目标协同工作。为使业主方各工作部门和项目各参与方方便快捷地获取进度信息，可利用项目专用网站作为基于网络的信息处理平台辅助进度控制。

第九章 公路工程项目信息管理

第一节 概述

一、信息的基本概念

(一)信息的含义

"信息"一词来源于拉丁语"information",原是"陈述""解释"的意思,后来泛指消息、音讯、情报、新闻、信号等,它们都是人和外部世界以及人与人之间交换、传递的内容。在人类社会中,信息是无所不在的,没有一种工作不涉及某种信息处理工作。关于信息的定义,目前说法很多。但总地归纳起来,信息一词可被定义为:信息是客观存在的一切事物通过物质载体将发生的消息、指令、数据、信号等所包含的一切,经传送交换的知识。它反映事物的客观状态,向人们提供新事实的知识。应注意一点,数据虽能表现信息,但数据与信息之间既有区别又有联系。并非任何数据都能表示信息,信息是基本直接反映现实的概念,通过数据的处理来具体反映。

(二)公路工程项目的数据和信息特征

公路工程项目的数据和信息除具有自身的基本属性外,还具有如下特征:

1.信息来源复杂,信息的收集难度较大,涉及业主、设计、监理和承包人以及各级政府部门,且较为分散,难以保证信息的准确性和及时性。

2.信息量较大,对信息的收集、加工、处理必须依靠计算机技术才能及时、准确地完成。

3.数据和信息的收集加工、处理和储存主要由进度控制、质量控制、投资控制和合同管理四大部分来完成。

4.数据和信息的类型多样化,涉及文字、数据、图表、图像等,需要计算机多媒体技术加以处理。

5.工程的变更因素较多,对工程变更的信息需要专门处理。

二、公路工程项目信息的分类

公路工程项目的信息量大，构成情况复杂。按照不同的类型、信息的内容、项目实施的主要工作环节以及参与项目的各个方面等，可以根据不同的情况进行分类。

（一）按项目管理的目标划分

1. 投资控制信息。它是指与投资控制直接有关的信息，如各种估算指标、类似工程造价、物价指数；设计概算、概算定额；施工图预算、预算定额；工程项目投资估算；合同价组成；投资目标体系；计划工程量、已完工程量、单位时间付款报表、工程量变化表、人工、材料调差表；索赔费用表；投资偏差、已完工程结算；竣工决算、施工阶段的支付账单；原材料价格、机械设备台班费、人工费、运杂费等。

2. 成本控制信息。它是指与成本控制直接有关的信息，如项目的成本计划、工程任务单、限额领料单、施工定额、对外分包经济合同、成本统计报表、原材料价格、机械设备台班费、人工费、运杂费等。

3. 质量控制信息。它是指与项目质量控制直接有关的信息，如国家或地方政府部门颁布的有关质量政策、法令、法规和标准等，质量目标体系和质量目标的分解，质量目标的分解图表，质量控制的工作流程和工作制度，质量保证体系的组成，质量控制的风险分析，质量抽样检查的数据，各种材料设备的合格证、质量证明书、检测报告、质量事故记录和处理报告等。

4. 进度控制信息。它是指与项目进度直接有关的信息，如施工定额；项目总进度计划、进度目标分解、项目年度计划、项目总网络计划和子网络计划、计划进度与实际进度偏差；网络计划的优化、网络计划的调整情况；进度控制的工作流程、进度控制的工作制度、进度控制的风险分析；材料和设备的到货计划、各分项分部工程的进度计划、进度记录等。

（二）按项目信息的来源划分

1. 项目内部信息。内部信息取自公路项目本身，如工程概况、设计文件、施工方案、合同结构、合同管理制度、信息资料的编码系统、信息目录表、会议制度、监理班子的组织、项目的投资目标、项目的质量目标、项目的进度目标等。

2. 项目外部信息。外部信息是指来自项目外部环境的信息，如国家有关政策及法规、国内及国际市场上原材料及设备价格、物价指数、类似工程造价、类似工程进度、投标单位实力、投标单位的信誉、毗邻单位情况等。

（三）按项目稳定程度划分

1. 固定信息。它是指在一定时间内相对稳定不变的信息，包括标准信息、计划信息和查询信息。标准信息主要指各种定额和标准，如施工定额、原材料消耗定额、生产作业计划标准、设备和工具的耗损程度等。计划信息反映在计划期内已定任务的各项指标情况。

2. 流动信息。它是指不断变化着的信息，如项目实施阶段的质量、投资及进度的统计信息，就是反映在某一时刻项目建设的实际进度及计划完成情况。又如，项目实施阶段原材料的消耗量、机械台班数、人工工日数等，也都属于流动信息。

（四）按项目的性质划分

1. 技术信息。技术信息是最基本的组成部分，如工程的设计、技术要求、技术规范、施工要求、操作和使用说明等，这一部分信息也往往是公路工程信息的主要组成部分。

2. 经济信息。经济信息是公路工程项目信息的一个重要组成部分，也是经常受到各方面关注的部分，如材料价格、人工成本、项目的财务资料、现金流量情况等。

3. 管理信息。管理信息有时在公路工程信息中并不引人注目，如项目的组织结构、具体的职能分工、人员的岗位责任、有关的工作流程等，但它设立了一个项目运转的基本机制，是保证一个项目顺利实施的关键因素。

4. 法律信息。法律信息指项目实施过程中的一些法规、强制性规范、合同条款等，这些信息与建设工程规模并不一定有直接的对应关系，但它们设立了一个比较硬性的框架，项目的实施必须满足这个框架的要求。

（五）按信息的层次划分

1. 战略性信息。战略性信息指有关项目建设过程的战略决策所需的信息，如项目规模、项目投资总额、建设总工期、承包商的选定、合同价的确定等信息。

2. 策略性信息。策略性信息指提供给建设单位中层领导及部门负责人做中短期决策用的信息，如项目年度计划、财务计划等。

3. 业务性信息。业务性信息指的是各业务部门的日常信息，如日进度、月支付额等。这类信息较具体，精度要求较高。

三、公路工程项目信息管理

（一）项目信息管理的基本要求

信息管理是指对信息的收集、整理、处理、储存、传递与应用等一系列工作的总称。公路工程项目信息管理应满足以下几方面的基本要求：

1. 要有严格的时效性。一项信息如果不严格注意时间，那么信息的价值就会随之消失。因此，能适时提供信息，往往对指导工程施工十分有利，甚至可以取得很大的经济效益。

2. 要有针对性和实用性。信息管理要做到根据需要，提供针对性强、十分适用的信息。如果仅仅能提供成沓的细部资料，其中又只能反映一些普通的、并不重要的变化，这样会使决策者不仅花费许多时间去阅览这些作用不大的烦琐细节，而且得不到决策所需要的信息，使得信息管理起不到应有的作用。

3. 要有必要的精确度。要使信息具有必要的精确度，需要对原始数据进行认真的审查和必要的校核，避免分类和计算错误。即使是加工整理后的资料，也需要做细致的复核，这样，才能使信息有效可靠。但信息的精度应以满足使用要求为限，并不是越精确越好，因为不必要的精度，需耗用更多的精力、费用和时间，容易造成浪费。

（二）项目信息管理工作的原则

公路工程项目产生的信息数量巨大，种类繁多。为了便于信息的收集、处理、储存、传递和利用，在进行项目信息管理具体工作时，应遵循以下基本原则：

1. 标准化原则。在工程项目实施工程中，要求对有关信息的分类进行统一，对信息流程进行规范，产生控制报表则力求做到格式化和标准化，通过建立健全的信息管理制度，从组织上保证信息生产过程的效率。

2. 定量化原则。公路工程产生的信息不应该是项目实施过程中产生数据的简单记录，而应该是经过信息处理人员的比较与分析，所以采用定量工具对有关数据进行分析和比较是十分必要的。

3. 有效性原则。项目信息管理者所提供的信息应针对不同层次管理者的要求进行适当加工，针对不同管理层提供不同要求和浓缩程度的信息。例如对项目的高层管理者，提供的决策信息力求精练、直观，尽量采用形象的图表来表达，以满足其战略决策的信息需要。

4. 时效性原则。公路工程的信息都有一定的生产周期，如月报表、季度报表、年度报表等，这些都是为了保证信息产品能够及时服务于决策。所以，公路工程的信息成果也应有相应的时效性。

（三）公路工程项目资料文档管理

在工程项目上，许多信息都是以资料文档为载体进行收集、加工、传输、存储、检索、输出和反馈的，因此工程资料文档管理是公路工程项目信息管理的重要组成部分。公路工程项目资料文档的管理应符合《建设工程文件归档整理规范》（GB/T50238—2001）等国家标准、规范、规程和相关文件的规定。工程项目档案的编制要求如下：

1. 归档的工程文件一般应为原件。

2. 工程文件的内容及其深度必须符合国家有关工程勘察、设计、施工、监理等方面的技术规范、标准和规程。

3. 工程文件的内容必须真实、准确，与工程实际相符合。

4. 工程文件应采用耐久性强的书写材料，如碳素墨水，不得使用易褪色的书写材料。

5. 工程文件应字迹清楚、图样清晰、图标整洁、签字盖章手续完备。

6. 工程文件中文字材料幅面尺寸规格宜为 A4 幅面，图纸宜采用国家标准图幅。

7. 工程文件的纸张应采用能够长期保存的韧力大、耐久性强的纸张。图纸一般采用蓝图，竣工图应是新蓝图。计算机出图必须清晰，不得使用计算机所出图纸的复印件。

8. 所有竣工图均应加盖竣工图章。

9. 利用施工图改绘竣工图，必须标明变更修改依据；凡施工图结构、工艺、平面布置等有重大改变，或变更部分超过图面 1/3 的，应当重新绘制竣工图。

第二节　公路工程项目报告系统

一、工程项目中报告的种类

在工程中报告的形式和内容丰富多彩，它是人们沟通的主要工具，报告的种类主要有以下几类：

1. 日常报告。日常报告是有规律地发布信息，按控制期、里程碑事件、项目阶段提出的报告。按时间可分为日报、周报、月报、年报、项目主要阶段报告等。

2. 针对项目结构的报告。如工作包、单位工程、单项工程、整个工程项目的报告等。

3. 专门内容（或例外）报告。为项目管理决策提供专门信息的报告，如质量报告、成本报告、工期报告等。

4. 特殊情况的报告。常用于宣传项目取得的特别成果，或是对项目实施中发生的一些问题进行特别评述，如风险分析报告、总结报告、特别事件（如具体的安全和质量事故）报告、比较报告等。

二、工程项目中报告的作用

1. 作为决策的依据。报告可以使人们对项目计划和实施状况、目标完成程度十分清楚，由此可以预测未来，使决策迅速而准确。报告首先是为决策服务的，特别是上层的决策，但报告的内容仅反映过去的情况，在时间上是滞后的。

2. 用来评价项目，评价过去的工作以及阶段成果。

3. 总结经验，分析项目中的问题，特别是在每个项目结束时都应有一个内容详细的分析报告，以保证持续的改进。

4. 通过报告去激励各参与者，让大家了解项目成果。

5. 提出问题、解决问题，安排后期的计划。

6. 预测将来情况，提供预警信息。

三、工程项目中报告的要求

为了达到项目组织之间顺利地沟通，起到报告的作用，报告必须符合如下要求：

1. 与目标一致。报告的内容和描述必须与项目目标一致，主要说明目标的完成程度和围绕目标存在的问题。

2. 符合特定的要求。这里包括各个层次的管理人员对项目信息需求了解的程度，以及各个职能人员对专业技术工作和管理工作的需要。

3. 规范化、系统化。即在管理信息系统中应完整地定义报告系统的结构和内容，对报告的格式、数据结构进行标准化。在项目中要求各参加者采用统一形式的报告。

4. 处理简单化，内容清楚，易于理解，避免造成理解和传输过程中的错误。

5. 报告的侧重点要求。报告通常包括概况说明和重大的差异说明，主要活动和事件的说明，而不是面面俱到。它的内容较多考虑实际效用，而较少考虑信息的完整性。

四、工程项目报告系统介绍

在项目初期，在建立项目管理系统时必须包括项目的报告系统。报告系统应解决两个问题。

1. 罗列项目过程中应有的各种报告，并系统化。

2. 确定各种报告的形式、结构、内容、数据、信息采集和处理方式，并标准化。在编制工程计划时，就应当考虑需要的各种报告及其性质、范围和频率，可以在合同或项目手册中确定。原始资料应一次性收集，以保证相同的信息有相同的来源。资料在归纳整理进入报告前应进行可信度检查，并将计划值引入以便对比分析。

项目月报是重要的项目总体情况报告。它的形式可以按要求设计，但内容比较固定，通常包括以下几个方面。

（一）项目概况

1. 简要说明在本报告期中项目及其主要活动的状况，如设计工作、批准过程、招标、施工、验收状况。

2. 计划总工期与实际总工期的对比，一般可以在横道图上用不同的颜色和图例比较，或采用前锋线方法。

3. 对计划总的趋向进行分析。

4. 成本状况和成本曲线，包括如下层次：

（1）整个项目的成本总结分析报告。

（2）各专业范围或各合同的成本分析。

（3）各主要部门的费用分析。

分别应说明原预算成本，工程量调整的结算成本，预计最终总成本，偏差量、原因及责任，工程量完成状况、支出等。

可以采用对比分析表、柱形图、直方图、累计曲线的形式描述。

5. 项目形象进度。用图描述建筑和安装的进度。

6. 对质量问题、工程量偏差、成本偏差、工期偏差的主要原因进行说明。

7. 说明下一报告期的关键活动。

8. 下一报告期必须完成的工作包。

9. 工程状况照片。

（二）项目进度详细说明

1. 按分部工程列出成本状况以及实际进度曲线和计划的对比，同样采用上述所采用的表达形式。

2. 按每个单项工程列出以下内容：

（1）控制性工期实际和计划对比（最近一次修改以来的），采用横道图形式。

（2）其中关键性活动的实际和计划工期对比（最近一次修改以来的）。

（3）实际和计划成本状况对比。

（4）工程状态。

（5）各种界面的状态。

（6）目前的关键问题及其解决的建议。

（7）特别事件说明。

（8）其他。

（三）预计工期计划

1. 下阶段控制性工期计划。

2. 下阶段关键活动范围内详细的工期计划。

3. 以后几个月内关键工程活动表。

第三节 公路工程项目信息管理计划与实施

一、公路工程项目信息需求分析

（一）项目决策阶段的信息需求

公路工程项目决策阶段的信息需求主要有以下几个方面。

1. 项目相关市场方面的信息，如预测建设产品进入市场后的市场占有率、社会需求情况、统计建设产品间隔的变化趋势、影响市场渗透的因素、生命周期等。

2. 项目资源相关方面的信息，如资金筹措渠道、方式，原材料、辅料来源，劳动力、水电、气供应情况等。

3. 新技术、新设备、新工艺、新材料、专业配套能力及设施方面的信息。

4. 自然环境相关方面的信息，如城市交通、运输、气象、地质、水文、地形地貌、建筑废料处理等。

5. 政治环境，社会治安状况，当地法律、政策的信息等。

（二）项目设计阶段的信息需求

设计阶段是公路工程项目建设的重要阶段，在设计阶段需要决定工程规模、形式，工程的概算，技术先进性、适用性、标准化程度等一系列具体的要素。该阶段的信息需求主要有以下方面：

1. 项目的可行性研究报告，前期相关文件资料，存在的疑点和建设单位的意图，建设单位前期准备和项目审批完成的情况。

2. 设计中的设计进度计划，设计质量保证体系，设计合同执行情况，偏差产生的原因，纠偏措施，专业间设计交接情况，执行规范、规程、技术标准，特别是强制性规范执行的情况，设计概算和施工图预算结果，了解超限额的原因，了解各设计工序对投资的控制等。

3. 同类工程项目的相关信息：建设规模，结构形式，造价构成，工艺，设备的选定，地质处理手段及实际效果，建设工期，采用新材料、新工艺、新设备、新技术的实际效果及存在的问题，经济技术指标等。

4. 勘察、测量、设计单位相关信息：同类工程项目的完成情况和实际效果，完成该项目工程的人员构成，设备投入状况，质量管理体系完善情况，创新能力，收费标准，施工期间技术服务主动性和处理问题的能力，设计深度和技术文件质量，专业配套能力，设计概算和施工图预算编制能力，合同履约情况，采用设计新技术、新设备的能力等。

（三）项目施工投标阶段的信息需求

在公路工程项目施工招投标阶段，为了编写好招标书，选择好施工单位和项目经理、项目班子，签订好施工合同，为保证实现施工阶段的目标打下良好的基础，需要大量的相关信息，主要表现在以下几个方面：

1. 建设单位建设前期报审文件：立项文件，建设用的征地、拆迁文件。

2. 工程造价的市场变化规律及所在地区的材料、构件、设备、劳动力差异。

3. 工程地质、水文地质勘察报告，施工图设计及施工图预算、设计概算，设计、地质勘察、测绘的审批报告等方面的信息，特别是该建设工程有别于其他同类工程的技术要求、材料、设备、工艺、质量要求等有关信息。

4.本工程适用的规范、规程、标准，特别是强制性规范。

5.该公路工程所采用的新技术、新设备、新材料、新工艺，投标单位对"四新"的处理能力和了解程度、经验、措施。

6.当地施工单位的管理水平，质量保证体系，施工质量、设备、机具能力。

（四）项目施工阶段的信息需求

在公路工程项目施工阶段，为了能更好地、按时完成施工，需要获得施工进程中的动态信息，主要包括以下几个方面：

1.项目施工准备期间所需：施工图设计及施工图预算、施工合同、施工单位项目经理部组成、进场人员资质；进场设备的规格型号、保修记录；施工场地的准备情况；安全保安措施；数据和信息管理制度；检测和检验、试验程序和设备；承包单位和分保单位的资质；施工单位提交的开工报告及实际准备情况；工程相关建筑法律、法规和规范、规程，有关质量检验、控制的技术法、质量验收标准等。

2.项目施工实施期间所需：施工过程中随时产生的数据，如设备、水、电、气等能源的动态；施工期间气象的中长期趋势及同期历史数据、气象报告；建筑原材料的相关问题；项目经理部管理方向技术手段；工地文明施工及安全措施；施工中需要执行的国家和地方规范、规程、标准；施工合同情况；建筑材料相关事宜等。

二、公路工程项目信息编码系统

在公路工程项目管理工作中，随时都可能产生大量的信息，用文字来描述其特征已不能满足现代化管理的要求。因此，必须赋予信息一组能反映其主要特征的代码，用以表征信息的实体或属性。

（一）项目信息编码原则

信息编码是信息管理的基础，进行项目信息编码时应遵循以下原则：

1.唯一性。每一个代码仅代表唯一的实体属性或状态。

2.合理性。编码的方法必须是合理的，能够满足使用者和信息处理的需要，项目信息编码结构应与项目信息分类体系相适应。

3.可扩充性和稳定性。代码设计应留出适当的扩充位置，以便当增加新的内容时可直接利用源代码扩充，而无须更改代码系统。

4.逻辑性与直观性。代码不但要具有一定的逻辑含义，以便数据的统计汇总，而且要简明直观，以便识别和记忆。

5.规范性。国家有关编码标准是代码设计的重要依据，要严格遵照国家标准及行业标准进行代码设计，以便系统拓展。

6. 精练性。代码的长度不仅会影响所占据的存储空间和信息处理速度，而且也会影响代码输入时出错的概率及输入、输出的速度，因而要适当压缩代码的长度。

（二）项目信息编码方法

通常而言，项目信息编码的方法有以下几种：

1. 顺序编码法。顺序编码法是一种按对象出现的顺序进行编码的方法，就是从001（或0001、00001等）开始依次排下去，直至最后。该方法简单，代码较短。但这种代码缺乏逻辑基础，本身不说明任何特征。此外，新数据只能追加到最后，删除数据又会产生空码。所以此法一般只用来作为其他分类编码后进行细分类的一种手段。

2. 分组编码法。这种方法也是从头开始，依次为数据编号。但在每批同类型数据之后留有一定容量，以备添加新的数据。这种方法是在数据编码基础上的改动，也存在逻辑意义不清的问题。

3. 多面编码法。一个事物可能具有多个属性，如果在编码的结构中能为这些属性各规定一个位置，就形成了多面码。该法的优点是逻辑性能好、便于扩充，但这种代码位数较长，会有较多的空码。

4. 十进制编码法。该方法是先把编码对象分成若干大类，编以若干位十进制代码，然后将每一大类再分成若干小类，编以若干位十进制代码，依次下去，直至不再分类为止。采用十进制编码法，编码、分类比较简单，直观性强，可以无限扩充下去，但代码位数较多，空码也比较多。

5. 文字编码法。这种方法是用文字表明对象的属性，而文字一般用英文编写或用汉语拼音的字头。这种编码直观性较好，记忆使用也都方便。但当数据过多时，单靠字头很容易使含义模糊，造成错误的理解。

三、公路工程项目信息流程

项目信息流程应反映项目内部信息流和有关的外部信息流及各有关单位、部门和人员之间的关系，并有利于保持信息畅通。

（一）项目内部信息流

项目管理组织内部存在着三种信息流：一是自上而下的信息流；二是自下而上的信息流；三是各管理职能部门横向间的信息流。这三种信息流都应畅通无阻，以保证项目管理工作的顺利实施。

1. 自上而下的信息流。自上而下的信息流是指自主管单位、主管部门、业主以及项目经理开始，流向项目工程师、检查员，乃至工人班组的信息，或在分级管理中，每一个中间层次的机构向其下级逐级流动的信息，即信息源在上，接收信息者是其下属。这些信息主要指管理目标、工作条例、命令、办法及规定、业务指导意见等。

2. 自下而上的信息流。自下而上的信息流通常是指各种实际工程的情况信息，由下逐渐向上传递，这个传递不是一般的叠合（装订），而是经过归纳整理形成的逐渐浓缩的报告。项目管理者就是做这种浓缩工作，以保证信息浓缩而不失真。通常信息过于详细会造成处理量大、没有重点，且容易遗漏重要说明；而太浓缩又会存在对信息的曲解，或解释出错等问题。

3. 横向间信息流。横向流动的信息指项目管理工作中，同一层次的工作部门或工作人员之间相互提供或接收的信息。这种信息一般是由分工不同而各自产生的，但为了共同的目标又需要相互协作、互通有无或互相补充，以及在特殊、紧急情况下，为了节省信息流动时间而需要横向提供的信息。

4. 以顾问室或经营办公室等综合部门为集散中心的信息。顾问室或经理办公室等综合部门为项目经理决策做准备，因此，既需要大量信息，又可以作为有关信息的提供者。它是汇总信息、分析信息、分发信息的部门，帮助工作部门进行规划、任务检查，对有关专业、技术与问题进行顾问。因此，各工作部门不仅要向上级汇报，而且应该将信息传递给顾问室，为决策做好充分准备。

（二）项目外部信息流

项目作为一个开放系统，它与外界有大量的信息交换，包括如下内容：

1. 由外界输入的信息，如环境信息、物价变动信息、市场状况信息、周边情况信息以及外部系统（如企业、政府机关）给项目的指令、对项目的干预等。

2. 项目向外界输出的信息，如项目状况的报告、请示、要求等。

在现代社会，工程项目对社会的各个方面产生影响，它的大量信息必须对外公布，让相关各方有知情权。同时市场（如工程承包市场、材料和设备市场等）和政府管理部门也需要项目信息，如项目的需求信息、项目实施状况的信息、项目结束时的各种统计信息等。对于政府项目、公共工程项目更需要通过互联网让社会各相关方面了解项目的信息，使项目在"阳光"下运作。这也是政府政务公开的一部分。对于企业，存在以企业的项目办公室等综合部门为中心的项目信息流，以及项目经理部与环境组织之间的项目信息流。

第四节　公路工程项目信息过程管理

信息过程管理应包括信息的收集、加工、传输、存储、检索、输出和反馈等内容，应使用计算机技术进行信息过程管理。

一、公路工程项目信息的收集

公路工程参建各方对数据和信息的收集是不同的，有不同的来源、不同的角度、不同的处理方法，但要求各方的数据和信息规范。另外，公路工程参建各方在不同的时期对数据和信息收集也是不同的，侧重点有所不同，但也要规范信息行为。因此，项目管理人员应充分了解和掌握这些内容。

（一）项目决策阶段信息的收集

在项目决策阶段，由于该阶段对公路工程项目的效益影响面大，应该在进入工程咨询期间就进行项目决策阶段相关信息的收集。在公路工程项目前期决策阶段，项目管理人员应向有关单位收集以下资料：

1. 批准的"项目建议书""可行性研究报告""设计任务书"。
2. 批准的建设选址报告、城市规划部门的批文、土地使用要求、环保要求。
3. 工程地质和水文地质勘察报告、区域图、地形测量图。
4. 地质气象和地震烈度等自然条件资料。
5. 矿藏资源报告。
6. 设备条件。
7. 规定的设计标准。
8. 国家或地方的监理法规或规定。
9. 国家或地方有关的技术经济指标和定额等。

这些信息的收集是为了帮助建设单位避免决策失误，进一步开展调查和投资机会研究，编写可行性研究报告，进行投资估算和工程建设经济评价。

（二）项目设计阶段信息的收集

设计阶段是工程建设的重要阶段，在设计阶段决定了工程规模、建筑形式、工程概预算、技术的先进性和适用性、标准化程度等一系列具体的要素。在这个阶段将产生一系列的设计文件，它们是业主选择承包商以及在施工阶段实施项目管理的重要依据。在公路工程项目设计阶段，管理人员应注意收集以下资料。

1. 可行性研究报告、前期相关文件资料、存在的疑点和建设单位的意图、建设单位前期准备和项目审批完成的情况。
2. 同类工程相关信息：建筑规模，结构形式，造价结构，工艺、设备的选型，地质处理方式及实际效果，建设工期，采用新材料、新工艺、新设备、新技术的实际效果及存在问题，技术经济指标。
3. 拟建工程所在地相关信息：地质、水文情况，地形地貌、地下埋设和人防设施情况，城市拆迁政策和拆迁户数，青苗补偿。周围环境：包括水、电、气、道路等的接入点，周围建筑、学校、医院、交通、商业、绿化、消防、排污等。

4.工程所在地政府相关信息：国家和地方政策、法律、法规、规范规程、环保政策、政府服务情况和限制等。

5.设计中的设计进度计划，设计质量保证体系，设计合同执行情况，偏差产生的原因，纠偏措施，专业间设计交接情况，执行规范、规程、技术标准情况，特别是强制性规范执行的情况，设计概算和施工图预算结果，了解超限额的原因及各设计工序对投资的控制等。

（三）项目施工招标阶段的信息收集

施工招标阶段的信息收集有助于协助建设单位编写好招标书，有助于帮助建设单位选择好施工单位和项目经理、项目班子，有利于签订好施工合同，为保证施工阶段监理目标的实现打下良好基础。公路工程项目施工招标阶段，管理人员应注意收集以下方面的资料：

1.对工程建设起制约作用的合同文件：投标邀请书、投标须知、合同双方签署的合同协议书、履约保函、合同条款、投标书及其附件、工程报价表及其附件、技术规范、招标图纸、发包单位在招标期内发出的所有补充通知、投标单位在投标期内补充的所有书面文件、投标单位在投标时随同投标书一起递送的资料与附图、发包单位发出的中标通知书、合同双方在洽商合同时共同签字的补充文件等。

2.工程地质、水文地质勘察报告，施工图设计及施工图预算、设计、地质勘察、测绘的审批报告等方面的信息，特别是该建设工程有别于其他同类工程的技术要求、材料、设备、工艺、质量要求等相关信息。

3.工程造价的市场变化规律及所在地区的材料、构件、设备、劳动力差异。

4.本工程适用的规范、规程、标准，特别是强制性规范。

5.建设单位建设前期报审文件：立项文件，建设用地、征地、拆迁文件。

6.该工程采用的新技术、新设备、新材料、新工艺，投标单位对"四新"的处理能力和了解程度、经验、措施。

7.当地施工单位管理水平，质量保证体系，施工质量、设备、机具能力。

8.所在地关于招投标有关规定、法规，国际招标、国际贷款指定适用的范本，本工程适用的建筑施工合同范本及特殊条款精髓所在。在施工招标阶段，要求信息收集人员充分了解施工设计和施工图预算，熟悉法律法规，熟悉招、投标程序，熟悉合同示范范本，特别要求在了解工程特点和工程量分解上有一定能力，以便为建设方决策提供必要的信息。

（四）项目施工阶段信息的收集

1.收集业主提供的信息。业主作为工程项目建设的组织者，在施工中要按照合同文件规定提供相应的条件，并要不时地表达对工程各方面的意见和看法，下达某些指令。因此，应及时收集业主提供的信息。

对业主提供信息的收集工作应从以下方面进行：

（1）当业主负责某些材料的供应时，需收集提供材料的品种、数量、质量、价格、提货地点、提货方式等信息。比如一些工程项目，甲方对钢材、木材、水泥、沙石等主要材料，在施工过程中以某一价格提供给乙方使用时，甲方应及时将这些材料在各个阶段提供的数量、材质证明、试验资料、运输距离等情况告诉乙方。

（2）业主在建设过程中对各种有关进度、质量、投资、合同等方面的意见和看法，监理工程师应及时收集，同时也应及时收集甲方的上级单位对工程建设的各种意见和指令。

2. 收集承包商提供的信息。施工单位在施工过程中，现场所发生的各种情况均包含了大量的内容，施工单位自身必须掌握和收集这些内容。经收集和整理后，汇集成丰富的信息资料。施工单位在施工中必须经常向有关单位，包括上级部门、业主、设计单位、监理单位及其他方面发出某些文件，传达一定的内容。如向监理单位报送施工组织设计，报送各种计划、单项工程施工措施、月支付申请表、各种工程项目自检报告、质量问题报告、有关问题的意见等。承包商应全面系统地收集这些信息资料。

3. 工程项目监理地记录。工程师代表（驻地工程师）的监理记录，主要包括工程施工历史记录、工程质量记录、工程计量和工程付款记录、竣工记录等内容。

（1）工程施工历史记录包括以下内容：

现场监理人员的日报表。现场监理人员的日报表可采用表格的形式，力求简明，要求每日填报，一式两份。主要包括：当天的施工内容；当天参加施工的人员（工种、数量、施工单位等）；当天施工的机械（名称、数量等）；当天发生的施工质量问题；当天的施工进度与计划施工进度的比较（若发生施工进度拖延，应说明其原因）；当天的综合评语；其他说明（应注意的事项）。工地日记。主要包括现场监理人员的日报表；现场每日的天气水情记录；监理工作纪要；其他有关情况与说明等。

现场每日的天气、水情记录。主要包括当天的最高、最低气温；当天的降雨、降雪量；当天的风力、当天坝址最大流量；当天最高水位；当天因自然原因损失的工作时间等。若施工现场区域大、工地的气候情况差别较大，则应记录两个或多个地点的气候资料。驻施工现场监理负责人日记。主要包括当天所做的重大决定；当天对施工单位所作的主要指标；当天发生的纠纷及可能的解决办法；该工段项目监理总负责人（或其代表）来施工现场谈及的问题；当天与该工程项目监理总负责人的口头谈话摘要；当天对驻施工现场监理工程师（监理人员）的指示；当天与其他人达成的任何主要协议，或对其他人的主要指示等。该日记属于驻施工现场监理负责人的个人记录，应每日记录。驻施工现场监理负责人周报。驻施工现场监理负责人应每周向工程项目监理总负责人（总监理工程师）汇报一周内所有发生的重大事件。驻施工现场监理负责人月报。驻施工现场监理负责人应每月向监理总负责人（总监理工程师）及业主汇报下列情况：工程施工进度状况（与合同规定的进度做比较）；工程款支付情况；工程进度拖延的原因分析；工程质量情况与问题；工程进展中主要困难与问题，如施工中的重大差错，重大索赔时间，材料、设备供货困难，组织、协调方面，异常的天气情况等。驻施工现场监理负责人对施工单位的指示。主要内容如下：正式函件（用于极重大的指示）；日常指示，如在每日工地协调会中发出的指示、在施工现场发出的指示等。驻施工现场监理负责人给施工单位的补充图纸。

（2）工程质量记录。工程质量记录可分为试验记录和质量评定记录。

（3）工程计量和工程款记录。

（4）工程竣工记录。

4.工地会议记录。工地会议是监理工作的一种重要方法，会议中包含大量的信息。监理工程师必须重视工地会议，并建立一套完善的会议制度，以便会议信息的收集。会议制度包括会议的名称、主持人、参加人、举行会议的时间及地点等，每次会议都应有专人记录，会议后应有正式的会议纪要。

5.收集来自其他方面的信息。在公路工程项目的施工阶段，除上述几个方面产生各种信息外，其他方面也有信息产生，如设计单位、物资供应单位、建设银行、国家及地方政府有关部门、供电部门、供水部门、通信及交通运输部门等都会产生大量信息，项目管理人员也应注意收集这些信息，他们同样都是实施项目管理的重要依据。

（五）项目竣工阶段信息的收集

项目竣工阶段的信息是建立在施工期日常信息积累基础上的信息收集。传统工程管理和现代工程管理最大的区别在于，传统工程管理不重视信息的收集和规范化，数据不能及时收集整理，往往采取事后补填或做"假数据"应付了事。现代工程管理则要求数据实时记录，真实反映施工过程，真正做到积累在平时，竣工保修期只是建设各方最后的汇总和总结。公路工程项目竣工阶段需要收集的信息如下：

1.工程准备阶段文件，如立项文件，建设用地、征地、拆迁文件，开工审批文件等。

2.监理文件，如监理规划、监理实施细则、有关质量问题和质量事故的相关记录、监理工作总结以及监理过程中各种控制和审批文件等。

3.施工资料：分为建筑安装工程和市政基础设施工程两大类，分别收集。

4.竣工图：分建筑安装工程和市政基础设施工程两大类，分别收集。

5.竣工验收资料：如工程竣工总结、竣工验收备案表、电子档案等。

二、项目信息的加工、整理与储存

项目信息的加工、整理和储存是数据收集后的必要过程。收集的数据经过加工、整理后产生信息。信息是指导施工和工程管理的基础，要把管理由定性分析转到定量管理上来，信息是不可或缺的要素。

（一）项目信息的加工整理

经过优化选择的信息要进行加工整理，确定信息在社会信息流这一时空隧道中的"坐标"，以便使人们在需要时能够通过各种方便的形式查寻、识别并获取该信息。公路建设工程项目的施工过程中，信息加工整理的内容主要有以下几个方面。

1. 工程施工进展情况。每月、每季度都要对工程进度进行分析对比并做出综合评价，包括当月（季）整个工程各方面实际完成量，实际完成数量与合同规定的计划数量之间的比较。如果某些工作的进度拖后，应分析其原因、存在的主要困难和问题，并提出解决问题的建议。

2. 工程质量情况与问题。系统地将当月（季）施工过程中的各种质量情况在月报（季报）中进行归纳和评价，包括现场管理检查中发现的各种问题、施工中出现的重大事故，对各种情况、问题、事故的处理意见。如有必要的话，可定期印发专门的质量情况报告。

3. 工程结算情况。工程价款结算一般按月进行，对投资耗费情况进行统计分析，在统计分析的基础上做一些短期预测，以便为业主在组织资金方面的决策提供可靠依据。

4. 施工索赔情况。在工程施工过程中，由于业主的原因或外界客观条件的影响使承包商遭受损失，承包商提出索赔；或由于承包商违约使工程蒙受损失，业主提出索赔，提出索赔处理意见。原始数据收集后，需要将其进行加工整理以使它成为有用的信息。一般的加工整理操作步骤如下。

（1）依据一定的标准将数据进行排序或分组。

（2）将两个或多个简单有序数据集按一定顺序连接、合并。

（3）按照不同的目的计算求和或求平均值等。

（4）为快速查找建立索引或目标文件等。

（二）项目信息的传输与检索

在通过对收集的数据进行分类加工处理产生信息后，要及时提供给需要使用数据和信息的部门，信息和数据的传输要根据需要来分发，信息和数据的检索则要建立必要的分级管理制度，一般使用软件来保证实现数据和信息的传输、检索，关键是要决定传输和检索的原则。

1. 信息传输与检索的原则。对信息进行传输与检索时应遵循以下原则。

（1）需要的部门和使用人，有权在需要的第一时间，方便地得到所需要的、以规定形式提供的一切信息和数据。

（2）保证不向不该知道的部门（人）提供任何信息和数据。

2. 信息传输设计内容。信息传输设计的内容主要包括：

（1）了解使用部门（人）的使用目的、使用周期、使用频率、得到时间、数据的安全要求；

（2）决定分发的项目、内容、分发量、范围、数据来源；

（3）决定分发信息和数据的数据结构、类型、精度和如何组合成规定的格式；

（4）决定提供的信息和数据介质（纸张、显示器显示、磁盘或其他形式）。

3. 信息检索设计内容。进行信息检索设计时应考虑以下内容。

（1）允许检索的范围、检索的密级划分、密码的管理。

（2）检索的信息和数据能否及时、快速地提供，采用什么手段实现（网络、通信、计算机系统）。

（3）提供检索需要的数据和信息输出形式、能否根据关键字实现智能检索。

（三）项目信息的储存

信息的储存是将信息保留起来以备将来应用。对于有价值的原始资料、数据及经过加工整理的信息，要长期积累以备查询。信息的存储一般需要建立统一的数据库，各类数据以文件的形式组织在一起。组织的方法一般由单位自定，但要考虑规范化。

三、项目信息的输出与反馈

（一）项目信息的输出

信息处理的主要任务是为用户提供所需要的信息，因而输出信息的内容和格式是用户最关心的问题。

1. 信息输出内容设计。根据数据的性质和来源，信息输出内容可分为三类。

（1）原始基础数据类，如市场环境信息等。这类数据主要用于辅助企业决策，其输出方式主要采用屏幕输出，即根据用户查询、浏览和比较的结果来输出，必要时也可打印。

（2）过程数据类，主要指由原始基础数据推断、计算、统计、分析而得，如市场需求量的变化趋势、方案的收支预测数、方案的财务指标、方案的敏感性分析等，这类数据采用以屏幕输出为主、打印输出为辅的输出方式。

（3）文档报告类，主要包括市场调查报告、经济评价报告、投资方案决策报告等，这类数据主要是存档、备案、送上级主管部门审查之用，因而采取打印输出的方式，打印的格式必须规范。

2. 信息输出格式设计。信息输出格式设计、输出信息的表格设计应以满足用户需要及习惯为目标。格式形式主要由表头、表底和存放正文的"表体"三部分组成。

（二）项目信息的反馈

信息反馈在工程项目管理中起着十分重要的作用。信息反馈就是将输出信息的作用结果再返送回来的一种过程，也就是施控系统将信息输出，输出的信息对受控系统作用的结果又返回施控系统，并对施控系统的信息再输出发生影响的这样一种过程。

1. 信息反馈的基本原则。信息反馈必须遵守以下几项基本原则。

（1）真实、准确的原则。科学正确的决策只能建立在真实、准确的信息反馈基础之上。反馈客观实际情况要尽量做到真实、准确，不能任意夸大事实，脱离实际。

（2）全面、完整的原则。只有全面、完整、系统地反馈各种信息，才有利于建立科学、正确的决策。因此，反馈的信息一定要有深度和广度，尽可能地保持系统完整。

（3）及时的原则。反馈各种相关信息要以最快的速度进行，以纠正决策过程中出现的偏差。

（4）集中和分流相结合的原则。决策者在运用反馈方法时需要掌握好信息资料的流向，一方面要把某类事务的各个方面集中反馈给决策系统，使管理者能够掌握全局的情况；另一方面要把反馈信息根据内容的不同分别流向不同的方向。

（5）适量的原则。在决策实施过程中要合理地控制信息正负两方面的反馈量，过量的负反馈会助长消极情绪，怀疑决策的正确性，影响决策的顺利实施；而过量的正反馈会助长盲目乐观，忽视存在的问题和困难，阻碍决策的完善和发展。

（6）反复的原则。反馈过程中，经过一次反馈后，制定出纠偏措施；纠偏措施实施之后的效果需要再次反馈给决策系统，使实施效果与决策预期目标基本吻合。

2.信息反馈的方法。在公路工程项目信息过程管理中，经常用到的反馈方法主要有以下几种。

（1）跟踪反馈法。其主要是指在决策实施过程中，对特定的主题内容进行全面跟踪，有计划、分步骤地组织连续反馈，形成反馈系列。跟踪反馈法具有较强的针对性和计划性，能够围绕决策实施主线，比较系统地反映决策实施的全过程，便于决策机构随时掌握相关情况，控制工作进度，及时发现问题，实行分类领导。

（2）典型反馈法。其主要是指通过某些典型组织机构的情况、某些典型事例、某些代表性人物的观点言行，将其实施决策的情况以及对决策的反映反馈给决策者。

（3）组合反馈法。其主要是指在某一时期将不同阶层、不同行业和单位对决策的反映，通过一组信息分别进行反馈。由于每一反馈信息着重突出一个方面、一类问题，故将所有反馈信息组合在一起，便可以构成一个完整的面貌。

（4）综合反馈法。其主要是指将不同地区、阶层和单位对某项决策的反映汇集在一起，通过分析归纳，找出其内在联系，形成一套比较完整、系统的观点与材料，并加以集中反馈。

第五节　公路工程项目信息管理系统

一、公路工程项目信息管理系统的含义

管理信息系统也可以简洁地定义为能对数据和信息进行采集、存储、加工和再现，并能回答用户一系列问题的系统。信息系统的四大功能为数据采集、管理、分析和表达。简单来说，信息系统是基于数据库的问答系统。

公路工程项目信息管理系统在公路建设管理领域内的具体应用，主要是研究系统中信息传递的逻辑程序和数学模型，并研究如何利用计算机处理这些信息和描述数学模型的方

法与手段。它是以人为主导,以公路工程项目为目标系统的信息管理系统,它利用计算机和其他通信设备,能够对公路工程项目信息进行收集、传输、加工、更新维护和使用的人机系统。它既包括代替人工各种烦琐日常业务处理系统,也包括为管理人员提供有效信息、协助领导者进行决策的决策支持系统。公路工程施工项目信息管理系统是针对目前大规模公路工程建设过程中的项目(如某段公路、某独立大桥)如何进行全方位的综合协调管理而开发的信息系统,它从施工项目的角度出发,将项目管理中诸多复杂的因素全面地、有机地结合起来考虑实施计算机管理,以辅助管理者高质量,低消耗、按期地完成工程项目。

信息管理系统通过提供各种信息决策管理方案,并被实施以进行系统管理,为管理决策服务。公路工程项目信息管理系统的建立,应使每个信息系统都有其明确的目标,并为目标服务。现代化管理需要大量的信息支持,建立完善的公路工程项目管理信息系统,是进行有效管理的基础,是公路工程项目管理者(业主、监理方、承包商等)对项目进行有效的投资控制、进度控制、质量控制和合同管理的有力工具。

二、公路工程项目信息管理系统模块的构成

公路工程项目信息管理系统的开发研究是一项复杂的系统工程,它涉及公路工程、管理、计算机等多门学科,因此,做好系统的总体规划是确保开发成功的一项重要工作。在开发研究时,根据工程项目管理理论的内容,考虑到公路工程项目和我国国内公路工程建设行业的特点(施工战线长、部门分散、涉及单位多、各方距离远、工程款额大等),利用计算机系统分析设计的方法,可将公路工程项目信息系统大致划分为以下几个子系统:

1. 办公自动化(OA)系统

办公自动化系统建设的范围和内容一般是以企业内部网(INTRANET)为基础,以实现办公业务的数字化、提高决策效能为目的,是企业长期信息化建设的基础。办公自动化的建设,应该覆盖企业的每一个角落。通过设计合理的工作流程,改善影响工作效率的各个环节,可以优化现有的管理组织结构,调整管理体制,实现部门间、岗位间工作程序的规范化、制度化和自动化,推动企业的管理制度、工作方式和办事程序与先进的办公自动化系统相适应,增加协同工作能力,实现提高工作效率的目的。办公自动化的工作流程中缺少了任何一个职能部门,都可能影响企业整体效率的提高,该部门对企业来说可能就并不是必不可少的。因此,OA系统只有覆盖企业的所有部门,将各部门结合成一个整体,消除企业内部的"信息孤岛",才能真正发挥OA的作用,从整体上提高企业效率。

2. 网络招投标管理系统

招投标管理是指为保证招投标工作和工程项目的招投标活动符合国家的有关法律、法规,维护国家和社会的利益,保证招标与投标的公平、合理。对招投标工作进行的领导与管理,是我国政府建设管理的职能之一。

相对于其他工程项目而言,公路工程项目的招投标有其自身的一些特点。它包含的面

比较广泛，具体涉及项目开发招标、监理招标，勘察设计招标、工程施工招标以及材料设备的采购招标。

3. 工程项目档案管理系统

随着改革开放与市场经济的发展，公路档案的作用被越来越多的人所认识，档案工作不再是过去单纯地保管，而是要求能利用现代化计算机技术、电视录像技术快速检索，提供准确而详尽的信息资料，以加快公路建设事业的发展，提高档案信息的社会效益。

公路工程项目的档案作为基础文件的备份，必须具有查询、修改以及结果输出的功能，档案的管理必须流程化，保证档案信息的完整性和条理性。

4. 计量合同管理系统

项目合同管理的功能是根据法律、政策和企业经营目标的要求，运用指导、组织、监督等手段，促使当事人依法签订，履行、变更合同和承担违约责任，制止和查处利用工程合同进行的违法活动，从而保证工程项目建设顺利进行。建立一个良好的工程计量程序，可以帮助监理工程师提高工作效率，并达到控制工程计量的目的。在计量前，监理工程师必须审查与之有关的文件资料。因此，承包人在提出计量申请的同时，或接到监理工程师计量通知的同时，需向监理工程师提交有关的文件资料，包括开工申请单或上道工序的中间交工证书、承包人的自检资料、工程质量检验表及有关的质量评定意见。

合同管理子系统应该既可以对已有合同进行修改、查询，也可以新建项目合同，通过管理人员和技术人员对合同基本信息的录入和修改，根据实际情况和需要对合同进行完善，最终输出所需的报表和形象图形。

5. 工程造价预警管理系统

工程造价预警管理系统是指在保证公路建设项目工程质量和工期目标的前提下，为了实现项目的造价目标，在工程实施过程中，通过对大量的造价资料的分析研究，归纳出现场造价目标控制的数学模型，利用计算机跟踪技术，随时警报工程造价的执行情况，以确保造价目标的实现。本系统应该包含经营管理、计划进度、计量支付、基础数据管理和系统维护等模块。

6. 工程项目计划进度统计管理系统

工程项目进度计划统计管理系统是指对项目各阶段的工作内容、工作程序，延续时间和衔接关系来编制计划，并指导付诸实施，并在实施的过程中进行滚动调整、修订，以进入下一循环，最终实现系统的优化管理。进度统计管理技术的方法是指通过各种计划的编制、优化、实施、调整而实现进度控制的方法，它包括流水作业法、科学排序法、网络计划方法、滚动计划方法、电子计算机辅助进度管理等。

7. 工程质量管理系统

工程质量管理系统包括建筑工程产品实体质量和服务质量两方面。由于公路工程项目的特殊性，其质量管理需要更好地实现系统性和信息化，以实现与其他诸方面管理控制的协调。

8.工程项目网站

工程项目网站致力于介绍、宣传公路工程建设进展情况，全面反映该工程建设状况及建设成果，向社会各界提供包括该公路工程建设、监理、施工、设计、监督及地方关系处理等各方面的信息，并及时报道路基、桥梁、路面、交通工程等工程建设的最新进展情况及各项招投标信息、材料信息以及公路工程机械等信息。

各子系统相对独立，但有统一的系统管理，且各子系统有共享的数据库。

三、公路工程项目信息管理系统建立的过程

公路工程施工项目信息管理系统是以公路工程项目为核心，以对项目的进度、质量、合同、成本及文档等管理为对象，通过对项目管理中诸多复杂的、关联性强的数据进行处理，为从事施工项目管理工作的有关人员提供信息服务及辅助决策。公路工程施工项目管理中的管理内容、管理方式、管理目标等有其独特的特点，通过深入调查与分析，结合企业过程与数据类的基本特征，识别出系统中的企业过程与数据类，并建立二者之间的信息结构，从而完成子系统的划分。

项目施工控制，应先根据施工方案编制施工组织设计，报经监理工程师审批后，才批准施工。在施工中，具体应做好质量控制、进度控制、费用控制以及合同管理，可利用施工项目信息管理系统来实现上述控制。从现阶段的大部分施工企业和人员状况来看，在项目上能做到完全实现有一定的难度，但可利用现有的一些商品化软件和现有的硬件设备实现施工项目信息管理的辅助系统，再加上人工干预和人工的传递，也可大大减轻人的脑力劳动，有利于实现项目中的资源的动态控制，对降低成本、提高质量、加快进度是很有意义的，也是很有成效的。开发信息管理系统的必要条件是使管理对象具有合理的组织机构、工作流程及管理手段。

1.计算机辅助编制实施性的施工组织设计

（1）收集有关数据

参数、定额、价格、技术方案等。

（2）选择施工方案，确定工艺流程

可利用本企业以往的经验，在方案数据库和工艺数据库中选择所需要的施工方法和方案，以及工艺流程，结合本项目的特点做一些修改。如果企业没有构造方案库或工艺信息库，可借用已有的商品化软件进行选择和修改。如果本项目的方案和工艺流程是新的且又有特点，就可增加到数据库中，为将来的相似项目施工提供帮助。

（3）制订工程项目施工进度计划（项目管理软件应用）

决定计划的三个要素是工作的名称或代号、工作之间的逻辑关系和工作的持续时间。

①用 WBS 方法对项目进行分解（进行工作划分）

WBS（Work Breakdown Structure）方法也叫工作分解结构法，即自上向下逐级将工程

项目分解为一个一个具体的工作（分项工程或工序）。人的认识总要有个过程，WBS方法就是符合人的认识过程。对于一个新工程尤其如此，它可以让人们由粗到细地逐步求精、逐层细化。在分解项目时应注意以下几个问题。

A. 考虑与组织管理的层次划分相对应，并注意与施工方法相一致。

B. 划分时要兼顾质量评定标准、概预算和工程量清单的分项划分，一定不能出现划分的工作与这些分项划分交叉的情况。

C. 作为一个工作（分项或工序），在其工作持续时间内的效率是近似均匀的，工料机的分配是均匀分布的。

②确定各工作之间的逻辑关系

所谓工作之间的逻辑关系就是各工作之间施工时的先后顺序关系。工作间的逻辑关系可进一步分为工艺关系和组织关系。工艺关系由施工工艺决定的先后顺序关系，一般来说是固定的。组织关系是由施工组织者安排的先后顺序，一般不是固定的，会随现场的情况或资源状况而改变。因此，在确定工作之间的逻辑关系时，首先应考虑工艺关系，然后再考虑组织关系，或者在进度计划初稿做出后，对进度计划调整优化时再考虑组织关系。确定组织关系时，常考虑的因素有：

A. 资源（工、料、机）的限制情况和现场运输状况；

B. 工作面的局限性；

C. 工序之间的安排应注意安全和质量的因素（台风季节、雨季、冬季、汛期等）；

D. 有损坏性的工序应先安排。

③各工作持续时间的确定

确定工作的持续时间有两种方法。

A. 计算法

先要计算出各工作的工程量，并确定各工作相应的效率（产量定额或时间定额），然后计算出时间或资源配置数量。

a. 正向计算法

已知工程量和效率的情况下，假设资源数量，计算出持续时间。

$$t=f（工程量，效率、资源量）$$

b. 反向倒算法

已知工程量和效率的情况下，该工作又是关键控制工作时（如土石方工程），它的持续时间绝不能超过限定时间，因此先定时间反向计算资源数量。

B. 估算法

这种方法一般凭经验估计（经验法），也可请教有经验的人估计（专家法）或参考相类似的工程（类比法）来确定时间。估算的方法在实际应用中更为广泛。

④进度计划三个要素输入计算机的过程

将进度计划的三个要素整理后汇总成为一张表格，对应输入计算机中（目前已有成熟的软件，如 MS-Project、同州软件、同望软件等），计算机自动就形成的进度计划（初稿），进度计划在计算机中可以有多种不同的表示形式：

A. 网络图（时标、单代号、双代号）。

B. 横道图。

C. "S" 曲线。

⑤进度计划初稿的调整和修改

计划初步编制完成后往往需要调整，主要表现为：

A. 工作持续时间长短的调整。

B. 某些工作所安排的时间段可能存在着不合理，如台风季节、雨季、冬季或洪水季节等，可以通过对这些工作加上强制时限来进行调整。

C. 调整工程的总工期，使其符合要求的工期。修改、调整计划，可以对进度计划"选择"（分类裁剪）出你所需要的部分。

（4）资源供应计划和资金使用计划的编制

在进度计划编制完成后，通过对各工作进行资源配置来自动产生动态的资源供应（或需求）计划和资金计划。编制步骤如下。

①建立资源库和定额库

建立资源和定额库的方法有两种：

A. 手工建立，逐个输入资源的属性和定额组成。

B. 借用已有数据的建立

a. 利用已有的计划调用"转入"并做一些修改建立。

b. 利用预算结果"导入"来建立。

②对各工作进行资源配置

资源配置有两种方式。

A. 逐个输入各工作需要的资源名称和资源数量等数据。

B. 利用定额方式来配置资源，可大大减少输入的数据量。

③确定各工作的间接费率并输入

④根据需要输出不同形式的资源和资金计划

A. 按工程位置或内容排列的不同资源供应（需求）计划，其形式是按单位时间段（季、月、周、日）分布的资源量计划和资金量计划。

B. 按资源名称排列出（检索出），用于工程各个不同部位的数量，并随时间段分布。这两种形式的资源计划以及资金计划，对于资源的动态管理是非常重要的。利用资源计划，及时动态地组织安排和采购所需资源（工、料、机），以及施工单位内部的材料供应部门可以很方便地了解施工段落，在什么时候需要多少数量的什么类型材料，设备管理部门也可以了解到何时何地需提供什么类型的设备和多少数量。

⑤编制资金计划

输入各资源的单价，计算机系统就自动计算出工程的直接费用以及各工作随时间分布（每天或每月）的直接费用。对每个工作输入其间接费率，系统就能计算出各工作的间接费和工程间接费以及总费用。根据工程的分部或分项，分别输出其工程或分项的费用并随时间的分布状况和数量以及汇总金额。

⑥施工平面图绘制

目前，市面上有不少绘制施工平面图的软件（如梦龙、同望、同州软件），可以满足工程上的需要，这些软件在使用上比直接使用 AutoCAD 要简便得多，它们的系统存在着大量的施工平面图的一些样本和图例，并采用多层覆盖组合形成施工平面图。

2. 项目的管理和跟踪

计划实施后，应当定期对计划的执行情况进行检查，收集实际的进度、成本数据，并输入项目管理软件中。需要输入的数据通常包括检查日期、工作的实际开始/完成日期、工作实际完成的工程量、工作已进行的天数、正在进行的工作的完成率、工作实际支出的费用等。

在将实际发生的进度/成本信息输入计算机后，就可以利用项目管理软件对计划进行更新。更新后应检查项目的进度能否满足工期要求，预期成本是否在预算范围之内，是否出现因部分工作的推迟或提前开始（或完成）而导致的资源过度分配（指资源的使用超出资源的供应）。这样，可以发现存在的潜在问题，及时调整项目计划来保证项目的预期目标的实现，如通过压缩关键路径来满足工期要求等。

项目计划调整后，应及时通过书面形式或电子形式通知有关人员，使调整后的计划能够得到贯彻和落实，起到指导施工的作用。需要强调的是，项目计划的跟踪、更新、调整和实施需要不断地反复进行，直至项目结束。

3. 施工中计算机辅助计量支付系统

可以将进度计划的内容传送到计量支付系统中，作为计量支付的计划内容。将计量支付中的实际计量结果作为项目管理系统中的实际进度反映到进度计划的管理和跟踪上，进而作为后续进度计划调整的参考依据。实际支付量和实际完成量之间有一定的偏差值，而且对于概述（累加）性的工作要借用工作量（金额）来反映工程的进度。

4. 基于互联网的建设工程项目信息管理系统（在线控制）

（1）基于互联网的建设工程项目信息管理系统概念

基于互联网的建设工程项目信息管理系统可以简称为 Internet-based PIMS。其主要功能是安全地获取、记录、寻找和查询项目信息。它相当于在项目实施全过程中，对项目参与各方产生的信息和知识进行集中式管理，即项目各参与方有共用的文档系统，同时也有共享的项目数据库。它不是某一个具体的软件产品或信息系统，而是国际上工程建设领域一系列基于 Internet 技术标准的项目信息沟通系统的总称。它具有以下基本特点。

①以 Extranet 作为信息交换工作的平台，其基本形式是项目主题网。与一般网站相比，

它对信息的安全性有较高的要求。

②基于互联网的建设工程项目信息管理系统采用 100% 的 B/S 结构，用户在客户端只需要安装一个浏览器就可以。浏览器界面是用户通往全部授权项目信息的唯一入口，项目参与各方可以不受时间和空间的限制，通过定制（Customize）来获得所需的项目信息。传统的项目管理信息系统的用户只能是一个工程参与单位，而基于互联网的建设工程项目信息管理系统的用户是建设工程的所有参与单位。

③与其他在建筑业中应用的信息系统不同，基于互联网的建设工程项目信息管理系统的主要功能是项目信息的共享和传递，而不是对信息进行加工、处理。虽然基于互联网的建设工程项目信息管理系统的发展趋势是与项目信息处理系统（如一些项目管理软件系统）进行集成，但就其核心功能而言，项目信息门户系统是一个信息管理系统，而不是一个管理信息系统，其基本功能是对项目的信息（包括文档信息和数据信息）进行管理（包括分类、存储和查询）。

④基于互联网的建设工程项目信息管理系统不是一个简单的文档系统，基于互联网的建设工程项目信息管理系统通过信息的集中管理和门户设置为项目参与各方提供一个开放、协同、个性化的信息沟通环境。对虚拟项目组织协同工作和知识管理的有力支持是基于互联网的建设工程项目信息管理系统与一般文档系统的最大区别。

（2）基于互联网的建设工程项目信息管理系统的体系结构

一个完整的基于互联网的建设工程项目信息管理系统的体系结构包括以下八层。

①基于 Internet 技术标准的信息集成平台，是项目信息门户实施的关键，它必须对来自不同信息源的各种异构信息进行有效集成。

②项目信息分类层，在信息集成平台基础上，对信息进行有效的分类编目以便参与各方的信息利用。

③项目信息搜索层，为项目参与各方提供方便的信息检索服务。

④项目信息发布与传递层，能支持信息内容的网上发布。

⑤工作流支持层，使项目参与各方通过项目信息门户完成一些工程项目的日常工作流程，如工程变更等。

⑥项目协同工作层，使用同步（如在线交流）和异步（线程化讨论）手段使项目参与各方结合一定的工作流程进行协作和沟通。

⑦个性化设置层，使项目参与各方实现基于角色（Role-based）的界面设置。

⑧数据安全层，基于互联网的建设工程项目信息管理系统有严格的数据安全保证措施，用户通过一次登录就可以访问所有的信息源。

以上八层结构，是一个完整的基于互联网的建设工程项目信息管理系统所应具备的逻辑结构，每一层都可以通过不同的软件和技术得以实现，目前大多数的基于互联网的建设工程项目信息管理系统都符合这一框架。

（3）基于互联网的建设工程项目信息管理系统的功能

基于互联网的建设工程项目信息管理系统的功能分为基本功能和拓展功能两个层次。其中，基本功能是大部分的商业基于互联网的建设工程项目信息管理系统的核心功能。而拓展功能则是部分应用服务商在其应用服务平台上所提供的服务，这些服务代表了未来基于互联网的建设工程项目信息管理系统发展的趋势（如进行基于工程项目的 B-to-B 电子商务）。下面将对基于互联网的建设工程项目信息管理系统的基本功能和拓展功能进行讨论。项目信息平台 PIP（Project Information Portal）涵盖了目前一些基于互联网的建设工程项目信息。

管理系统商品软件和应用服务的主要功能，是较为系统全面地基于互联网的建设工程项目信息管理系统的功能架构，在具体工程项目的应用中应结合工程实际情况进行适当的选择和扩展。

①基于互联网的建设工程项目信息管理系统的基本功能

A. 通知与桌面管理（Notification and Desktop Management）

这一模块包括变更通知（Change Notification）、公告发布（Announcements）、项目团队通信录（Project Team Directory）及书签（Bookmarks）管理等功能，其中变更通知是指当与某一项目参与单位有关的项目信息发生改变时（如进度拖延），系统用 E-mail 进行提醒和通知，它是基于互联网的建设工程项目信息管理系统应具备的一项基本功能。

B. 日历和任务管理（Calendar and Task Management）

日历和任务管理是一些简单的项目进度控制工作功能，包括共享项目进度计划的日历管理（Calendar Management）和任务管理（Task Management）。

C. 文档管理（Document Management）

文档管理是一项基于互联网的建设工程项目信息管理系统十分重要的功能，它在项目站点上提供标准的文档目录结构，项目参与各方可以进行定制。项目的参与各方可以完成文档（包括工程照片、合同，技术说明，图纸、报告、会议纪要，往来函件等）的查询（按关键字、日期等），版本控制、文档的上传和下载（Check In/Out）、在线审阅（Online Review）等工作。其中，在线审阅的功能是基于互联网的建设工程项目信息管理系统的一项重要功能，可支持多种软件，如 CAD、Word、Excel、PowerPoint 等，项目参与各方可以在同一张 CAD 图纸上进行标记、圈阅和讨论，这大大提高了项目组织的工作效率。

D. 项目通信与协同工作（Project Messaging and Collaboration）

在基于互联网的建设工程项目信息管理系统为用户定制的主页上，项目参与各方可以通过基于互联网的建设工程项目信息管理系统中内置的邮件通信功能进行项目信息的通信，所有的通信记录在站点上都有详细的记录，从而便于争议的处理。另外，还可以就某一主题（如某一个设计方案）进行在线讨论，讨论的每一个细节都会被记录下来，并分发给有关各方。项目信息门户系统的通信与讨论都可以获得大量随手可及的信息作为支持。

E. 工作流管理（Workflow Management）

工作流管理是对项目工作流程的支持，它包括在线完成信息请求 RFI（Request for Information）、工程变更（Change Order）、提交请求（Submittals）及原始记录审批等，并对处理情况进行跟踪统计。

F. 网站管理与报告（Administration and Reporting）

网站管理与报告包括用户管理、使用报告生成等功能，其中很重要的一项功能就是要对项目参与各方的信息沟通（包括文档传递、邮件信息、会议等）及成员在网站上的活动进行详细记录。数据的安全管理也是一项十分重要的功能，它包括数据的离线备份、加密等。

②基于互联网的建设工程项目信息管理系统的拓展功能

A. 多媒体的信息交互

有一些基于互联网的建设工程项目信息管理系统可以提供视频会议（Video Conferencing）的功能，这项功能其实是项目沟通与协同功能的一部分。目前，由于技术和网络带宽的原因，它在工程项目中的应用并不普及。许多基于互联网的建设工程项目信息管理系统通过系统的集成和使用第三方平台（如 Wed-cx）的办法，也可以在工程项目基于互联网的建设工程项目信息管理系统上进行视频会议。

B. 在线管理（Web-based Project Management）

大多数基于互联网的建设工程项目信息管理系统可以与一些进度控制和投资控制的软件进行集成，如与 MS-Project 和 Primavera 系列软件集成，进行进度计划和投资计划的网上发布，这样的基于互联网的项目管理信息系统可以被称为"Web based Project Management"。系统可以进行在线的计划编制和进度调整，并与变更提醒、在线审阅和会议功能结合，即把传统的项目管理软件的功能与基于互联网的建设工程项目信息管理系统强大的通信和协同工作功能进行无缝集成，而不仅仅是进行简单的项目管理信息的网上发布。这将是建设工程项目信息管理系统今后的发展方向。

C. 集成一些电子商务功能

在许多大型工程的基于互联网的建设工程项目信息管理系统可以完成设备与材料及劳务的招标过程，形成所谓电子采购"e-Procurement"、电子招投标"e-Bid"。目前许多提供基于互联网的建设工程项目信息管理系统应用服务的提供商（ASP），如美国的 Bidcom.com，欧洲的 build-online.com 等，在这些网站上都提供了强大的电子商务功能。著名咨询公司 Goldman Sachs 在其研究报告中认为，以项目主题网站为平台，开展大型项目的 B toB 电子商务，将是未来几年中基于互联网的建设工程项目信息管理系统的主要发展趋势。

（4）基于互联网的建设工程项目信息管理系统在工程项目中的应用意义

基于互联网的建设工程项目信息管理系统在工程实践中有着十分广泛的应用，国外有的研究将基于互联网建设工程项目信息管理系统的应用列出未来几年建筑业的十大趋势之一。目前，在欧美等工业发达国家的建筑业中，基于互联网的建设工程项目信息管理系统的建设已成为建筑业信息技术的热点。据统计，全球范围内，专门为建筑业企业提供基于互联网的建设工程项目信息管理系统软件产品和应用服务的厂商就有 200 多家。

在工程项目建设中应用基于互联网的建设工程项目信息管理系统有着重要的意义，主要表现在以下几个方面。

①降低了工程项目实施的成本

成本的节约来自两方面：一方面是由于采用了 Web-based PIMS 系统后减少花费在纸张、电话、复印、传真、商务旅行及竣工文档准备上的大量费用所带来的直接成本降低。国外研究表明，对于一个典型项目（投资在 1000 万美元左右），在设计阶段使用基于互联网的建设工程项目信息管理系统将节约 53% 的直接成本。另一方面是由于采用基于互联网的建设工程项目信息管理系统后提高了信息沟通的效率和有效性，从而减少了不必要的工程变更，降低了决策效率带来的间接成本。据统计，应用基于互联网的建设工程项目信息管理系统所带来的成本降低可占到项目总成本的 5%～10%。

②缩短了项目建设时间

据统计，现代工程项目中，工程师时间的 10%~30% 是用在寻找合适的信息上，而项目管理人员则有 80% 的时间是用在信息的收集和准备上。在美国，一个项目经理每天要处理 20 多个来自项目参与各方的信息请求（Request for Information），这要占去项目经理大部分的工作时间。由于信息管理工作的繁重，有人甚至称项目经理已经变成了项目信息经理。使用基于互联网的建设工程项目信息管理系统进行项目信息的管理和沟通可以大幅降低搜寻信息的时间，提高工作和决策的效率，从而加快项目实施的速度。另外，应用基于互联网的建设工程项目信息管理系统可以有效地减少由于信息延误、错误所造成的工期拖延。

③降低了项目实施的风险

由于信息沟通的通畅，提高了决策人员对工程实施的预见性，并可以对项目实施过程中的干扰进行有效的控制。

④提高了业主的满意度

传统的工程项目建设过程中，业主很难对项目实施的全过程进行有效的监控，这是业主满意度下降的重要原因。在应用了基于互联网的建设工程项目信息管理系统的项目中，业主可以及时地获得项目实施过程中的各种信息，并参与项目决策过程，提高了对项目目标的控制能力。在项目结束后，业主可以十分方便地得到记录有项目实施过程中全部信息的 CD-ROM，用于项目的运营与维护。正因为如此，国外一些大型工程项目的业主都把使用基于互联网的建设工程项目信息管理系统作为承包人和监理单位参与项目的条件之一。

第六节　公路工程项目信息安全管理

一、信息安全的基本概念

信息安全是指对信息的保密性、完整性和可用性的保持。

1. 保密性是指为保障信息仅仅为那些被授权使用的人获取。信息的保密性根据信息被允许访问对象的多少而不同，所有人员都可以访问的信息为公开信息，需要限制访问的信息一般为敏感信息或秘密，秘密又可以根据信息的重要性及保密要求分为不同密级。

2. 信息的完整性是指信息在传输、储存、利用等过程中不发生篡改、丢失、缺损等，同时也是指信息处理方法的正确性。不正确的操作（如误删文件）有可能造成重要文件的丢失。

3. 信息的可用性是指信息及相关的信息资产在被授权使用的人需要的时候，可以立即提供。

不同类型的信息及相应资产的信息安全在保密性、完整性及可用性方面的侧重点不同，如企业的专有技术、工艺、财务数据等商业秘密对企业来讲保守机密尤其重要；而对图纸、质量验收资料等信息，其完整性相对于保密性而言则重要得多。

二、公路工程项目信息安全的基本要求

项目信息安全是一个动态发展的过程，仅仅依赖于安全产品的堆积来应对迅速发展变化的各种攻击手段是不能持续有效的。公路工程项目信息安全的基本要求主要有以下三个方面。

1. 信息安全风险评估的要求。项目信息安全要求针对每一项信息资产所面临的威胁、存在的薄弱环节，产生的潜在影响及其发生的可能性等因素来综合分析确定，这也是信息安全管理的基础。

2. 信息安全的原则、目标和要求。应根据已有的信息安全方针、目标、标准、要求以及信息处理原则等来确定项目信息安全要求，以确保支持企业经营的信息处理活动的安全。

3. 相关法律法规与合同的要求。有关信息安全方面的法律法规是对项目信息安全的强制性要求，项目组织应对现有的法律法规进行识别，将其中适用的规定转化为项目信息安全要求。另外，还要考虑项目合同相关各方提出的具体信息安全要求，经确认后予以落实。

总之，公路工程建设工程项目信息安全建设是一项复杂的系统工程，规划、管理、技术等多种因素相结合使之成为一个可持续的动态发展过程。项目信息安全问题的解决只能

通过一系列的规划和措施，把风险降到可被接受的程度，同时采取适当的机制使风险保持在此程度之内。

三、公路工程项目信息安全管理的内容

项目信息安全管理是信息安全的核心，它包括风险管理、安全策略和安全教育三个部分。

1. 风险管理

信息风险管理识别企业的资产，评估威胁这些资产的风险，评估假定这些风险成为现实时企业所承受的灾难和损失。通过降低风险（如安装防护措施）、避免风险、转嫁风险（如买保险）、接受风险（基于投入/产出比考虑）等多种风险管理方式得到的结果来协助管理部门根据企业的业务目标和业务发展特点来制定企业安全策略。

2. 安全策略

安全策略从宏观角度反映企业整体的安全思想和观念，作为制定具体策略规划的基础，为所有其他安全策略标明应该遵循的指导方针。具体的策略可以通过安全标准、安全方针、安全措施来实现。安全策略是基础，安全标准、安全方针、安全措施是安全框架，在安全框架中使用必要的安全组件、安全机制等提供全面的安全规划和安全架构。

值得注意的是，企业制定的安全策略应当遵守相关的法律条令，有时安全策略的内容和员工的个人隐私相关联，在考虑对信息资产进行保护的同时，也应该对这方面的内容有一个明确的说明。

3. 安全教育

信息安全意识和相关技能的教育是项目信息安全管理中的重要内容，其实施力度将直接关系项目信息安全策略被理解的程度和被执行的效果。为了保证安全的成功和有效，项目管理部门应当对项目各级管理人员、用户、技术人员进行信息安全培训，所有的项目人员必须了解并严格执行企业信息安全策略。

在公路工程项目信息安全教育具体实施过程中应该有一定的层次性。

（1）主管信息安全工作的高级负责人或各级管理人员，重点是了解、掌握企业信息安全的整体策略及目标、信息安全体系的构成、安全管理部门的建立和管理制度的制定等。

（2）负责信息安全运行管理及维护的技术人员，重点是充分理解信息安全管理策略，掌握安全评估的基本方法，对安全操作和维护技术进行合理运用等。

（3）用户重点是学习各种安全操作流程，了解和掌握与其相关的安全策略，包括自身应该承担的安全职责等。

信息安全教育应当定期、持续地进行。在企业中建立信息安全文化并容纳到整个企业文化体系中才是最根本的解决方法。

四、公路工程项目信息安全管理体系

项目信息安全建设是一个全方位的工程,必须全面考虑。安全技术和产品都应该与企业的 IT 业务实际情况相结合,如此才能建设成为完整的信息安全系统。所以,企业解决信息安全问题不应仅从技术方面着手,同时更应加强信息安全管理工作,通过建立正规的信息安全管理体系以达到系统地解决信息安全问题。

信息安全是技术、服务和管理的统一,信息安全管理体系的建立必须同时关注这三方面。安全技术是整个信息系统安全保障体系的基础,由专业安全服务厂商提供的安全服务是信息系统安全的保障手段,信息系统内部的安全管理是安全技术有效发挥作用的关键。安全技术、安全服务和安全管理构成信息安全管理。安全技术偏重于静态的部署,安全服务和安全管理则分别从信息系统外部和内部两个方面动态地支持与维护。

安全技术是指为了保障信息的完整性、保密性、可用性和可控性而采用的技术手段、安全措施。完整性、保密性、可用性和可控性是信息安全的重要特征,也是基本要求。安全技术方面依据信息系统的分层次模型,考虑每个层次上的安全风险分析和安全需求分析,在每个层次上部署和实施相应的安全产品和安全措施。

信息系统安全问题的解决需要专业的安全技能和丰富的安全经验,否则不但不能真正解决问题,稍有不慎或误操作都可能影响系统的正常运行,造成更大的损失。安全技术的部署和实施由专业安全服务厂商提供的安全服务来实现,确保安全技术发挥应有的效果。通过专业、可靠、持续的安全服务来解决应用系统日常运行维护中的安全问题,是降低安全风险、提高信息系统安全水平的一个重要手段。

安全服务是由专业的安全服务机构对信息系统用户进行安全咨询、安全评估、安全方案设计、安全审计、事件响应,定期维护、安全培训等服务。安全服务根据用户的情况分级分类进行,不是所有的用户都需要所有的安全服务。安全服务机构根据用户信息的价值、可接受的成本和风险等综合情况为用户定制适当的安全服务。

除了外部的安全服务,信息系统内部的安全管理也是必不可少的。安全管理不善,可能会遇到很多安全问题,如内部人员误操作、故意泄密和破坏等。整个信息安全管理体系的建设过程都离不开信息系统内部的安全管理,安全管理贯穿安全技术和安全服务的整个过程,并对维持信息系统安全生命周期起到来关键的作用。安全管理是制定安全管理方针、政策,建立安全管理制度,成立安全管理机构,进行日常安全维护和检查,监督安全措施的执行。安全管理的内容非常广泛,它包括安全技术各个层次的管理,也包括对安全服务的管理,还包括安全策略、安全机构、人员安全管理、应用系统安全管理、操作安全管理、技术文档安全管理、灾难恢复计划等。

所以说安全技术、安全服务和安全管理三者之间有密切的关联,它们从整体上共同作用,保证信息系统长期处于一个较高的安全水平和稳定的安全状态。

总之，公路工程项目信息安全需要从各个方面综合考虑，全面防护，形成一个安全体系。只有安全技术、安全服务和安全管理三个方面都做到足够的高度，才能保障企业信息系统能够全面地、长期地处于较高的安全水平。

第十章 公路工程安全管理

第一节 公路工程安全管理的范围

一、路基工程施工的安全管理

1. 路基工程施工安全管理的范围

路基工程施工安全管理的范围包括土方施工、石方施工、高边坡施工、爆破作业、机械作业、挡护工程等。其中各个管理方面都包含对在过程中起能动作用的人的管理和施工中的各种机械、工具等的管理，以及对施工环境的安全管理，即人们常说的"人、机、料、法、环"五个方面。

2. 路基工程施工安全管理的一般要求

（1）建立健全路基施工安全保障体系。项目经理部应建立健全路基施工安全保障体系，全面落实安全生产责任制，建立相应的安全生产预防、预警、预控、安全检查、隐患排查、事故报告与处理、应急处置等安全生产保障措施。

（2）施工现场布置应有利于生产，方便职工生活。施工现场的临时驻地与临时设施的设置，必须避开泥沼、悬崖、陡坡、泥石流、雪崩等危险区域，选在水文、地质良好的地段。施工现场内的各种运输道路、生产生活房屋、易燃易爆仓库、材料堆放，以及动力通信线路和其他临时工程，应按照《公路工程施工安全技术规程》（JTGF90—2015）的有关规定绘出合理的平面布置图。

（3）施工现场内的坑、沟、水塘等边缘应设安全护栏，场地狭小，行人和运输繁忙的地段应设专人指挥交通。

（4）路基用地范围内若有通信、电力设施、上下水道（管）等，均应协助有关部门事先拆迁或改造，对文物古迹应妥善保护，下挖工程开挖前，应根据设计文件复查地下构造物（电缆、管道等）的埋置位置及走向，并采取相应的安全防护措施。施工中如发现可疑物品，应停止施工，报请有关部门处理。

（5）路基施工机械设备应有专人负责保养、维修和看管。各种机械操作手、电工必须持证上岗，同时经常加强对驾驶员、电工及路基作业人员的安全教育。

（6）路基施工现场必须做好交通安全管理工作。夜间施工，路口、边坡顶必须设置警示灯或反光标志，专人管理灯光照明。

（7）现场操作人员必须按规定佩戴个人安全防护用品，机械燃料库必须设消防防火设备。

（8）施工现场易燃品必须分开放置，保证一定的安全距离。

二、路面工程施工的安全管理

1. 路面工程施工的安全管理范围

路面工程施工的安全管理范围包括沥青路面工程的安全管理，水泥混凝土路面工程的安全管理。其中包括对施工作业人员的安全管理、施工中机械的安全管理、施工环境的安全管理。

2. 路面工程施工安全管理的一般要求

（1）确定施工方案，及时准确发布路面施工信息。施工前，施工单位应确定施工区的范围以及安全管理的施工方案，对路面情况进行深入细致的分析，并在开工前及时发布施工信息，警告过往车辆要注意施工路段的交通情况，提醒车辆绕道而行，避免车辆拥堵。

（2）详细划分施工区域，设置好安全标志，严格按警告区、上游过渡区、缓冲区、作业区、下游过渡区、终止区来划分施工区域。

（3）施工现场的所有施工人员应统一穿着橘黄色的反光安全服，施工时还应设专职的交通协管员和专职安全员，而且安全员分班实行24小时施工路段安全巡查。

（4）施工车辆必须配置黄色闪光标志灯，停放在施工区内规定的地点。不得乱停乱放，要摆放整齐，特别在进出施工场地时，要绝对服从专职交通协管员的指挥，不得擅自进出。

（5）在施工区域两端应设置彩旗、安全警示灯、闪光方向标，给施工车辆和社会车辆以提示作用。

第二节　公路工程安全管理的原则

一、"管生产必须管安全"的原则

"管生产必须管安全"原则是公路施工企业必须坚持的基本原则，是指企业主管生产的各级管理人员在生产过程中必须坚持在抓生产的同时抓安全。"管生产必须管安全"原则体现了"安全为了生产、生产必须安全"，体现了在计划、布置、检查、总结、评比生产工作的同时，计划、布置、检查、总结、评比安全生产工作，即实现生产与安全的"五同时"。

二、"谁主管谁负责、一把手负总责"的原则

"谁主管谁负责、一把手负总责"作为企业安全生产的原则，首先明确了企业法定代表人是安全生产第一责任人，对本企业的安全生产应负全面责任；分管安全生产工作的副职，在其分管工作中涉及安全生产内容的，也应承担相应的领导责任。企业在制定安全生产领导责任制的同时还应当制定全员安全生产责任制，这样才能保证企业的安全生产管理做到全面覆盖，使安全责任落实到位。真正形成主要领导负总责，分管领导具体抓，其他领导协助办，各部门各司其职、各尽其责、分工负责、齐抓共管的安全生产工作新局面。

三、"预防为主"的原则

"预防为主"的原则，就是把安全生产工作的关口前移，超前防范，建立预教、预测、预想、预报、预警、预防的递进式、立体化事故隐患预防体系，改善安全状况，预防安全事故。在新时期，"预防为主"就是通过建设安全文化、健全安全法制、提高安全科技水平、落实安全责任、加大安全投入、强化有效的安全管理和技术手段，构筑坚固的安全防线。安全生产管理工作应该做到预防为主，减少和防止人的不安全行为和物的不安全状态，这就是对预防为主的原则要求。

四、"动态管理"的原则

"动态管理"的原则即安全管理过程是一个动态的管理过程。随着施工项目的进展，安全管理的内容和重点也在发生变化。所以，在公路工程施工安全管理方面要坚持"动态管理"的原则。

五、"计划性、系统性"的原则

安全管理的两个显著特点即计划性和系统性，安全管理和其他管理大同小异，都要将其列入年度或月度计划中去。企业的安全管理要依据企业安全生产实际和上级主管部门的要求，合理确定企业某时期的安全生产方向、目标值以及实现安全目标的主要措施。所以，安全管理要坚持计划性的原则。另外，安全管理作为一种企业管理模式也具有一定的系统性，它包括在企业管理的大系统当中，同时安全管理自身也是一个系统，本身具有一定的整体性、相关性、目的性等。

六、"奖优和罚劣相结合"的原则

在公路工程施工安全管理当中既要采用奖励的管理手段,同时也要采用惩罚的管理手段。奖优要本着"精神鼓励与物质鼓励相结合"的原则,充分体现奖优罚劣。表扬先进,促进后进,形成有效的激励机制,做到奖励和惩罚相结合。

七、"安全第一"的强制性原则

安全第一就是要求在进行生产和其他活动时把安全工作放在一切工作的首要位置。当生产和具他工作与安全发生矛盾时,要以安全为主,生产和其他工作要服从安全,这就是"安全第一"原则。

八、"以人为本、关爱生命、安全发展"原则

即在公路工程施工安全管理中,要处处做到把人的安全放到首位,以人为本,必须以人的生命为本,关爱生命、关注安全,从而做到安全发展。

九、"四不放过"原则

"四不放过"原则是指在发生安全生产事故时必须坚持的处理原则,即事故原因不查清不放过,事故责任人没处理不放过,事故相关者没得到应有的教育不放过,事故的防范措施不落实不放过。

十、"一岗双责"制原则

实现安全生产"一岗双责"制就是在落实安全生产责任制的基础上,强调每个具体岗位兼有双重责任,即该岗位的本职工作责任和相应的安全生产责任。具体来说就是企业在安全生产工作中主要负责人负总责,其他副职既要履行分管业务工作职责,又要履行安全生产工作职责;在项目施工中要求各级管理人员在完成施工管理工作的基础上,同时承担施工中的安全管理工作。

十一、"一票否决"原则

"一票否决"原则即对发生重特大事故的项目、部门和单位,将实行安全生产"一票否决",即取消其参与各类综合性先进单位或先进个人或者干部晋职晋级的资格。"二票否决"也进一步坚持了"实事求是、公平公正、全面考核、公开透明"的安全生产事故处理原则,有助于突出落实安全生产领导责任。

第三节　公路工程安全隐患的排查与治理

一、安全生产事故隐患排查的基本概念

安全生产事故隐患（简称"事故隐患"），是指生产经营单位违反安全生产法律、法规、规章、标准、规程和有关安全生产管理制度的规定，或者因其他因素在生产经营活动中存在可能导致事故发生的物的危险状态、人的不安全行为和管理上的缺陷。排查的依据是国家和有关部门的法律法规等。

排查的事故隐患分为一般事故隐患和重大事故隐患。一般事故隐患是指危害和整改难度较小，发现后能够立即整改排除的隐患；重大事故隐患是指危害和整改难度较大，应当全部或者局部停产停业，并经过一定时间整改治理方能排除的隐患，或者因外部因素影响致使生产经营单位自身难以排除的隐患。

二、安全生产事故隐患排查的目标及内容

公路工程施工安全生产隐患排查的目标是：落实工程项目安全生产主体责任和相关单位的安全管理责任，深入排查治理交通基础设施建设过程中的安全隐患，从而实现"两项达标""四项严禁""五项制度"的总目标。

1. 两项达标

（1）施工人员管理达标：一线人员用工登记、施工安全培训记录、安全技术交底记录、施工意外伤害责任保险等都要符合有关规定。

（2）施工现场安全防护达标：施工现场安全防护设施和作业人员安全防护用品都要按照规定实行标准化管理。

2. 四项严禁

（1）严禁在泥石流区、滑坡体、洪水位下等危险区域设置施工驻地。

（2）严禁违规进行挖孔桩作业，钻孔确有困难的不良地质区，设计单位要进行专项安全设计并按设计变更规定，经批准后实施。

（3）严禁长大隧道无超前预报和监控量测措施施工。

（4）严禁违规立体交叉作业。

3. 五项制度

（1）施工现场危险告知制度。按照《公路水运工程安全生产监督管理办法》，严格安全技术交底制度，施工单位负责项目管理的技术人员，应当如实向施工作业班组、作业人员详细告知作业场所和工作岗位存在的危险因素，并由双方签字确认。在上述场所应设

置明显的安全警示标志,在无法封闭施工的工地,还应当悬挂当日施工现场危险告示,以告知路人和社会车辆。

(2)施工安全监理制度。按照《建设工程安全生产管理条例》《公路水运工程安全生产监督管理办法》和《公路工程施工监理规范》,开展施工安全监理工作,加大现场安全监管力度。监理单位应当按照法律、法规和工程建设强制性标准进行监理,编制安全生产监理计划,明确监理人员的岗位职责、监理内容和方法,审查施工组织设计中的安全技术措施或专项施工方案,核验施工现场机械设备进场检查验收记录,对危险性较大的工程作业加强巡视检查,督促隐患整改。

(3)专项施工方案审查制度。按照《公路水运工程安全生产监督管理办法》,对下列危险性较大的分部分项工程应当编制专项施工方案,并附安全验算结果,经施工单位技术负责人、监理工程师审查签字确认后实施,由专职安全员进行现场监督。必要时,施工单位对上述所列工程的专项施工方案,还应当组织专家进行论证、审查。

(4)设备进场验收登记制度。按照《公路水运工程安全生产监督管理办法》,施工单位在工程中使用施工起重机械和整体提升式脚手架、滑模爬模、架桥机等自行式架设设施前,应当组织有关单位进行验收,或者委托具有相应资质的检验检测机构进行验收。使用承租的机械设备和施工机具及配件的,由承租单位和安装单位共同进行验收,验收合格的方可使用。验收合格后30天内,应当向当地交通主管部门登记。

(5)安全生产费用保障制度。按照财政部和应急管理部联合发布的《高危行业企业安全生产费用财务管理暂行办法》,将安全生产费用支取、使用情况纳入监理范畴。建设单位在施工招标文件中应当对安全生产保障措施提出明确要求。施工单位在工程投标报价中应当包含安全生产费用,一般不得低于工程造价的1.5%,且不得作为竞争性条件。安全生产费用应当用于施工安全防护用具及设施的采购和更新、安全施工措施的落实、安全生产条件的改善,不得挪作他用。

第四节　安全专项方案与应急救援预案的编制

一、安全专项方案的编制

1. 编制安全专项方案的法律依据

《建设工程安全生产管理条例》第26条明确规定:施工单位应当在施工组织设计中编制安全技术措施和施工现场临时用电方案,对下列达到一定规模的危险性较大的分部分项工程编制专项施工方案,并附具安全验算结果,经施工单位技术负责人、总监理工程师签字后实施,由专职安全生产管理人员进行现场监督。

（1）基坑支护与降水工程。

（2）土方开挖工程。

（3）模板工程。

（4）起重吊装工程。

（5）脚手架工程。

（6）拆除、爆破工程。

（7）国务院建设行政主管部门或者其他有关部门规定的其他危险性较大的工程。

对前款所列工程中涉及深基坑、地下暗挖工程、高大模板工程的专项施工方案，施工单位还应当组织专家进行论证、审查。

2.安全专项方案编制的主要内容

专项方案编制应当包括以下内容。

（1）工程概况：危险性较大的分部分项工程基本概况、水文地质条件、施工平面布置、施工要求和技术保证条件。

（2）编制依据：相关法律、法规、规范性文件、标准、规范及图纸（国标图集）、施工组织设计等。

（3）分部分项工程影响质量、安全的风险源分析及相关预防措施。

（4）设计计算书和设计施工图等设计文件。

（5）施工准备，包括施工图进度计划、材料与设备计划。

（6）施工部署，包括技术参数、工艺流程、施工方法、施工技术要点。

（7）人员计划，包括专职安全生产管理人员、特种作业人员等资格要求。

（8）施工控制，包括检查验收、安全评价、预警观测措施。

（9）应急预案及处置措施。

二、应急救援预案的编制

1.应急救援预案编制的目的

应急救援预案是针对可能发生的事故，为迅速、有序地开展应急行动而预先制订的行动方案；是为了及时、有效地应对重大生产安全事故，保证职工生命安全与健康和公众生命，最大限度地减少财产损失、环境损害和社会影响而采取的重要措施。

安全生产事故应急救援的预案编制是应急救援体系建设工作的核心内容，是安全生产工作的重要组成部分，通过应急救援的预案编制，建立健全规范、科学、操作性强的应急预案体系，对于提高应对突发事（故）件的能力、保障人民群众的生命财产安全和企业健康发展具有十分重要的意义。

2.应急救援预案编制的依据

应急救援预案一般依据《中华人民共和国安全生产法》《建设工程安全生产管理条例》

《安全生产事故报告和调查处理条例》《公路水运工程安全生产监督管理办法》《生产经营单位安全生产事故应急预案编制导则》等法律法规和本企业安全生产实际编制。

3. 应急救援预案的类型

应急救援预案有综合应急预案、专项应急预案、现场处置方案三种主要类型。

4. 应急救援预案编制的主要内容

（1）总则：编制的目的；适用范围；应急组织体系的确定、工作原则与职责分工；应急响应；信息发布；后期处置；人员物资等保障措施；培训与演练；奖励与处罚等。

（2）生产经营单位危险性分析：危险源与风险分析，主要阐述本单位存在的重点危险源及风险分析结果。

（3）应急组织机构及职责：明确应急组织形式，构成单位或人员，并尽可能地以结构图的形式表示出来；指挥机构及职责，明确应急救援指挥机构总指挥、副总指挥、各成员单位及其相应职责。应急救援指挥机构根据事故类型和应急工作需要，可以设置相应的应急救援工作小组，并明确各小组的工作任务及职责。

（4）预防与预警措施：危险源监控、预警提示信息、信息报告与处置等。

（5）应急响应

①响应分级。针对事故危害程度、影响范围和单位控制事态的能力，将事故分为不同的等级。按照分级负责的原则，明确应急响应级别。

②响应程序。根据事故的大小和发展态势，明确应急指挥、应急行动、资源调配、应急避险、扩大应急等响应程序。

③应急结束。明确应急终止的条件，事故现场得以控制，环境符合有关标准，导致次生、衍生事故隐患消除后，经事故现场应急指挥机构批准后，现场应急结束。

（6）信息发布：明确事故信息发布的部门、发布原则，事故信息应由事故现场指挥部及时准确地向新闻媒体通报事故信息。

（7）后期处置：后期处置主要包括污染物处理、事故后果影响消除、生产秩序恢复、善后赔偿、抢险过程和应急救援能力评估及应急预案的修订等内容。

（8）保障措施

①通信与信息保障。明确与应急工作相关联的单位或人员的通信联系方式和方法，并提供备用方案。建立信息通信系统及维护方案，确保应急期间信息通畅。

②应急队伍保障。明确各类应急响应的人力资源，包括专业应急队伍、兼职应急队伍的组织与保障方案。

③应急物资装备保障。明确应急救援需要使用的应急物资和装备的类型、数量、性能、存放位置、管理责任人及其联系方式等内容。

④经费保障。明确应急专项经费来源、使用范围、数量和监督管理措施，保障应急状态时生产经营单位应急经费的及时到位。

⑤其他保障。根据本单位应急工作需求而确定的其他相关保障措施（如交通运输保障、

治安保障、技术保障、医疗保障、后勤保障等）。

（9）培训与演练及奖励与处罚：要明确对本单位人员开展的应急培训计划、方式和要求，如果预案涉及社区和居民，要做好宣传教育和告知等工作；明确应急演练的规模、方式、频次、范围、内容、组织、评估、总结等内容；明确事故应急救援工作中奖励和处罚的有关内容。

第五节　公路工程临时用电安全要求

一、公路工程施工现场临时用电的基本原则

1. 施工现场的电工、电焊工属于特种作业工种，必须按国家的有关规定经专门安全作业培训，取得特种作业操作资格证书，方可上岗作业。其他人员不得从事电气设备及电气线路的安装、维修和拆除。

2. 施工现场的临时用电必须采用 TN-S 接地、接零保护系统，即具有专用保护零线（PE线）、电源中性点直接接地的 220/380 V 三相五线制系统。

3. 施工现场的临时用电必须按照"三级配电二级保护"设置。

4. 施工现场的用电设备必须实行"一机、一闸、一漏、一箱"制，即每台用电设备必须有自己专用的开关箱，专用开关箱内必须设置独立的隔离开关和漏电保护器。

5. 正确识别"小心有电、靠近危险"等标志或标牌，不得随意靠近、随意损坏和挪动标牌。

二、施工现场配电线路的安全技术要点

施工现场的配电线路包括室外线路和室内线路。室内线路通常有绝缘导线和电缆的明敷设和暗敷设，室外线路主要有绝缘导线架空敷设和绝缘电缆埋地敷设两种，也有电缆线架空明敷设的。

1. 室外线路的安全技术要点

（1）室外架空线路由导线、绝缘子、横担及电杆等组成。室外架空线路必须采用绝缘铜线或绝缘铝线，铝线的截面积大于 1 mm²、铜线的截面积大于 10 mm²。

（2）架空线路严禁架设在树木、脚手架及其他非专用电杆上，且严禁成束架设；在临近输电线路的建筑物上作业时，不能随便往下扔金属类杂物，更不能触摸、拉动电线或电线接触钢丝和电杆的拉线。

（3）严禁在高压线下方搭设临建、堆放材料和进行施工作业；在高压线一侧作业时，架空线与施工现场地面的最小距离一般为 4 m，与机动车道的最小距离一般为 6 m，与铁路

轨道的最小距离一般为 7.5 m。

（4）电杆埋设深度宜为杆长的 1/10 加 0.6 m。但在松软地质处应加大埋设深度或采用卡盘等加固。跨越机动车道的成杆应采取单横担双绝缘子；15°~45°的转角杆应采用双横担双绝缘子；45°以上的转角杆应采用十字横担；直线杆采用针式绝缘子，耐张杆采用蝶式绝缘子。

（5）敷设电缆的方式和地点，应以方便、安全、经济、可靠为依据，电缆直埋方式，施工简单，投资省，散热好，应首先考虑；敷设地点应保证电缆不受机械损伤或其他热辐射，同时应尽量避开建筑物和交通设施。

（6）电缆直接埋地的深度不小于 0.6 m，并在电缆上下均匀铺设不小于 50 mm 厚的细沙，再覆盖砖等硬质保护层，并插上标志牌，电缆穿过建筑物、构筑物时须设置套管。

（7）室外电缆线架空敷设时，应沿墙壁或电杆设置，严禁用金属裸线做绑线，电缆的最大弧垂距地面不小于 2.5 m。

2. 室内线路的安全技术要点

（1）在宿舍工棚、仓库、办公室内严禁使用电饭煲、电水壶、电炉、电热杯等较大功率电器。如需使用，应由项目部安排专业电工在指定地点安装可使用较高功率电器的电气线路和控制器。严禁使用不符合安全的电炉、电热棒等。

（2）严禁在宿舍内乱拉乱接电源，非专职电工不准乱接或更换熔丝，不准以其他金属丝代替熔丝（保险丝），严禁在电线上晾衣服和挂其他东西等。

（3）室内线路必须采用绝缘导线，距地面高度不得小于 2.5 m。接户线在挡距内不得有接头，进线处离地高度不得小于 2.5 m，过墙应穿管保护，并采取防雨措施，室外端应采用绝缘子固定。室内导线的线路应减少弯曲，采用瓷夹固定导线时，导线间距应不小于 35mm，瓷夹间距应不大于 800mm；采用瓷瓶固定导线时，导成间距应不小于 100 mm，瓷瓶间距应不大于 1.5 m，钢索配线的吊架间距不宜大于 12 m，采用护套绝缘导线时，允许直接敷设于钢索上。

（4）导线的额定电压应符合线路的工作电压；导线的截面积要满足供电容量要求和机械强度要求，但铝线截面应不小于 2.5 mm^2，铜线的截面应不小于 1.5 mm^2，导线应尽量减少分支，不受机械作用；室内线路布置尽可能避开热源，应便于线路检查。

三、施工现场照明电器的安全技术要点

1. 一般场所选用额定电压为 220V 的照明器，特殊场所必须使用安全电压照明器，如隧道工程、有高温、导电灰尘或灯具距地高度低于 2.4 m 等场所，电源电压应不大于 36 V；在潮湿和易触及带电体场所的照明电源电压不得大于 24 V；特别潮湿场所，导电良好地面、锅炉或金属容器、管道内工作的照明电源电压不得大于 12 V。

2. 临时照明线路必须使用绝缘导线。临时照明线路必须使用绝缘导线，户内（工棚）

临时线路的导线必须安装在离地2 m以上支架上；户外临时线路必须安装在离地2.5 m以上支架上，零星照明线不允许使用花线，一般应使用软电缆线。

3. 在坑洞内作业，夜间施工或作业工棚、料具堆放场、仓库、办公室、食堂、宿舍及自然采光差等场所，应设一般照明、局部照明或混合照明。在一个工作场所内，不得只设局部照明。

4. 停电后作业人员需及时撤离现场的特殊工程，如夜间高处作业工程、隧道工程等，还必须装设有独立自备电源供电的应急照明。

5. 对于夜间可能影响飞机及其他飞行器安全通行的主塔及高大机械设备或设施，如塔式起重机外用电梯等，应在其顶端设置醒目的红色警戒照明。

6. 正常湿度（≤75%）的一般场所，可选用普通开启式照明器。

7. 潮湿或特别潮湿（相对湿度大于75%）的场所，属于触电危险场所，必须选用密闭性防水照明器或配有防水灯头的开启式照明器。

8. 含有大量尘埃但无爆炸和火灾危险的场所，属于触电一般场所，必须选用防尘型照明器，以防灰尘影响照明器安全发光。

9. 有爆炸和火灾危险的场所，亦属触电危险场所，应按危险场所等级选用防爆型照明器。

10. 存在较强振动的场所，必须选用防振型照明器。

11. 有酸碱等强腐蚀介质场所，必须选用耐酸碱型照明器。

12. 一般220 V灯具室外高度不低于3 m，室内不低于2.4 m；碘钨灯及其他金属卤化物灯安装高度宜在3 m以上。

13. 任何灯具必须经照明开关箱配电与控制，应配置完整的电源隔离、过载与短路保护及漏电保护电器；路灯还应逐灯另设熔断器保护；灯具的相线开关必须经开关控制，不得直接引入灯具。

14. 进入开关箱的电源线，严禁用插销连接。

15. 暂设工程的照明灯具宜用拉线开关控制，其安装高度为距地面2~3 m，职工宿舍区禁止设置床头开关。

第六节　特种设备安全控制要求

一、特种设备的概念及安全管理的必要性

特种设备是指那些涉及生命安全、危险性较大的，使用、管理不当容易发生安全事故的设备。按照《特种设备安全监察条例》的规定：特种设备主要包括锅炉、压力容器（含

气瓶，下同）、压力管道、电梯、起重机械、客运索道、大型游乐设施和场（厂）内专用机动车辆。这些特种设备数量多、分布广，涉及生产、生活诸方面，是人们日常工作、生活中广泛接触且不可缺少的设备设施。国家对各类特种设备的安全管理十分重视，相继制定了有关方面的法规、标准，有效地降低了特种设备事故的发生。但是，由于近年来各类特种设备的数量急剧增长，在生产制造和使用运营过程中安全问题仍十分严峻，重大安全生产事故隐患依然存在。因此，必须采取强有力的措施，加强对特种设备的安全监管，杜绝各类设备事故，减少人员伤亡和财产损失。

二、特种设备的安全控制要求

特种设备安全管理的范围和一般要求在前面章节已经简单地进行了描述，但特种设备的安全管理除了满足上述一般要求外，还必须明确以下安全控制要点。

1. 《特种设备安全监察条例》规定：特种设备生产、使用单位的主要负责人应当对本单位特种设备的安全和节能全面负责。

2. 按照《大型起重机械安装安全监控管理系统实施方案》的要求，以公路建设、铁路建设、电站建设、船舶修造等行业（领域）为重点，逐步在新造和在用大型起重机械上安装安全监控管理系统，强化大型起重机械技术安全管理和控制，促进现场操作标准化和规范化，实现大型机械安全形势的根本好转。

3. 特种设备安全管理制度。

（1）特种设备安全责任制，包括各职能部门安全责任制和各岗位安全责任制。

（2）特种设备安全规章制度，包括特种设备安装使用、维护保养、监督检查管理制度，特种设备隐患排查和整改制度，特种设备报检制度，特种设备安全培训制度等，特种设备安全技术交底制度，特种设备事故应急救援制度等。

（3）特种设备安全操作规程：根据特种设备种类以及相关的法规、安全技术规范的要求，编制特种设备各岗位的安全操作规程。

（4）特种设备应急救援预案：根据本单位特种设备的使用情况，制订重大事故应急救援预案和防范突发事故的应急措施，以便在发生事故时，能果断、准确、迅速地将影响范围缩小到最低限度；配备相应的抢险装备和救援物资；每年至少组织一次救援演练。

4. 特种设备的行政许可。

（1）特种设备使用单位应当在设备投入使用前或者投入使用后30天内到设备所在地市以上的特种设备安全监督管理部门办理特种设备使用登记。登记标志应当置于或者附着于该特种设备的显著位置。

（2）特种设备行政许可变更。特种设备停用、注销、过户、迁移、重新启用应到特种设备安全监督管理部门办理相关手续。

（3）特种设备作业人员必须持证上岗。特种设备作业人员必须经有关主管部门考核合格，取得国家统一格式的证书方可上岗操作。作业人员必须与企业办理聘任手续并到有关部门备案。

5.特种设备定期检验。

（1）特种设备报检。特种设备使用单位应在特种设备检验合格有效期届满前1个月向特种设备检验检测机构提出定期检验要求（各特种设备的检验日期可从检验报告、合格标志查看）。

（2）特种设备报检要求。起重机械报检时，必须提供保养合同、有效的作业人员证件。

（3）特种设备换证。特种设备检验合格后，携带使用证、检验合格标志、检验报告、保养合同、保养单位的保养资质到有关主管部门办理年审换证手续。

6.特种设备安全培训。

发生特种设备事故的原因主要表现为人的不安全行为或者设备的不安全状态。按照《特种设备安全监察条例》的要求，特种设备使用单位应当对特种设备作业人员进行特种设备安全、节能教育和培训，保证特种设备作业人员具备必要的特种设备安全、节能知识。因此，对人为因素，应通过培训教育来纠正。特种设备的作业人员包括设备的安装、维修保养、操作等人员。特种设备作业人员在持证上岗的基础上，做到有安全培训计划，有培训记录，有培训考核。

第十一章 公路工程质量管理

第一节 公路工程质量控制的常用方法

一、进行工程质量管理策划

在对设计文件进行审核与分析后,项目经理应负总责,协调相关部门进行项目质量管理策划,包括:

1. 质量目标和要求;
2. 质量管理组织和职责;
3. 施工管理依据的文件;
4. 人员、技术、施工机具等资源的需求和配置;
5. 场地、道路、水电、消防、临时设施规划;
6. 质量控制关键点分析及设置;
7. 进度控制措施;
8. 施工质量检查、验收及相关标准;
9. 突发事件的应急措施;
10. 对违规事件的报告和处理;
11. 应收集的信息及其传递要求;
12. 与工程建设有关方的沟通方式;
13. 施工管理应形成的记录;
14. 质量管理和技术措施;
15. 施工企业质量管理的其他要求。

二、现场质量检查控制

现场工程质量检查分开工前的检查、施工过程中的检查和分项工程完成后的检查。现场质量检查控制的方法主要有测量、试验、观察、分析、记录、监督、总结改进。

1. 开工前检查：目的是检查是否具备开工条件，施工工艺与施工组织设计对照是否正确无误，开工后能否连续正常施工，能否保证工程质量。

2. 工序交接检查与工序检查：工序交接检查应建立制度化控制，坚持实施。对于关键工序或对工程质量有重大影响的工序，在自检、互检的基础上，还要组织专职人员进行工序交接检查，以确保工序合格，使下道工序能顺利展开。

3. 隐蔽工程检查：凡是隐蔽工程均应经检查认证后方可覆盖。

4. 停工后复工前的检查：因处理质量问题或某种原因停工后再复工时，均应检查认可后方可复工。

5. 分项、分部工程完工后的检查：应按规定的程序和要求，经检查认可并签署验收记录后，才允许进行下一工程项目施工。

6. 成品、材料、机械设备等的检查：主要检查成品、材料等有无可靠的保护措施及其落实而且有效，以控制不发生损坏、变质等问题；检查机械设备的技术状态，以确保其处于完好的可控制状态。

7. 巡视检查：对施工操作质量应进行巡视检查，必要时还应进行跟踪检查。

三、工程质量控制关键点

1. 质量控制关键点的设置

应根据不同管理层次和职能，按以下原则分级设置。

（1）施工过程中的重要项目、薄弱环节和关键部位。

（2）影响工期、质量、成本、安全、材料消耗等重要因素的环节。

（3）新材料、新技术、新工艺的施工环节。

（4）质量信息反馈中缺陷频数较多的项目。

关键点应随着施工进度和影响因素的变化而调整。

2. 质量控制关键点的控制

（1）制定质量控制关键点的管理办法。

（2）落实质量控制关键点的质量责任。

（3）开展质量控制关键点 QC 小组活动。

（4）在质量控制关键点上开展一次抽检合格活动。

（5）认真填写质量控制关键点的质量记录。

（6）落实与经济责任相结合的检查考核制度。

3. 质量控制关键点的文件

（1）质量控制关键点作业流程图。

（2）质量控制关键点明细表。

（3）质量控制关键点（岗位）质量因素分析表。

（4）质量控制关键点作业指导书。

（5）自检、交接检、专业检查记录以及控制图表。

（6）工序质量统计与分析。

（7）质量保证与质量改进的措施与实施记录。

（8）工序质量信息。

4. 质量控制关键点实际效果的考察

质量控制关键点的实际效果表现在施工质量管理水平和各项指标的实现情况上。要运用数理统计方法绘制工程项目总体质量情况分析图表，该图表要反映动态控制过程与施工项目的实际质量情况。各阶段的质量分析要纳入施工项目方针目标管理。

5. 公路工程质量控制关键点

（1）土方路基工程施工中常见的质量控制关键点。

①施工放样与断面测量。

②路基原地面处理，按施工技术合同或规范规定要求处理，并认真整平压实。

③使用适宜材料，必须采用设计和规范规定的适用材料，保证原材料合格，正确确定土的最大干密度和最佳含水量。

④压实设备及压实方案。

⑤路基纵、横向排水系统设置。

⑥每层的松铺厚度，横坡及填筑速率。

⑦分层压实，控制填土的含水量，确保压实度达到设计要求。

土的最佳含水量是土基施工的一个重要控制参数，是土基达到最大干密度所对应的含水量。根据不同的土的性质，测定最佳含水量的试验方法通常有：轻型、重型击实试验；振动台法；表面振动击实仪法。

压实度是路基质量控制的重要指标之一，是现场干密度和室内最大干密度的比值。压实度越高、路基密实度越大，材料的整体性能越好。其现场密度的测定方法有灌砂法、环刀法、核子密度湿度仪法。

（2）路面基层（底基层）施工中常见的质量控制关键点。

①基层施工所采用设备组合及拌和设备计量装置校验。

②路面基层（底基层）所用结合料（如水泥、石灰）剂量。

③路面基层（底基层）材料的含水量、拌和均匀性、配合比。

④路面基层（底基层）的压实度、弯沉值、平整度及横坡等。

⑤如采用级配碎（砾）石还需要注意集料的级配和石料的压碎值。

⑥及时有效的养护。

（3）水泥混凝土路面施工中常见的质量控制关键点。

①基层强度、平整度、高程的检查与控制。

②混凝土材料的检查与试验，水泥品种及用量的确定。

③混凝土拌和、摊铺设备及计量装置校验。

④混凝土配合比设计和试件的试验。混凝土的水灰比、外加剂掺加量、坍落度应控制。

⑤混凝土的摊铺、振捣、成型及避免离析。

⑥切缝时间和养护技术的采用。

水泥混凝土抗折强度与抗压强度的测定是混凝土材料质量检验的两个重要试验。

水泥混凝土抗折（抗弯拉）强度试验是以150mm×150mm×550mm的梁形试件在标准养护条件下达到规定龄期后，在净跨径450mm的双支点荷载作用下进行弯拉破坏，并按规定的计算方法得到强度值。水泥混凝土抗折强度是混凝土的主要力学指标之一，通过试验取得的检测结果是路面混凝土组成设计的重要参数。

水泥混凝土抗压强度试验是以边长为150mm的正立方体标准试件，标准养护到28天，再在万能试验机上按规定方法进行破坏试验测得抗压强度。当混凝土抗压强度采用非标准试件应进行换算得到抗压强度值。通过水泥混凝土抗压强度试验，可以确定混凝土强度等级，作为评定混凝土品质的重要指标。

（4）沥青混凝土路面施工中常见的质量控制关键点。

①基层强度、平整度、高程的检查与控制。

②沥青材料的检查与试验，沥青混凝土配合比设计和试验。

③沥青混凝土拌和设备及计量装置校验。

④路面施工机械设备配置与压实方案。

⑤沥青混凝土的拌和、运输及摊铺温度控制。

⑥沥青混凝土摊铺厚度的控制和摊铺中离析控制。

⑦沥青混凝土的碾压与接缝施工。

沥青混凝土配合比设计采用马歇尔试验配合比设计法。该法是首先按配合比设计拌制沥青混合料，然后制成规定尺寸试件，12小时之后测定其物理指标（包括表观密度、空隙率、沥青饱和度、矿料间隙率等），然后测定稳定度和流值。

热拌沥青混合料配合比设计应通过目标配合比设计、生产配合比设计及生产配合比验证三个阶段，确定沥青混合料的材料品种及配合比、矿料级配、最佳沥青用量。

马歇尔稳定度试验是对标准击实的试件在规定的温度和速度等条件下受压，测定沥青混合料的稳定度和流值等指示所进行的试验。这种方法适用于马歇尔稳定度试验和浸水马歇尔稳定度试验。马歇尔稳定度试验主要用于沥青混合料的配合比设计及沥青路面施工质量检验。浸水马歇尔稳定度试验主要是检验沥青混合料受水损害时抵抗剥落的能力，通过测试其水稳定性检验配合比设计的可行性。

（5）桥梁基础工程施工中常见的质量控制关键点。

①扩大基础

A. 基底地基承载力的检测确认，满足设计要求。

B. 基底表面松散层的清理。

C. 及时浇筑垫层混凝土，减少基底暴露时间。

D. 大体积混凝土施工裂缝控制。

②钻孔桩

A. 桩位坐标与垂直度控制。

B. 护筒埋深。

C. 泥浆指标控制。

D. 护筒内水头高度。

E. 孔径的控制，防止缩径。

F. 桩顶、桩底标高的控制。

G. 清孔质量（嵌岩桩与摩擦桩要求不同）。

H. 钢筋笼接头质量。

I. 导管接头质量检查与水下混凝土的灌注质量。

③沉井

A. 初始平面位置的控制。

B. 刃脚质量。

C. 下沉过程中沉井倾斜度与偏位的动态控制。

D. 封底混凝土的浇筑工艺确保封底混凝土的质量。

（6）水中承台施工中常见的质量控制关键点

水中承台施工一般可采用筑岛围堰、钢板桩围堰、钢吊箱围堰、钢套箱围堰等。

①钢围堰施工常见质量控制关键点。

A. 钢围堰的设计与加工制造质量控制。

B. 钢围堰入水、落床及入土下沉过程中平面位置、高程等的控制。

C. 钢围堰下沉到位后的清底及整平。

D. 封底混凝土浇筑时的导管布设与封底混凝土厚度控制。

E. 承台混凝土配合比设计。

F. 抽水后封底混凝土基底的调平。

G. 承台混凝土浇筑导管布设及混凝土振捣。

H. 大体积混凝土温控设施的设计、施工及大体积混凝土养护。

I. 各类预埋件的施工质量控制。

②钢套箱施工中的质量控制关键点

A. 钢套箱的设计与加工制造质量控制。

B. 钢套箱水平及竖向限位装置的施工质量控制。

C. 封底混凝土浇筑时的导管布设与封底混凝土厚度控制。

D. 承台混凝土的配合比设计。

E. 抽水后封底混凝土的调平。

F. 承台混凝土浇筑导管布设及混凝土振捣。

G. 大体积混凝土温控设施的设计、施工及大体积混凝土养护。

H. 各类预埋件的施工质量控制。

（7）桥梁下部结构施工中常见的质量控制关键点

①实心墩

A. 墩身锚固钢筋预埋质量控制。

B. 墩身平面位置控制。

C. 墩身垂直度控制。

D. 模板接缝错台控制。

E. 墩顶支座预埋件位置、数量控制。

②薄壁墩

A. 墩身锚固钢筋预埋质量控制。

B. 墩身平面位置控制。

C. 墩身垂直度控制。

D. 模板接缝错台控制。

E. 墩顶支座预埋件位置、数量控制。

F. 墩身与承台连接处混凝土裂缝控制。

G. 墩顶实心段混凝土裂缝控制。

（8）桥梁上部结构施工中常见的质量控制关键点

①简支梁桥

A. 简支梁混凝土的强度控制。

B. 预拱度的控制。

C. 支座预埋件的位置控制。

D. 大梁安装时梁与梁之间的高差控制。

E. 支座安装型号、方向的控制。

F. 梁板之间现浇带混凝土质量的控制。

G. 伸缩缝安装质量控制。

②连续梁桥

A. 支架施工：支架沉降量的控制。

B. 先简支后连续：后浇段工艺控制、体系转换工艺控制、后浇段收缩控制、临时支座安装与拆除控制。

C. 挂篮悬臂施工：浇筑过程中的线形控制、边跨及跨中合龙段混凝土的裂缝控制。

D. 预应力梁：张拉力及预应力钢筋伸长量控制。

③拱桥

A. 预制拼装：拱肋拱轴线的控制。

B. 支架施工：支架基础承载力控制、支架沉降控制、拱架加载控制、卸架工艺控制。

C. 钢管拱：钢管混凝土压注质量控制。

④斜拉桥（斜拉索为专业制索厂制造）。

A. 主塔空间位置的控制。

B. 斜拉索锚固管或锚箱空间定位控制。

C. 斜拉桥线形控制。

D. 牵索挂篮悬臂施工：斜拉索索力控制、索力调整。

E. 悬臂吊装：梁段外形尺寸控制、斜拉索索力控制、索力调整。

F. 合拢段的控制。

⑤悬索桥

A. 猫道线形控制。

B. 主缆架设线形控制。

C. 索股安装：基准索股的定位控制、索股锚固力的控制。

D. 索股架设中塔顶位移及索鞍位置的调整。

E. 紧缆：空隙率的控制。

F. 索夹定位控制。

G. 缠丝拉力控制。

H. 吊索长度的确定。

I. 加劲梁的焊接质量控制。

（9）公路隧道施工中常见的质量控制关键点

①正确判断围岩级别，及时调整施工方案。

②认真测量、检查和修正开挖断面，减少超挖。

③制订切实可行的开挖方案，包括新奥法、矿山法的选择，炮孔布置、装药量、每一循环的掘进深度。

④喷锚支护，控制在开挖后围岩自稳定时间的 1/2 以内完成。

⑤认真观测，收集资料，做好施工质量的信息反馈。

第二节　公路工程质量缺陷处理方法

一、质量缺陷性质的确定

质量缺陷性质的确定，是最终确定缺陷问题处理办法的首要工作和根本依据。一般通过下列方法来确定缺陷的性质。

1. 观察现场情况和查阅记录资料。其主要是指对有缺陷的工程进行现场情况、施工过程、施工设备和施工操作情况等进行现场观察和检查。它主要包括查阅试验检测报告、施工技术资料、施工过程记录、施工日志、施工工艺流程、施工方案、施工机械运转记录等相关记录，同时在特殊季节关注天气情况等。

2. 检验与试验。通过检查和了解可以发现一些表面的问题，得出初步结论，但往往需要进一步的检验与试验来加以验证。

检验与试验，主要是通过检查、测量与该缺陷工程的有关技术指标，以便准确地找出产生缺陷的原因。例如，若发现石灰土的强度不足，则在检验强度指标的同时，还应检验石灰剂量、石灰与土的物理化学性质，以便发现石灰土强度不足是因为材料不合格、配比不合格或养护不好，还是因为其他如气候之类的原因造成的，检测和试验的结果将作为确定缺陷性质和制定随后的处理措施的主要依据。

3. 专题调研。有些质量问题，仅仅通过以上两种方法仍不能确定。如某大桥在交工后不到一年的时间里出现了超过规范要求的裂缝，仅通过简单的观察和查阅现有资料很难确定产生裂缝的根本原因，找不到原因也就无从确定进一步的处理措施。在这种情况下就需要采用专项调研，通过对勘测、设计、施工各个环节的调查、分析研究，辅之以辅助的检测手段，确定质量问题的性质和为随后采取的措施提供依据

在这种情况下，为了查明产生问题的根本原因，有必要组织有关方面的专家或专题调查组提出检测方案，对所得到的一系列参考依据和指标进行综合分析研究，找出产生缺陷的原因，确定缺陷的性质。这种专题研究，对缺陷问题的妥善解决作用重大，因此经常被采用。

二、质量缺陷的处理方法

1. 整修与返工。缺陷的整修，主要是针对局部性的、轻微的且不会给整体工程质量带来严重影响的缺陷。如水泥混凝土结构的局部蜂窝、麻面，道路结构层的局部压实度不足等。这类缺陷一般可以比较简单地通过修整得到处理，不会影响工程总体的关键性技术指标。由于这类缺陷很容易出现，因而修补处理方法最为常用。

返工的决定应建立在认真调查研究的基础上。是否返工，应视缺陷经过补救后能否达到规范标准而定，对于补救后仍不能满足标准的工程必须返工。如某承包人为赶工期，曾在雨中铺筑沥青混凝土，监理工程师只得责令承包人将已经铺完的沥青面层全部清除重铺；一些无法补救的低质涵洞也只能被炸掉重建；温度过低或过高的沥青混合料在现场被监理工程师责令报废等。

2. 综合处理办法。综合处理办法主要是针对较大的质量事故而言的。这种处理办法不像返工和整修那样简单具体，它是一种综合的缺陷（事故）补救措施，能够使工程缺陷（事故）以最小的经济代价和工期损失重新满足规范要求。处理的办法因工程缺陷（事故）的性质而异，性质的确定则以大量的调查及丰富的施工经验和技术理论为基础。具体可采用

组织联合调查组、召开专家论证会等方式。实践证明，这是一条合理解决这类问题的有效途径。例如，某桥梁上部为4孔20m预制空心板结构，下部为桩基础形式。0号桥台施工放样时发生错误，导致第一孔跨径增加了50cm，发现时桩基础、承台、台身已全部完成，空心板预制了1/2。经综合论证，采用下部不变，改变上部的方式，第一孔空心板跨径增加了50cm，增加费用约2万元。而采用返工方式，需要大约8万元和2个月工期。

第三节　路基工程质量检验

一、土方路基工程质量检验

1. 基本要求

（1）在路基用地和取土坑范围内，应清除地表植被、杂物、积水、淤泥和表土，处理坑塘，并按规范和设计要求对基底进行压实。

（2）路基填料应符合规范和设计的规定，经认真调查、试验后合理选用。

（3）填方路基须分层填筑压实，每层表面平整，路拱合适，排水良好。

（4）施工临时排水系统应与设计排水系统结合，避免冲刷边坡，勿使路基附近积水。

（5）在设定取土区内合理取土，不得滥开滥挖。完工后应按要求对取土坑和弃土场进行修整，保持合理的几何外形。

2. 实测项目

土方路基实测项目有压实度、弯沉值、纵断高程、中线偏位、宽度、平整度、横坡、边坡。

二、石方路基工程质量检验

1. 基本要求

（1）石方路堑的开挖宜采用光面爆破法。爆破后应及时清理险石、松石，确保边坡安全、稳定。

（2）修筑填石路堤时应进行地表清理，逐层水平填筑石块，摆放平稳，码砌边部。填筑层厚度及石块尺寸应符合设计和施工规范规定，填石空隙用石碴、石屑嵌压稳定。上、下路床填料和石料最大尺寸应符合规范规定。采用振动压路机分层碾压，压至填筑层顶面石块稳定，18t以上压路机振压两遍无明显标高差异。

（3）路基表面应整修平整。

2. 实测项目

石方路基实测项目有压实、纵断高程、中线偏位、宽度、平整度、横坡、边坡坡度和平顺度。

三、砌体挡土墙质量检验

1. 基本要求

（1）石料或混凝土预制块的强度、规格和质量应符合有关规范和设计要求。

（2）砂浆所用的水泥、沙、水的质量应符合有关规范的要求，按规定的配合比施工。

（3）地基承载力必须满足设计要求，基础埋置深度应满足施工规范要求。

（4）砌筑应分层错缝。浆砌时坐浆挤紧，嵌填饱满密实，不得有空洞；干砌时不得松动、叠砌和浮塞。

（5）沉降缝、泄水孔、反滤层的设置位置、质量和数量应符合设计要求。

2. 实测项目

砌体挡土墙实测项目有砂浆强度、平面位置、顶面高程、竖直度或坡度、断面尺寸、底面高程、表面平整度。

干砌挡土墙实测项目有平面位置、顶面高程、竖直度或坡度、断面尺寸、底面高程、表面平整度。

第四节 路面工程质量检验

一、水泥稳定粒料（碎石、沙砾或矿渣等）路面基层、底基层的检验

1. 基本要求

（1）粒料应符合设计和施工规范要求，并应根据当地料源选择质坚干净的粒料，矿渣应分解稳定，未分解渣块应予剔除。

（2）水泥用量和矿料级配按设计控制准确。

（3）路拌深度要达到层底。

（4）摊铺时要注意消除离析现象。

（5）混合料处于最佳含水量状况下，用重型压路机碾压至要求的压实度从加水拌和到碾压终了的时间不应超过3小时，并应短于水泥的终凝时间。

（6）碾压检查合格后立即覆盖或洒水养护，养护期要符合规范要求。

2. 实测项目

（1）水泥稳定粒料（碎石、沙砾或矿渣等）基层和底基层主要检验内容包括压实度、平整度、纵断高程、宽度、厚度、横坡、强度。

（2）级配碎（砾）石或填隙碎石（矿渣）基层和底基层实测项目有：压实度、弯沉值、

平整度、纵断高程、宽度、厚度、横坡。

二、水泥混凝土面层的检验

1. 基本要求

（1）基层质量必须符合规定要求，并应进行弯沉测定，验算的基层整体模量应满足设计要求。

（2）水泥强度、物理性能和化学成分应符合国家标准及有关规范的规定。

（3）粗细集料、水、外加剂及接缝填缝料应符合设计和施工规范要求。

（4）施工配合比应根据现场测定水泥的实际强度进行计算，并经试验，选择采用最佳配合比。

（5）接缝的位置、规格、尺寸及传力杆、拉力杆的设置应符合设计要求。

（6）路面拉毛或机具压槽等抗滑措施，其构造深度应符合施工规范要求。

（7）面层与其他构造物相接应平顺，检查井井盖顶面高程应高于周边路面1~3mm。雨水口标高按设计比路面低5~8mm，路面边缘无积水现象。

（8）混凝土路面铺筑后按施工规范要求养护。

2. 实测项目

水泥混凝土面层实测项目有水泥混凝土面板的弯拉强度、平整度、板厚度、水泥混凝土路面的抗滑构造深度、相邻板间的高差、纵横缝顺直度、水泥混凝土路面中线平面偏位、路面宽度、纵断高程和路面横坡。

三、沥青混凝土面层和沥青碎（砾）石面层的检验

1. 基本要求

（1）沥青混合料的矿料质量及矿料级配应符合设计要求和施工规范的规定。

（2）严格控制各种矿料和沥青用量及各种材料和沥青混合料的加热温度，沥青材料及混合料的各项指标应符合设计和施工规范要求。沥青混合料的生产，每日应做抽提试验、马歇尔稳定度试验，矿料级配、沥青含量、马歇尔稳定度等结果的合格率应不小于90%。

（3）拌和后的沥青混合料应均匀一致，无花白，无粗细料分离和结团成块现象。

（4）基层必须碾压密实，表面干燥、清洁、无浮土，其平整度和路拱度应符合要求。

（5）摊铺时应严格控制摊铺厚度和平整度，避免离析，注意控制摊铺和碾压温度，碾压至要求的密实度。

2. 实测项目

沥青混凝土面层和沥青碎（砾）石面层的实测项目有厚度、平整度、压实度、弯沉值、渗水系数、抗滑（含摩擦系数和构造深度）、中线平面偏位、纵断高程、路面宽度及路面横坡。

第五节　桥梁工程质量检验

一、桥梁总体

1. 基本要求

（1）桥梁施工应严格按照设计图纸、施工技术规范和有关技术操作规程的要求进行。

（2）桥下净空不得小于设计要求。

（3）特大跨径桥梁或结构复杂的桥梁，必要时应进行荷载试验。

2. 实测项目

桥面中线偏位、桥宽（含车行道和人行道）、桥长、引道中心线与桥梁中心线的衔接以及桥头高程衔接。

二、钻孔灌注桩施工质量检验

1. 基本要求

（1）桩身混凝土所用的水泥、沙、石、水、外加剂及混合材料的质量和规格必须符合有关规范的要求，按规定的配合比施工。

（2）成孔后必须清孔，测量孔径、孔深、孔位和沉淀层厚度，确认满足设计或施工技术规范要求后，方可灌注水下混凝土。

（3）水下混凝土应连续灌注，严禁有夹层和断桩。

（4）嵌入承台的锚固钢筋长度不得低于设计规范规定的最小锚固长度要求。

（5）应选择有代表性的桩用无破损法进行检测，重要工程或重要部位的桩宜逐根进行检测。设计有规定或对桩的质量有怀疑时，应采取钻取芯样法对桩进行检测。

（6）凿除桩头预留混凝土后，桩顶应无残余的松散混凝土。

2. 实测项目

钻孔灌注桩实测项目有混凝土强度、桩位、孔深、孔径、钻孔倾斜度、沉淀厚度、钢筋骨架底面高程。

三、沉井施工质量检验

1. 基本要求

（1）混凝土桩所用的水泥、沙、石、水、外加剂及混合材料的质量和规格必须符合有关规范的要求，按规定的配合比施工。

（2）沉井下沉应在井壁混凝土达到规定强度后进行。浮式沉井在下水、浮运前，应进行水密性试验。

（3）沉井接高时，各节的竖向中轴线应与第一节竖向中轴线重合。接高前应纠正沉井的倾斜。

（4）沉井下沉到设计高程时，应检查基底，确认符合设计要求后方可封底。

（5）沉井下沉中出现开裂，必须查明原因，进行处理后才可继续下沉。

（6）下沉应有完整、准确的施工记录。

2.实测项目

沉井实测面目有各节沉井混凝土强度、沉井平面尺寸、井壁厚度、沉井刃脚高程、中心偏位（纵、横向）、沉井最大倾斜度（纵、横方向）、平面扭转角。

四、扩大基础质量检验

1.基本要求

（1）所用的水泥、沙、石、水、外加剂及混合材料的质量和规格必须符合有关规范的要求，按规定的配合比施工。

（2）不得出现露筋和空洞现象。

（3）基础的地基承载力必须满足设计要求。

（4）严禁超挖回填虚土。

2.实测项目

实测项目主要有混凝土强度、平面尺寸、基础底面高程、基础顶面高程、轴线偏位。

五、钢筋加工及安装施工质量检验

1.基本要求

（1）钢筋、机械连接器、焊条等的品种、规格和技术性能应符合国家现行标准规定和设计要求。

（2）冷拉钢筋的机械性能必须符合规范要求，钢筋平直，表面不应有裂皮和油污。

（3）受力钢筋同一截面的接头数量、搭接长度、焊接和机械接头质量应符合施工技术规范要求。

（4）在进行钢筋安装时，必须保证设计要求的钢筋根数。

（5）受力钢筋应平直，表面不得有裂纹及其他损伤。

2.实测项目

钢筋加工及安装施工的实测项目有受力钢筋间距，箍筋、横向水平钢筋、螺旋筋间距，钢筋骨架尺寸，弯起钢筋位置，保护层厚度。

六、预应力筋的加工和张拉质量检验

1. 基本要求

（1）预应力筋的各项技术性能必须符合国家现行标准规定和设计要求。

（2）预应力束中的钢丝、钢绞线应梳理顺直，不得有缠绞、扭麻花现象，表面不应有损伤。

（3）单根钢绞线不允许断丝，单根钢筋不允许断筋或滑移。

（4）同一截面预应力筋接头面积不超过预应力筋总面积的25%，接头质量应满足施工技术规范的要求。

（5）预应力筋张拉或放张时混凝土强度和龄期必须符合设计要求，严格按照设计规定的张拉顺序进行操作。

（6）预应力钢丝采用镦头锚时，镦头应头形圆整，不得有斜歪或破裂现象。

（7）制孔管道应安装牢固，接头密合，弯曲圆顺；锚垫板平面应与孔道轴线垂直。

（8）千斤顶、油表、钢尺等器具应经检验校正。

（9）锚具、夹具和连接器应符合设计要求，按施工技术规范的要求经检验合格后方可使用。

（10）压浆工作在5℃以下进行时，应采取防冻或保温措施。

（11）孔道压浆的水泥浆性能和强度应符合施工技术规范要求，压浆时排气、排水孔应有水泥原浆溢出后方可封闭。

（12）按设计要求浇筑封锚混凝土。

2. 实测项目

管道坐标（包含梁长方向和梁高方向）、管道间距（包含同排和上下层）、张拉应力值、张拉伸长率、断丝滑丝数。

七、承台质量检验

1. 基本要求

（1）所用的水泥、沙、石、水、外加剂及混合材料的质量和规格必须符合有关规范的要求，按规定的配合比施工。

（2）必须采取措施控制水化热引起的混凝土内最高温度及内外温差在允许范围内，防止出现温度裂缝。

（3）不得出现露筋和空洞现象。

2. 实测项目

承台实测项目有混凝土强度、尺寸、顶面高程和轴线偏位。

八、混凝土墩、台身浇筑质量检验

1. 基本要求

（1）混凝土所用的水泥、沙、石、水、外加剂及混合材料的质量和规格，必须符合有关技术规范的要求，按规定的配合比施工。

（2）不得出现空洞和露筋现象。

2. 实测项目

混凝土强度、断面尺寸、竖直度或斜度、顶面高程、轴线偏位、节段间错台、大面积平整度、预埋件位置。

九、墩、台帽或盖梁混凝土浇筑质量检验

1. 基本要求

（1）混凝土所用的水泥、沙、石、水、外加剂及混合材料的质量和规格必须符合有关技术规范的要求，按规定的配合比施工。

（2）不得出现露筋和空洞现象。

2. 实测项目

墩、台帽或盖梁混凝土浇筑实测项目有：混凝土强度、断面尺寸、轴线偏位、顶面高程、支座垫石预留位置。

十、预制和安装梁（板）质量检验

1. 基本要求

（1）所用的水泥、沙、石、水、外加剂及混合材料的质量和规格必须符合有关规范的要求，按规定的配合比施工。

（2）梁（板）不得出现露筋和空洞现象。

（3）空心板采用胶囊施工时，应采取有效措施防止胶囊上浮。

（4）梁（板）在吊移出预制底座时，混凝土的强度不得低于设计所要求的吊装强度；梁（板）在安装时，支承结构（墩台、盖梁、垫石）的强度应符合设计要求。

（5）梁（板）在安装前，墩、台支座垫板必须稳固。

（6）梁（板）就位后，梁两端支座应对位，梁（板）底与支座以及支座底与垫石顶须密贴，否则应重新安装。

（7）两梁（板）之间接缝填充材料的规格和强度应符合设计要求。

2. 实测项目

梁（板）预制实测项目有混凝土强度、梁（板）长度、宽度、高度、断面尺寸、平整

度和横系梁及预埋件位置。

梁（板）安装实测项目有支座中心偏位、倾斜度、梁（板）顶面纵向高程、相邻梁（板）顶面高差。

十一、就地浇筑梁（板）质量检验

1. 基本要求

（1）所用的水泥、沙、石、水、外加剂及混合材料的质量和规格必须符合有关规范的要求，按规定的配合比施工。

（2）支架和模板的强度、刚度、稳定性应满足施工技术规范的要求。

（3）预计的支架变形及地基的下沉量应满足施工后梁体设计标高的要求，必要时应采取对支架预压的措施。

（4）梁（板）不得出现露筋和空洞现象。

（5）预埋件的设置和固定应满足设计和施工技术规范的规定。

2. 实测项目

就地浇筑梁（板）的实测项目有混凝土强度、轴线偏位、梁（板）顶面高程、断面尺寸、长度、横坡、平整度。

十二、悬臂梁施工质量检验

1. 基本要求

（1）悬臂梁浇筑或合龙段浇筑所用的水泥、沙、石、水、外加剂及混合材料的质量和规格必须符合有关规范的要求，按规定的配合比施工。

（2）悬拼或悬浇块件前，必须对桥墩根部（0号块件）的高程、桥轴线做详细复核，符合设计要求后，方可进行悬拼或悬浇。

（3）悬臂梁施工必须对称进行，应对轴线和高程进行施工控制。

（4）在施工过程中，梁体不得出现宽度超过设计和规范规定的受力裂缝。一旦出现，必须查明原因，经过处理后方可继续施工。

（5）必须确保悬浇或悬拼的梁接头质量，梁段间胶结材料的性能、质量必须符合设计要求，接缝填充密实。

（6）悬臂梁合拢时，两侧梁体的高差应在设计允许范围内。

2. 实测项目

悬臂梁浇筑的实测项目有混凝土强度、轴线偏位、顶面高程、断面尺寸、合龙后同跨对称点高程差、横坡、平整度。

悬臂梁拼装的实测项目有合龙段混凝土强度、轴线偏位、顶面高程、合龙后同跨对称点高程差。

十三、拱的安装施工质量检验

1. 基本要求

（1）拱桥安装必须严格按设计规定的程序进行施工。

（2）拱段接头采用现浇混凝土时，必须确保其强度和质量，在达到设计规定强度时，方可进行拱上建筑的施工。

（3）在安装过程中，如杆件或节点出现开裂，应查明原因，采取措施后，方可继续进行。

（4）合龙段两侧高差必须在设计规定的允许范围内。

2. 实测项目

主拱圈安装实测项目有轴线偏位、拱圈高程、对称接头点相对高差、同跨各拱肋相对高差、同跨各拱肋间距。

十四、斜拉桥混凝土索塔质量检验

1. 基本要求

（1）混凝土所用的水泥、沙、石、水、外加剂及混合材料的质量和规格必须符合有关规范的要求，按规定的配合比施工。

（2）索塔的索道孔、锚箱位置及锚箱锚固面与水平面的交角均应控制准确，锚垫板与孔道必须互相垂直。

（3）分段浇筑时，段与段间不得有错台。

（4）不得出现漏筋和空洞现象。

（5）横梁施工中，不得因支架变形、温度或预应力而出现裂缝，横梁与塔柱紧密连成整体。

2. 实测项目

塔柱的实测项目有混凝土强度、塔柱底偏位、倾斜度、外轮廓尺寸、壁厚、锚固点高程、孔道位置、预埋件位置。

十五、悬索桥索鞍安装质量检验

1. 基本要求

（1）索鞍成品必须按设计和有关技术规范要求验收合格，并有产品合格证，方可安装。

（2）必须按要求放置底板或格栅，并与底座混凝土连成整体。底座混凝土应振捣密实，强度符合设计要求。

（3）安装前应进行全面检查，如有损伤，须做处理。索槽内部应清洁，不应沾上减少缆索和索鞍之间摩擦的油或油漆等材料。

（4）索鞍就位后应锁定牢靠。

2. 实测项目

主索鞍安装的实测项目有最终偏位、高程、四角高差。

散索鞍安装的实测项目有底板轴线纵、横向偏位、底板中心高程某底板扭转、安装基线扭转、散索鞍竖向倾斜角。

十六、悬索桥主缆架设质量检验

1. 基本要求

（1）索股成品应有合格证，必须按设计和有关技术规范要求验收合格方可架设。

（2）索股入鞍、入锚位置必须符合设计要求，架设时严禁索股弯折、扭转和散开。

（3）索股锚固应与锚板正交，锚头锁定装置应牢固。

2. 实测项目

主缆架设的实测项目有索股高程、锚跨索股力偏差、主缆空隙率、主缆直径不圆度。

十七、桥面铺装施工质量检验

1. 基本要求

（1）水泥混凝土桥面的基本要求同水泥混凝土路面，沥青混凝土桥面的基本要求同沥青混凝土路面。

（2）桥面泄水孔进水口的布置应有利于桥面和渗入水的排除，其数量不得少于设计要求，出水口不得使水直接冲刷桥体。

2. 实测项目

桥面铺装实测项目有强度或压实度、厚度、平整度、横坡及抗滑构造深度。

第六节　隧道工程质量检验

生活中，公路隧道是我们通往各个城市的交通枢纽。建设隧道是国家基础设施建设项目之一，关乎着每个人的切身利益，因此保证隧道工程的质量十分重要。每一道工序和每一环节的监督都是需要严格把控的，了解隧道工程质量检验内容对建设过程中的质量控制具有很大帮助。

一、隧道总体质量检验

1. 基本要求

（1）洞口设置应符合设计要求。
（2）必须按设计设置洞内外的排水系统，不淤积、不堵塞。
（3）隧道防排水施工质量须符合相关规定。

2. 实测项目

隧道总体实测项目有车行道、净总宽、隧道净高、隧道偏位、路线中心线与隧道中心线的衔接、边坡、仰坡。

二、（钢纤维）喷射混凝土支护质量检验

1. 基本要求

（1）材料必须满足规范或设计要求。
（2）喷射前要检查开挖断面的质量，处理好超欠挖。
（3）喷射前，岩面必须清洁。
（4）喷射混凝土与围岩紧密粘接，结合牢固，喷层厚度应符合要求，不能有空洞，喷层内不容许添加片石和木板等杂物，必要时应进行粘结力测试。喷射混凝土严禁挂模喷射，受喷面必须是原岩面。
（5）支护前应做好排水措施，对渗漏水孔洞、缝隙应采取引捧、堵水措施，保证喷射混凝土质量。
（6）采用钢纤维喷射混凝土时，钢纤维抗拉强度不得低于380MPa，且不得有油渍及明显的锈蚀。钢纤维直径宜为0.3~0.5mm，长度为20~25mm，且不得大于25mm。钢纤维含量宜为混合料质量的1%~3%。

2. 实测项目

（钢纤维）喷射混凝土支护实测项目有喷射混凝土强度、喷层厚度、空洞检测。

三、质量验收检测与评定方法

1. 分部工程及分项工程的划分

按结构部位、施工特点等可将隧道工程划分为洞身开挖、洞身衬砌、总体及洞口、隧道路面等四个分部工程。其中，各分部工程按不同的施工方法、材料、工序及段落长度等又划分为若干个分项工程。例如，洞身开挖按衬砌类型分段分为若干个分项工程，洞身衬砌分为衬砌（设计为整体式衬砌）和隧道注浆等分项工程，总体及洞口分为隧道总体、洞口开挖、洞门砌筑、排水工程（包括洞口排水和洞身排水）等分项工程，隧道路面分为路

面基层、路面面层等分项工程。

2. 检测项目及方法

实测检测项目以《公路工程质量检验标准》（JTJ071-94）规定的各分项工程的实测项目为主要内容。

检测方法采用现场实测、实地调查及查验资料相结合的办法。对于重要的（或主体的）工程项目，主要的检测指标以现场实测为主；对于隐蔽工程、破坏性试验以及诸如平面偏位、宽度等不随车运营而发生变化的检测指标则以实地调查和查验资料为主，资料来源于监理工程师确认的施工单位自检报告和监理抽检资料；外观采用现场检查方法。

主要进行检测项目及方法如下。

几何尺寸检测。如隧道宽度、隧道净高隧道衬砌断面尺寸（宽度和高度），按标准要求频率，用全断面仪检测。具体做法是先将设计断面输入与全断面仪配套的计算机中，检测完后，将实测断面与设计断面比较，通过计算机程序处理，即可直接得到检测数据。

隧道衬砌厚度用全断面仪检测，按标准要求频率进行。具体做法是衬砌施工前检测一次隧道断面，初砌施工完成后再测一次衬砌断面，再利用计算机进行处理，即可得到检测数据。

轴线偏位、路线中心线与隧道中心线的衔接，按标准规定频率用全站仪检查。

喷射混凝土强度、衬砌混凝土强度及锚杆拉拔力等项目，检查监理工程师确认的施工单位自检报告和监理抽检资料。

隧道衬砌墙面平整度检测用2m直尺（房建部门用），按标准要求频率，每个断面检查6处，每尺读最大值，检测数据取6个数据的算术平均值。

隧道路表平整度检测用3m直尺，每50m测10尺，每尺读最大值，取10个读数的算术平均值作为评定数据。

隧道内路面纵断高程和横坡采用水准仪检测，每50m测1处。

3. 质量评定方法

由于工程项目按建设任务、施工管理与质量检验等分为单位工程分部工程与分项工程三级，所以分项工程质量评定是工程项目质量检验与评定的基础，并以分项工程为评定单元，采用100分制定方法进行评分。在分项工程评定的基础上，逐级进行分部工程、单位工程的评定，最后对工程项目做出总评价。工程质量评定方法按《公路工程质量检验评定标准》（JTJ071-94）第1.0.3执行。工程质量等级评定办法按《公路工程质量检验评定标准》（JTJ071-94）第1.0.5执行。

第七节 质量检验评定

一、公路工程质量检验和评定的标准

公路工程质量检验和评定的标准是：交通运输部颁布的《公路工程质量检验评定标准 第一册 土建工程》及项目专用技术规范。

二、单位工程、分部工程和分项工程的划分

1. 单位工程

单位工程是指在建设项目中，根据签订的合同，具有独立施工条件的工程。

2. 分部工程

在单位工程中，应按结构部位、路段长度及施工特点或施工任务划分为若干个分部工程。

3. 分项工程

在分部工程中，应按不同的施工方法、材料、工序及路段长度等划分为若干个分项工程。

三、工程质量评分方法

1. 工程质量检验评分以分项工程为单元，采用百分制进行。在分项工程评分的基础上，逐级计算各相应分部工程、单位工程、合同段和建设项目评分值。

2. 工程质量评定等级分为合格与不合格，应按分项、分部、单位工程、合同段和建设项目逐级评定。

3. 施工单位应对各分项工程按《公路工程质量检验评定标准》所列基本要求、实测项目和外观鉴定进行自检，按附录中"工程质量检验评定用表"及相关施工技术规范提交真实、完整的自检资料，对工程质量进行自我评定。

4. 工程监理单位应按规定要求对工程质量进行独立抽检，对施工单位检评资料进行签认，对工程质量进行评定。

5. 建设单位根据对工程质量的检查及平时掌握的情况，对工程监理单位所做的工程质量评分及等级进行审定。

6. 质量监督部门、质量检测机构依据《公路工程质量检验评定标准》对公路工程质量进行检测评定。

四、工程质量评分方法

分项工程质量评分方法如下。

分项工程质量检验内容包括基本要求、实测项目、外观鉴定和质量保证资料四个部分。只有在其使用的原材料、半成品、成品及施工工艺符合基本要求的规定，且无严重外观缺陷和质量保证资料真实并基本齐全时，才能对分项工程质量进行检验评定。

涉及结构安全和使用功能的重要实测项目为关键项目，其合格率不得低于90%（属于工厂加工制造的交通工程安全设施及桥梁金属构件不低于95%，机电工程为100%），且检测值不得超过规定极值，否则必须进行返工处理。

实测项目的规定极值是指任一单个检测值都不能突破的极限值，不符合要求时该实测项目为不合格。

分项工程的评分值满分为100分，按实测项目采用加权平均法计算。存在外观缺陷或资料不全时，须减分。

五、质量保证资料

施工单位应有完整的施工原始记录、试验数据、分项工程自查数据等质量保证资料，并进行整理分析，负责提交齐全、真实和系统的施工资料和图表。工程监理单位负责提交齐全、真实和系统的监理资料。质量保证资料应包括以下六个方面：

1. 所用原材料、半成品和成品质量检验结果；
2. 材料配比、拌和加工控制检验和试验数据；
3. 地基处理、隐蔽工程施工记录和大桥、隧道施工监控资料；
4. 各项质量控制指标的试验记录和质量检验汇总图表；
5. 施工过程中遇到的非正常情况记录及其对工程质量的影响分析；
6. 施工过程中如发生质量事故，经处理补救后，达到设计要求的认可证明。

六、工程质量等级评定

1. 分项工程质量等级评定

分项工程评分值不小于75分者为合格，小于75分者为不合格；机电工程、属于工厂加工制造的桥梁金属构件不小于90分者为合格，小于90分者为不合格。

评定为不合格的分项工程，经加固、补强或返工、调测，满足设计要求后，可以重新评定其质量等级，但计算分部工程评分值时按其复评分值的90%计算。

2. 分部工程质量等级评定

所属各分项工程全部合格，则该分部工程评为合格；所属任一分项工程不合格，则该分部工程为不合格。

3. 单位工程质量等级评定

所属各分部工程全部合格,则该单位工程评为合格;所属任一分部工程不合格,则该单位工程为不合格。

4. 合同段和建设项目质量等级评定

合同段和建设项目所含单位工程全部合格,其工程质量等级为合格;所属任一单位工程不合格,则合同段和建设项目为不合格。

结 语

  随着我国经济实力的不断增强，我国的公路桥梁施工项目也随着时间的推移而逐步扩增，它是一项具有重大现实意义的基础性工程。从公路桥梁施工的整体流程来看，公路桥梁施工的养护管理是至关重要的一个环节。

  公路桥梁是我国重要的基础性设施，对国家的基础建设起着至关重要的作用。随着我国各方面实力的增长，当前我国的建桥水平已经跃居世界前列，成为我国经济实力增长的重要推动力。但是从目前我国国内公路桥梁施工的总体情况来看，重建设、轻养护这一突出问题一直存在于公路桥梁施工的过程中，成为该行业发展的阻力。因此，我们必须正视这一问题，从源头出发，采用多种方法共同维护桥梁，从而提升我国桥梁的整体使用性能。

  公路桥梁的养护管理对我国基础设施建设的发展起到了关键性的作用。从我国的经济发展轨道来看，桥梁建设直接影响着交通运输的质量，随着人口密度的不断增大，人们的出行要求也随之提高，这势必会对桥梁的承载量和质量提出更高的要求。就目前我国各地的桥梁施工效果来看，在桥梁使用一段时间后会出现各种各样的问题，给人们的出行埋下了深深的隐患。面对这样的问题，我们必须从源头出发，及时发现桥梁中存在的问题，并且加大日常的维护力度；同时，在施工时也应当采取科学、合理的施工管理措施，从而保障桥梁的安全。

  总而言之，随着社会的不断发展，人们对桥梁的质量要求越来越高，桥梁的养护工作也逐渐被社会各界广泛关注。因此，各部门应当切实重视起来，将养护工作落实到位，加大资金的投入力度，创新养护技术，定期对桥梁进行综合性的评估，及时修补损坏的桥梁，对养护工作进行合理的监督和管控，进而保证公路桥梁的质量，提高桥梁的稳定性和安全性。

参考文献

[1] 魏凯. 阐述高速公路桥梁施工中预应力施工技术的应用[J]. 四川水泥, 2021（5）: 246-247.

[2] 李军. 公路桥梁养护与维修加固施工关键技术解析[J]. 江西建材, 2021（4）: 213+215.

[3] 傅磊. 公路桥梁施工建设的成本控制与管理分析[J]. 中小企业管理与科技（下旬刊）, 2021（4）: 29-30.

[4] 姜玉山. 公路桥梁施工中现浇箱梁施工技术探讨[J]. 绿色环保建材, 2021（4）: 87-88.

[5] 王立君. 高墩施工技术在高速公路桥梁施工中的运用[J]. 大众标准化, 2021（8）: 162-164.

[6] 宋述评. 公路桥梁养护与维修施工要点[J]. 黑龙江科学, 2021, 12（8）: 144-145.

[7] 王松飞. 精细化管理在公路桥梁养护管理中的应用探论[J]. 四川建材, 2020, 46（11）: 167-168.

[8] 江留勇. 公路桥梁常见病害成因及养护管理措施[J]. 居业, 2020（10）: 140-141.

[9] 李明. 桥梁养护与维修加固施工分析[J]. 交通世界, 2020（27）: 102-103.

[10] 雷动. 公路桥梁养护及维修加固施工技术浅析[J]. 科技风, 2020（21）: 94.

[11] 樊中武. 公路桥梁养护与维修加固施工技术分析[J]. 科技经济导刊, 2020, 28（21）: 77.

[12] 赵发强. 公路桥梁的养护技术[J]. 科技经济导刊, 2020, 28（19）: 59+17.

[13] 王喜鹏. 浅析城市桥梁与公路桥梁设计荷载标准对比[J]. 中国标准化, 2021（8）: 110-111.

[14] 李晓辉. 公路桥梁工程绿色施工技术应用与分析[J]. 居舍, 2021（11）: 61-62.

[15] 颜燕. 公路桥梁病害治理及维修加固技术分析[J]. 居舍, 2021（11）: 73-74.

[16] 蒋恩泽. 公路桥梁施工管理优化策略分析[J]. 智能城市, 2021, 7（7）: 79-80.

[17] 贺传宇. 预制梁结构施工技术要点解析[J]. 四川建材, 2021, 47（4）: 92+94.

[18] 姚宇. 公路桥梁施工中的质量管理及控制对策分析[J]. 砖瓦, 2021（4）: 130-131.

[19] 吕徐苇杭. 公路桥梁施工中注浆技术的应用[J]. 四川水泥, 2021（4）: 268-269.

[20] 吴远发. 浅析公路桥梁交通安全设施改造与设计[J]. 四川水泥, 2021（4）: 292-293.

[21] 韩霞.研讨公路桥梁施工混凝土裂缝防治[J].中华建设,2021(4):134-135.

[22] 黎霖.预应力技术在公路桥梁施工中的运用[J].中华建设,2021(4):150-151.

[23] 吴志昌.公路桥梁施工中体外预应力加固技术探究[J].中国公路,2021(7):88-89+95.

[24] 本刊编辑部.公路桥梁养护技术探究[J].中国公路,2021(7):88.

[25] 徐绍婷,王松.公路桥梁隧道存在质量问题及有效试验检测措施[J].江西建材,2021(3):45+47.

[26] 晏雨田.浅析公路桥梁施工中的养护管理办法[J].江西建材,2021(3):104+106.

[27] 翟丙蔚.公路桥梁工程施工中混凝土施工技术的实践探究[J].工程建设与设计,2021(6):136-138.

[28] 于涛荣.公路桥梁施工项目管理的特点与方法研究[J].工程建设与设计,2021(6):203-204.

[29] 马国鹏.公路桥梁施工中钻孔灌注桩质量控制分析[J].智能城市,2021,7(6):138-139.

[30] 赵晓楠.公路桥梁经常性检查工作分析[J].智能城市,2021,7(6):140-141.

[31] 王旭忠.公路桥梁工程建设中的预应力处理技术[J].智能城市,2021,7(6):25-26.

[32] 王金鹏.解析公路桥梁施工中预应力技术的应用[J].绿色环保建材,2021(3):100-101.

[33] 徐晓燕.公路桥梁混凝土结构耐久性与养护技术研究[J].交通世界,2021(Z1):205-206+228.

[34] 郎澎凯.公路桥梁养护及维修加固施工技术浅析[J].四川水泥,2021(1):268-269.

[35] 叶金秋.公路桥梁养护管理及危桥加固改造技术[J].住宅与房地产,2020(36):159+164.

[36] 张增文.公路桥梁病害原因分析及养护管理探讨[J].建筑技术开发,2020,47(24):109-110.

[37] 王素飞.公路桥梁养护管理与加固维护技术探讨[J].工程建设与设计,2020(23):118-119+122.

[38] 王阳.公路桥梁养护与维修加固施工技术的应用研究[J].科技创新与应用,2020(36):163-164.

[39] 杨洋,何飞,李洁.公路桥梁病害分类与编码构建方法[J].北方交通,2020(11):28-31+36.

[40] 武哲.公路桥梁养护管理及措施分析[J].交通世界,2020(19):155-156.